新疆生态脆弱区农户退耕的参与响应和发展激励研究

张朝辉　卢尚坤　著

中国商务出版社
·北京·

图书在版编目（CIP）数据

新疆生态脆弱区农户退耕的参与响应和发展激励研究 / 张朝辉，卢尚坤著. -- 北京 : 中国商务出版社，2024. 7. -- ISBN 978-7-5103-5193-8

Ⅰ. F326.274.5

中国国家版本馆CIP数据核字第2024N0S993号

新疆生态脆弱区农户退耕的参与响应和发展激励研究

张朝辉　卢尚坤　著

出版发行：中国商务出版社有限公司

地　　址：北京市东城区安定门外大街东后巷 28 号　　邮编：100710

网　　址：http://www.cctpress.com

联系电话：010-64515150（发行部）　010-64212247（总编室）
　　　　　010-64243016（事业部）　010-64248236（印制部）

责任编辑：韩冰

排　　版：德州华朔广告有限公司

印　　刷：北京明达祥瑞文化传媒有限责任公司

开　　本：710 毫米 × 1 000 毫米　1/16

印　　张：15.25　　　　　　　　　　字　　数：232 千字

版　　次：2024 年 7 月第 1 版　　　　印　　次：2024 年 7 月第 1 次印刷

书　　号：ISBN 978-7-5103-5193-8

定　　价：80.00 元

内容简介

　　新一轮退耕还林工程是建设生态文明和美丽中国的重要举措，是贯彻习近平生态文明思想的生动实践，也是促进生态林业与民生林业健康发展的积极探索。本书结合新疆退耕还林工程的实施进展与运行成效，基于新一轮退耕还林工程政策框架与发展逻辑，多视角分析了新疆生态脆弱区农户退耕参与响应，多尺度剖析了新疆生态脆弱区农户退耕行为，多路径探索了新疆生态脆弱区退耕农户特色林果业、林下经济与休闲农业等后续产业发展，为提升农户主动参与意愿、增强退耕农户可持续生计能力、实现新一轮退耕还林工程高质量运行提供信息依据与决策参考。全书共分6个章节，具体论述了新疆生态脆弱区退耕还林工程的实施概况、农户退耕参与意愿的多视角分析、农户退耕参与行为的多尺度剖析、退耕农户的后续产业发展路径和发展激励机制等主要内容。

　　本书既可作为农林经济管理硕博研究生的课外读物，也可作为林业系统管理人员的参考资料。

前　言

　　退耕还林工程既是我国投资规模最大、政策导向最强、涉及区域最广、民众参与最高的林业重点生态工程，也是效用显著的惠农支农与扶贫项目，还是当前世界上最大的生态建设工程。退耕还林工程是践行"绿水青山就是金山银山"基本理念的关键载体，是生态文明建设与乡村振兴战略实施的有效途径，是特色经济产品与绿色生态产品协同供给的重要渠道，是精准扶贫、精准脱贫工作的现实选择。2013年，党中央、国务院从中华民族生存和发展的战略高度决定重启新一轮退耕还林工程（2014—2020）。新一轮退耕还林工程启动符合国家整体战略部署、社会经济发展需求、全面深化改革的整体要求、地方政府与农村农户的内在期望。《新一轮退耕还林还草总体方案》在稳固退耕政策成果的整体框架下，增强了主体参与能动性、补偿标准科学性、工程运行适宜性、多重效益协同性，是充分释放生态脆弱区林业发展潜能、全面提升区域生态安全水平、有效增强瘠薄土地产出能力、积极拓宽农户增收渠道、适度优化农村发展布局的新决策。

　　农户是新一轮退耕还林工程的微观主体。农户的积极响应和有效参与是新一轮退耕还林工程有效持续运行的根本基础。新疆生态脆弱区退耕还林工程推动了经济林果业的规模化发展、生态防护林的全区域覆盖、绿洲生态安全的有序稳固、农村经济结构的持续调整、农牧民收入渠道的多元延伸等。但新疆新一轮退耕还林工程中存在农户自主参与决策不足、退耕生产项目选择盲从、林业生产经营方式松散、后续产业发展路径单一等问题，难以全面实现退耕还林经济产品与生态产品的联合生产。如何强化农户退耕参与意愿，推动农户主动理性地参与退耕？如何科学选择退耕生产项目，提高林业经营收益与治理效用？如何从事林业生产经营，增强退耕林地的运营效益与经营效率？如何引导退耕农户发展特色林果业、林下经济、休闲农业等后续产业发展，增进退耕农户的退耕成果保持意愿与持续参与意愿？如何构建多元化的退耕农户激励机制？这些都是新疆生态脆弱区新一轮退耕还林工程运行中亟待解决的关键问题。

本书从农户退耕行为的微观视角，以林业经济理论与政策为基础，以农户理性认知与能动参与、林种适宜选择与生产项目科学确定、林业生产经营方式多元创新、退耕后续产业培育等为主体内容，全面开展农户退耕响应行为持续追踪、退耕行为渐进调适、退耕行为全过程激励的研究，这一研究有助于丰富退耕还林工程的研究内容，延伸生态脆弱区退耕还林工程的发展理念；有助于厘清农户退耕参与意愿、退耕项目选择与林业生产经营的偏好强度与关键要素，规制、激励、优化农户的退耕参与行为，引导农户积极从事特色林果业、林下经济、休闲农业等后续产业，提升农户的退耕收益与经营效率，避免补偿期后农户复耕的行为，为新疆生态脆弱区新一轮退耕还林工程实施规划制定、配套政策设计、农户技术指导、外部环境优化等提供事实依据。

本书梳理了中国退耕还林工程的历史沿革，分析了退耕还林工程的生态效益、经济效益与社会效益，阐释了新疆生态脆弱区新一轮退耕还林工程的实施进展、实施成效与预期效益，为农户退耕的参与行为分析提供了现实情境。同时，从农户风险感知、生态理性、生计资本、贫困尺度等视角，多层次、多尺度地分析了新一轮退耕还林工程的农户参与意愿及其影响因素；从农户营林决策、退耕后生计分化、退耕地合作经营等方面，分析了农户退耕地经营行为、退耕后可持续生计行为、非农就业等农户退耕成果保持意愿的关系，并揭示了后续产业发展与退耕农户持续参与的内在逻辑；阐释了退耕农户从事特色林果业、林下经济、休闲农业等后续产业的发展环境、发展思路与关键举措，并提出了退耕政策的内生性激励、非农就业的保障性激励以及退耕还林的外部性激励等，以全面提升退耕农户的持续参与意愿和可持续生计能力，为新疆生态脆弱区新一轮退耕还林工程健康、有序、高效、稳固运行奠定了坚实的基础。

本书是国家自然科学基金资助项目"新疆生态脆弱区农户退耕的响应追踪、行为调适与过程激励研究"的主要研究成果，由石河子大学"中西部高校综合实力提升工程"、新疆（兵团）乡村振兴研究中心、石河子大学农业现代化研究中心联合资助出版。

目 录

1

绪 论

1.1 研究背景

退耕还林工程是庞大的生态修复与重建工程、精准的农户扶贫与脱贫计划、积极的农村经济结构调整举措。退耕还林工程通过生态脆弱区农地利用方式调整与土地覆盖格局重塑，推动了毁林耕作向退耕还林的历史性转变，有效解决了工程区水土流失与风沙侵蚀等生态问题，有序促进了农村产业结构调整与农民多元增收，是生态产品私人供给的有益尝试。退耕还林工程是中国农业政策的重要转折点，实现了生态产品与经济产品的协同供给、生态环境修复与农民持续增收的统筹兼顾、生态系统与社会经济系统的耦合发展，工程实施符合国家生态安全战略需要与农户土地收益预期。第一轮退耕还林工程（1999—2013年）在不同程度上满足了生态供给需要，服务了农户生存发展，实现了社区多元受益等目标；但自上而下的"运动式"推进模式违背了农户自愿参与原则，忽视了生态效益外显与经济效益内隐的矛盾，使退耕农户呈现出中等响应性与低等参与性的特征。为巩固退耕还林工程成果、推进大规模国土绿化行动、强化林业的社会经济支撑能力，我国启动了新一轮退耕还林工程（2014—2020年）。这一工程的规划充分尊重了农户参与意愿与主体决策，强调了农户可持续生计和减贫扶贫贡献，关注了生态环境价值与林业生产直接收益。实施框架也更趋合理、补偿标准也更科学、运行模式也更加适宜。

新一轮退耕还林工程成为全面释放林业发展潜能，优化农村生产发展布局，增强区域生态安全、生产安全、生存安全水平，以及推动农户多元增收与减贫脱贫的重要举措。由此，2014年，中央一号文件提出，"继续在陡坡耕地、严重沙化耕地、重要水源地实施退耕还林还草"。2015年，中央一号文件提出，"实施新一轮退耕还林还草工程，大力推进重大林业生态工程"。2016年，中央一号文件提出，"扩大新一轮退耕还林还草规模，开展大规模国土绿化行动，增加森林面积和蓄积量"。2017年，中央一号文件提出，"加快新一轮退耕还林工程实施进度。上一轮退耕还林补助政策期满后，将符合条件的退耕还生态林分别纳入中央和地方森林生态效益补偿范围"。2018年，中央一号文件提出，"扩大退耕还林还草、退牧还草，建立成果巩固长效机制"。从中可以看出，中央一号文件对退耕还林工程的高度关注与持续追踪，充分彰显了新一轮退耕还林工程在推进大规模国土绿化行动、加快生态文明体制建设、构建全区域生态安全屏障方面的重要地位，充分显现了新一轮退耕还林工程在调整农业产业结构、消除集中连片贫困地区生态贫困、促进退耕工程区农户非农就业等多元增收方面的重要价值，全面强化了新一轮退耕还林工程的生态效益、经济效益与社会效益的统筹协调。

农户是新一轮退耕还林工程的微观主体，是新一轮退耕还林工程有序运行与有效实施的关键基础。农户退耕参与响应是基于人力资本、自然资本、物质资本、金融资本、社会资金等生计资本的现实约束，系统考量政策风险、技术风险、自然风险、制度风险、市场风险等退耕参与风险感知，结合参与退耕的成本投入与收益预期测算而制定的有限理性决策。农户是否倾向于参与退耕，影响农户参与退耕的关键要素有哪些，农户退耕参与影响因素的内在机制如何？如何科学选择退耕生产项目，提高林业经营收益与治理效用？如何引导退耕农户从事特色林果业、林下经济、休闲农业等后续产业发展，增进退耕农户的退耕成果保持意愿与持续参与意愿？这是提升新一轮退耕还林工程运行效率与实施质量时亟待解决的关键问题。本书以新疆生态脆弱区为例，重点探索新一轮退耕还林工程实施框架下，退耕还林工程区农户的退耕参与响应意愿、退耕参与行为的影响因素及影响机制、退耕农户的后续产业发展路径等，为实现新疆生态脆弱区新一轮退耕还林工程的健康、有序、稳固、高效运行提供信息依据。

1.2 研究目的与意义

1.2.1 研究目的

新一轮退耕还林工程是全面推进生态文明体制建设、优化区域生态安全屏障、促进农户多元增收、推动农村产业结构调整的重点林业生态工程。作为退耕还林工程的微观主体,农户的参与意愿、响应行为等直接决定了新一轮退耕还林工程能否有序、稳固地运行。新疆生态脆弱区是新一轮退耕还林工程的优先区与重点工程区。本书以新疆生态脆弱区为例,开展新一轮退耕还林工程的农户参与响应研究,厘清农户参与响应的基本态势与影响机制,从农户风险感知、生态理性、生计资本、贫困尺度等视角,多层次、多尺度地分析了新一轮退耕还林工程的农户参与意愿及其影响因素;从农户营林决策、退耕后生计分化、退耕地合作经营等方面,分析了农户退耕地经营行为、退耕后可持续生计行为、非农就业等农户退耕成果保持意愿的关系,阐释了后续产业发展与退耕农户持续参与的内在逻辑,阐释了退耕农户发展特色林果业、林下经济、休闲农业等后续产业的发展环境、发展思路与关键举措,并提出了退耕政策的内生性激励、非农就业的保障性激励、退耕还林的外部性激励等以全面提升退耕农户的持续参与意愿与可持续生计能力,为新疆新一轮退耕还林工程高质量运行与配套政策和措施的制定提供信息支持。

1.2.2 研究意义

新一轮退耕还林工程农户参与响应和发展激励研究为促发工程区农户的退耕参与意愿、优化农户退耕参与行为、拓宽退耕后发展路径等提供了新思路与可行性建议,所以本书具有一定的理论价值与现实意义。

1.2.2.1 理论价值

本书从退耕还林工程区农户的微观视角出发,重点考察贫困差异尺度、生计资本差异尺度下,农户退耕参与响应行为及其影响因素,深入剖析不同视角下的农户退耕参与决策机制，为新一轮退耕还林工程的激励机制构建提供理论与实证依据。本书充分考虑了农户异质性与个性化，有助于进一步丰富农户退耕意愿与参与决策机制的研究内容，同时为精准扶贫工作、农户可持续生计研究提供了新的研究视角。

1.2.2.2　实践意义

（1）有助于激励农户的退耕参与意愿。本书从不同视角、不同尺度，分析了新一轮退耕还林工程的农户参与响应行为及其影响因素，系统分析了农户的个体特质、家庭资源禀赋，贫困农户与非贫困农户的差异，以及人力资本、自然资本、物力资本、金融资本、社会资本、金融资本等要素对农户退耕参与响应行为的影响机制，搜寻影响农户退耕参与意愿的关键要素，据此提出新一轮退耕还林工程的农户参与激励建议，有助于激励农户的退耕参与意愿。

（2）有助于为新一轮退耕还林工程配套政策的制定提供参考依据。本书对新疆生态脆弱区新一轮退耕还林工程农户响应意愿的研究，立足于探究农户个体性要素、能力性要素、外部性要素、需求性要素对农户退耕参与意愿的影响机制，贫困农户与非贫困农户的新一轮退耕还林工程参与响应的影响差异，人力资本、自然资本、物力资本、金融资本、社会资本、金融资本等生计资本要素对农户退耕参与响应的影响机制，厘清了农户非农就业能力、林业生产经营能力、社会网络资本、主要劳动力受教育程度、林业生产投入资金等关键要素对新一轮退耕还林工程农户参与响应行为的影响，探索了退耕农户特色林果、林下经济和休闲农业发展等后续产业，制定了非农就业能力培训、林业生产经营能力培养、林业生产资金扶持等激励政策，以提升新一轮退耕还林工程的实施效率与执行效果，有助于为新一轮退耕还林工程配套政策制定提供参考依据。

（3）有利于提升新疆生态脆弱区新一轮退耕还林工程的运行质量。农户能动参与是新一轮退耕还林工程有序、高效运行的根本保证，是新一轮退耕还林工程生态效益、经济效益与社会效益协同实现的基础主体。本书对新疆生态脆弱区新一轮退耕还林工程农户参与响应与发展激励的研究，为切实提升新一轮退耕还林工程的农户参与意愿、引导工程区农户有序参与退耕、规范农户退耕参与行为提供了实践指导，有助于实现新一轮退耕还林工程的农村增绿、农民增收、农业增效的复合目标，同时提升新疆生态脆弱区新一轮退耕还林工程的运行质量。

1.3 国内外研究现状综述

1.3.1 农户行为决策的国内外研究现状

行为经济学是通过观察和实验等方法深入剖析社会个体与群体经济行为特征与经济行为规律的经济理论，其强调个体与群体行为受经济利益与心理因素的影响与制约。组织行为学认为，行为是以机体、个性与文化为基础，是人与环境交互作用的产物与表现，是以生理因素、心理因素、社会文化因素为指引，由足够动机引发并产生的社会反应（申平华，1988）。任何个体行为都具有一定指向性，主体行为结果一定趋向于某一目的；人的个体行为规律是"需要决定动机、动机支配行为、行为指向目标"；任何行为都是由一定动机激发的，由计划、准备、实施、结果等组成的有序系统（成长春，2000）。农户参与新一轮退耕还林工程是农户理性行为决策，属于农户经济行为范畴。

《改造传统农业》（Schultz，1964）一书的出版使得农户行为成为发展经济学的前沿问题。Schultz认为，农民行为是追求自己效用最大化。这使得农户微观行为成为研究热点。农户行为是农户对应于农产品价格和生产要素价值变动作出的关于农业投入与产出的反应或决策（池泽新，2003），是推动与促成农业微观与宏观目标的重要基础；为稳定农户行为，应坚持农户的微观主体地位，不断创新农业组织形式与交易方式。通过对欠发达地区经济发展中农户行为的考察，发现农户生产经营信息来源单一、农户收入严重依赖自然资源、农户非农就业参与能力不强、农户生产经营贷款积极性不高、农户迫切地希望改变家庭生活状况而不是发展农业生产等行为，是制约区域经济发展的重要因素（李小建，2002）。

当前，农户行为相关研究主要集中于耕地流转农户行为及影响因素分析（陈美球等，2008；宋辉等，2013）、农产品质量安全追溯体系建设（周洁红等，2007）、农地流转诱因及福利效应（陈飞等，2015）、耕地保护中农户行为（毕继业等，2010）、农业面源污染治理机制与农户行为（魏欣等，2012）、农业产业化对农民收与农户行为的影响（孙新章等，2004）、测土配方施肥技术推广中的农户行为（张成玉，2010）、水土保持中的农户行为（李虹等，2005）、农户行为对耕地质量与粮食生产影响（朱晓雨等，2014）、退耕还林与农户行为（李国平等，2015）、农户行为分化与动因（姜天龙，2012）、农户行为体系与农村可持续发展（宫新荷，1999）等。农户行为成为农地流转、技术推广、耕地保护、农业产业化、农村可持续发展的重要研究思路与研究视角。退耕还林工程是重要的农村发展项目，农户经济行为成为影响退耕还林工程实施质量与运行效率的关键内容。

1.3.2　退耕还林工程的国内外研究现状

退耕还林工程是中国农业政策的转折点（张红霞等，2012），实现了国家财政收入由农民流出转向流入农民，实现了由向农民征收税费转为对农业巨额补贴的调整，是重要的支农惠农政策。退耕还林工程的实施符合国家长期生态战略需求、农户土地收益期望（谢晨等，2015），是公共生态产品的私人供给路径，是生态经济联合生产的林业生态工程（韩洪云、喻永红，2012），以满足生态供给需要、服务生存发展、实现社区多元受益等目标（Glasmeier等，2005）。退耕还林工程以解决生态脆弱区水土流失问题、风沙危害问题，保护和恢复原有生态植被为工程重点（张丽华，2011），有效地增加了区域生态容载能力，提升了林业管理的质量（Chhetri等，2013）、遏制了景观破碎化（顾哲衍等，2014）、优化了生态供给结构（刘宗飞、姚顺波等，2012），改善了农户生计（朱长宁等，2014），实现了生态修复与区域经济发展的多方关联（Adhikari，2009；陈建成，2014）。

退耕还林工程（1999—2013年）由各级政府自上而下"运动式"推进（徐晋涛等，2004），违背了农户自愿参与原则（Bennett，2008），忽视了农户的响应与参与空间，使农户呈现出中等响应性与低等参与性特征（邰秀军等，2014）。新一轮退耕还林工程（2014—2020年）关注环境价值与持续运行、强化农户参与和贫困贡献、尊重农民意愿与主体决策，多数农户具有较强支付意愿（韩洪云等，2012）；通过对农户退耕还林成本、退耕接受意愿与生态环境价值贡献的综合估计，退耕生态补偿能立足于弥补农户参与退耕的全部成本。因此，退耕生态补偿标准是退耕还林工程生态可持续性的前提，也是新一轮退耕还林工程政策设计的根本问题。新一轮退耕还林工程已基本形成退耕还林与农户经济行为的和谐共生关系（朱长宁等，2015），不同程度地改善了健康状况、资源安全、环境安全等退耕区农户福祉（刘秀丽等，2014），但也存在着生态效益外显与经济效益内隐的矛盾（何家理，2012）。

退耕还林工程应协调生态安全、经济发展、农户增收等多元目标（支玲等，2015）。为提升退耕还林工程的有效性，应通过技术培训转移农村剩余劳动力（曹世雄等，2009）；建立退耕农户的资源共享、优势互补、循环发展的立体复合种养模式（陈元贞等，2013），形成农户的林业投资激励，避免补偿期结束后农户复耕行为（Uchida等，2005）；应培育退耕农户土地物权意识、完善生态补偿政策、强化司法监督机制（刘天森、柯水发，2014）；强化退耕还林工程后续产业的规划和论证工作，加强农户抵御风险的能力（杨皓等，2014）；挖掘村庄共同体的潜在价值，扶持村庄共同体的组织建设（胥永强，2015）；构建更加综合的环境政策，培育特色优势产业（田青等，2015），加强退耕还林政策的有效性与配套性（蔡志坚等，2015）。

为提升退耕还林工程的可持续性，应建立区域化的生态补偿标准和多元化的生态补偿方式（王立安，2012；冯琳，2013），探索"单一农场补偿"（Galko等，2011；Maye等，2009）和"生态环境补偿"（European Commission，2005）的补偿框架；制定合理的补偿周期与补贴额度（徐海燕，2013），使国家补偿逐步退出（戎晓红，2007）；转变单一的补偿标准、"自上而下"实施规划（庞淼，2012），尝试建立农民参与环境服务供给的竞争性投标机制（Claassen等，2008）；科学测算退耕还林规模与补偿标准（Plantinga，2001），预测农户可能退耕情况（Parks，1996），确定农户退耕的机会成本，核算适宜的补助水平

（Bassam Hamdar，1999）；加大对退耕还林工程区的地方政府和农民补偿额度，建立长期、合理、稳定的生态补偿机制等（刘燕等，2005），实行差别化的补助标准，提高大规模退耕且主要从事农地经营农户的补助标准（李博、李桦，2014）。

1.3.3　农户参与退耕还林工程的国内外研究现状

退耕还林工程的政策延续、顺利实施与成果维持取决于农户的持续参与（喻永红，2014）。激励相容与合理补偿问题是政策设计的关键要素。经济激励是最有效的生态补偿方式（Pagiola等，2007；Wunscher等，2008），退耕后经济收益是农户退耕还林响应行为的决定因素（刘潘，2003），甚至是参与决策的唯一因素（侯芳妮等，2006）。合理的补偿标准是激励农户自愿参与退耕还林工程的关键，应系统考虑农户机会成本与损益状况的动态变化与不确定性（李国平等，2015）；对农户退耕机会成本和生态服务价值进行归一化处理（郭慧敏等，2015），确定退耕生态补偿标准。影响农户退耕还林参与意愿的因素：成本收益权衡（危丽，2006），退耕还林工程特征、农户所在村庄特征（柯水发，2008），交流效率（Nicolas等，2008），交易成本（Stefanie，2008），补偿收入与土地产权（Wunder，2008），多元化收入来源（Milder等，2010），风险评估、信息对称、政策信任（Wunscher等，2010），户主年龄、林地面积（郭欢欢，2011），非农收入比例、后续产业能力（张变华，2012），文化程度、是否为中共党员（陈中泰，2014），人均年收入（康瑞斌，2014），参与方式与参与程度、政策认知及政策执行力度（刘燕，2014），社会外部环境、家庭智能决策、个人行为主义（崔雪峰等，2014），退耕还林地投入的劳动量、是否有长期经营林地的打算、退耕补助标准的适度性、对兑现政策的满意程度（支玲等，2014），对退耕还林政策的经济功能认知、种植业的重要性（喻永红，2015）。

退耕还林工程是经济利益与生态效益的博弈均衡过程（李文刚等，2005）。增强地方政府与农户等参与者的自由选择权将提升退耕还林工程的持续性与有效性（Sen A K，2002；Uchida E，2007）。区域经济发展水平、资源禀赋条件等的差异促生退耕生态补偿的非均衡依赖性（庞森，2012），林地利用方式、林业生产项目的技术异质性引发退耕林地生产技术效率的差异（薛彩霞、姚顺波等，2013）。退耕还林工程直接影响了农户的土地利用方式与投入状况（陈姗姗等，2012）；早期的、持续的物质利益与经济产出是生态工程有序运行的前提（Pulhin等，2007；Plkharel，2011）；当政策激励与农户利益一致时，农户将遵守退耕还林政策，但人力资本和自然资本对农户退耕收益影响显著（韩秀华，2015），使得贫困和少数民族农户的持续退耕存在较大困难（谢晨等，2014）。农户退耕行为受经济动机与社会动机等多元影响（Schein，1965；王建明，2013），林业经营目标具有显著多样性（Birch，1996；Butler & Leatherberry，2004）。退耕农户缺乏金融资本、技术知识与设备工具（Weiss等，2011），林业所有者协会将为退耕农户提供咨询建议、教育培训、技术支持与信息服务，为农户退耕参与提供持续性的工具支撑（Ostrom，1990；Mendes等，2011）。退耕还林工程成果保持取决于农户退耕土地利用收益的比较（康瑞斌等，2014）。新一轮退耕还林工程不再限定生态林与经济林比例，退耕农户生产经营决策呈现多元化特征，但也应增加科技供给，重视农户林种选择意愿，提高经济林和兼用林种植效益（支玲等，2015），避免林业部门的寻租行为（刘天森、柯水发，2014）。

1.3.4 述评

退耕还林工程是推动生态脆弱区自然环境修复、强化林业系统生态产品供给能力、转变土地利用方式、促进农户增收、调整农村产业结构、增强林业扶贫贡献能力的林业重点生态工程。通过对研究文献的梳理，发现国内外学者普遍关注退耕还林工程的农户参与意愿及关键影响因素、工程主体的多方博弈、退耕补偿标准核算、工程有序发展策略等，侧重于增强农户的退耕感知与参与激励、强化退耕政策的协调性、协调多元主体的利益诉求、生态补偿标准与补偿方式创新等、农户退耕成本收益预期、非农就业渠道拓展、农户生计可持续等方面。新一轮退耕还林工程的政策延续、顺利实施与成果维持取决于农户的积极响应与持续参与。本书根据新一轮退耕还林工程的政策意涵，从退耕农户的林业生产经营入手，基于退耕还林工程的国内外研究成果和林业经济理论与政策，依托新疆生态脆弱区退耕还林工程运行态势与农户退耕响应行为，建立"农户参与意愿强化—适宜退耕项目选择—林业生产经营行为优化—退耕农户后续产业发展—新一轮退耕还林工程稳态运行"的分析逻辑。通过农户退耕响应行为追踪、退耕行为描述、退耕行为调适、退耕行为激励等，增强退耕农户的响应意愿与参与热情，以退耕区林业生产的良性运行实现退耕农户的经济效益预期与政府的生态效益预期的协调统一，优化新疆生态脆弱区新一轮退耕还林工程的运行成效。本书对新一轮退耕还林工程农户参与响应的分析，是基于动机、意愿、行为框架，结合农户生理因素、心理因素、社会因素、文化因素等，从多个视角对农户退耕参与意愿、参与行为及影响因素的剖析，是新一轮退耕还林工程有序运行、退耕还林政策方案优化、退耕还林配套政策制定的重要依据。

1.4　研究内容与研究方法

1.4.1　研究内容

新一轮退耕还林工程（2014—2020年）是退耕还林工程（1999—2013年）成果的稳固与发展，贯彻落实创新、协调、绿色、开放、共享新发展理念，是以生态文明建设为主体的"五位一体"社会主义现代化建设格局的重要内容，是生态文明体制改革与生态安全整体布局的重要举措。本书以农户经济学、行为经济学为基础，结合新一轮退耕还林工程的新思路与新理念，重点考察不同视角下新一轮退耕还林工程的农户参与响应行为与发展激励，具体研究内容如下所述。

第一部分，新疆生态脆弱区退耕还林工程的实施概况。回溯分析中国退耕还林工程的历史沿革与综合效益，论述新疆第一轮退耕还林工程的实施进展、运行成效与预期效益，为农户退耕的响应行为追踪与发展激励提供分析情境。

第二部分，新疆生态脆弱区农户退耕参与意愿的多视角分析。基于新疆退耕还林优先工程区农户的调查数据，多视角分析新一轮退耕还林工程的农户风险感知及其影响因素、农户参与退耕的"经济理性"与"生态理性"逻辑、农户生计资本与退耕参与决策生成机制、农户退耕响应的贫困尺度差异等，全面追踪工程区农户的新一轮退耕还林工程参与意愿及其影响机制。

第三部分，新疆生态脆弱区农户退耕参与行为的多尺度剖析。基于新疆生态脆弱区退耕农户的生计行为与退耕参与行为，剖析退耕农户的营林决策及其影响因素、退耕农户的成果保持意愿及非农就业作用机制、退耕农户小规模林业合作经营的重要价值等，为提升新疆新一轮退耕还林工程运行质量提供现实依据。

第四部分，新疆生态脆弱区农户退耕的后续产业发展路径。基于退耕区后续产业发展与退耕农户成果保持意愿的内在关联，结合新疆退耕区产业基础与资源优势，提出退耕农户特色林果业、林下经济、休闲农业的发展环境、发展思路与关键举措，以切实提升退耕农户的可持续生计能力。

第五部分，新疆生态脆弱区退耕农户发展激励机制。提出了退耕政策的内生性激励、非农就业的保障性激励、退耕还林的外部性激励、后续产业的发展性激励等，以提升新一轮退耕还林工程的农户响应意愿、优化退耕农户参与行为、提升退耕成果的保持意愿、增进退耕农户的可持续生计能力等。

1.4.2　研究方法

为了确保研究的科学性、合理性和实践性，切实解决研究的重点和难点，本书以规范分析和实证分析为基础，综合交叉地采用对比分析、模型分析和系统论等科学方法。

1.4.2.1　对比分析法

第一轮退耕还林工程（1999—2013年）与新一轮退耕还林工程（2014—2020年）的实施方式、补偿方式及标准、运行方式、规划范围和保障措施等呈现显著差异。本书将以这些差异为基础，剖析新一轮退耕还林工程的农户响应行为，为新一轮退耕还林工程的有序、稳固实施提供合理化建议。

1.4.2.2　模型分析法

本书将应用有序Logit模型分析农户退耕参与响应行为及其影响因素、应用广义定序Logit模型分析农户退耕参与风险感知水平及其影响因素、应用多分类有序Logit模型分析贫困尺度与生计资本尺度的农户退耕参与响应行为及其关键要素，应用二元Probit模型和DEMATEL-ISM集成分析退耕农户营林决策的影响因素、应用SWOT-ANP分析法剖析退耕区小规模林业合作经营的关键要素与主要策略，应用倾向得分匹配方法剖析非农就业对不同个性特征与资源禀赋农户的退耕成果保持意愿的处理效应差异等，以实现新一轮退耕还林工程农户参与意愿、参与行为等的定性问题定量化、隐性问题显性化、复杂问题明晰化等。

1.4.2.3　系统论方法

新一轮退耕还林工程是"生态—经济—社会"复合生态系统，工程主体多元化、工程效益多维化、主体行为动态化、运行状况复杂化。以系统论视角全面开展新一轮退耕还林工程农户参与响应行为、退耕农户后续产业发展、退耕农户发展激励等的研究是必然思路。

2
新疆生态脆弱区退耕还林工程的实施概况

2.1 退耕还林工程的历史沿革

2.1.1 第一轮退耕还林工程启动（1999—2006 年）

2.1.1.1 工程背景

1998年，长江、嫩江、松花江等流域爆发了一场全流域型的特大洪涝灾害。这次灾害洪水量极大、涉及范围很广、持续时间较长、洪涝灾害严重，洪水波及江西、湖南、湖北、黑龙江等29个省（区、市），受灾面积达3.18亿亩^①、成灾面积高达1.96亿亩，受灾人口达2.23亿人，倒塌房屋685万间，直接经济损失近2 000亿元，间接经济损失不可估计。据科学分析，1998年特大洪水主要是当年气候异常、暴雨过大、河湖调蓄能力下降、水位抬高等因素共同作用。需要引起警惕的是长江流域长期乱砍滥伐森林造成的水土流失、长江中下游围湖造田、乱占河道等人为扰动行为，导致长江流域洪水泛滥。1998年特大洪灾揭开了我国生态环境急剧恶化的面纱，激发了中央政府及各级地方政府对生态环境修复与生态环境保护的不竭动力。

1999年，党中央、国务院确立了"封山植树、退耕还林"的灾后重建与江湖整治的整体思路，在四川、陕西、甘肃三省进行退耕还林工程试点。根据"退耕还林、封山绿化、以粮代赈、个体承包"的政策框架，有序开展退耕地造林（38.15万公顷^②）与宜林荒山荒地造林（6.65万公顷）。2000年，国家林业局下发《关于开展2000年长江上游、黄河上中游地区退耕还林还草试点示范工作的通知》（林计发〔2000〕111号），退耕还林工程试点扩展至中西部17个省（区、市）和新疆生产建设兵团的188个县（市），试点任务退耕地造林40.46万公顷、宜林荒山荒地造林46.75万公顷。2001年，退耕还林工程再次扩

---

① 1亩约为666.67平方米。

② 1公顷为0.01平方千米。

大至中西部地区20个省（区、市）和兵团的224个县（市），当年试点退耕地造林42万公顷、宜林荒山荒地造林56.33万公顷。2002年，退耕还林工程全面启动，在北京、天津、河北、山西、内蒙古、辽宁、吉林、黑龙江、安徽、江西、河南、湖北、湖南、广西、海南、重庆、四川、贵州、云南、西藏、陕西、甘肃、青海、宁夏等24个省（区、市）和新疆生产建设兵团退耕还林任务共572.87万公顷（退耕地造林264.67万公顷，宜林荒山荒地造林308.20万公顷）。《国务院关于进一步完善退耕还林政策措施的若干意见》（国发〔2002〕10号）与《退耕还林条例》（2003年）等文件明确规定并规范了退耕还林工程的运行过程、实施范围、管理体制与运行机制等。

2.1.1.2 退耕补助方案

第一轮退耕还林工程坚持因地制宜、分类指导、实事求是、注重实效，坚持生态、经济和社会效益相统一，坚持政策引导与农民自愿相结合，坚持依靠科技进步，坚持示范带动、稳步推进，坚持省级政府负全责和实行地方各级政府目标责任制的主要原则。根据"退耕还林、封山绿化、以粮代赈、个体承包"的退耕还林设计，根据《国务院关于进一步做好退耕还林还草试点工作的若干意见》（国发〔2000〕24号）与财政部等《退耕还林还草试点粮食补助资金财政、财务管理暂行办法》文件精神，国家向退耕户无偿提供粮食，长江上游地区退耕地补助粮食（原粮）300斤/亩·年、黄河上中游地区退耕地补助粮食（原粮）200斤/亩·年；粮食补助年限为经济林补助5年、生态林补助8年，到期后可根据退耕农户实际情况动态调整补助年限；对退耕农户只能供应粮食实物，不得以任何形式将补助粮食折算成现金或代金券发放，粮食调运费用由地方财政承担。《国务院办公厅关于完善退耕还林粮食补助办法的通知》（国办发〔2004〕34号）文件提出，从2004年起原则上将向退耕农户的粮食补助调整为现金补助，包干给各省（自治区、直辖市），按每公斤粮食（原粮）1.40元计算，专户存储、专款专用，具体补助标准与兑现办法由各省级人民政府根据当地实际情况确定。国家给退耕户发放适当现金补助与种苗。为维持退耕农户基本医疗、基本教育等开支，中央财政在退耕补助期内（经济林补助5年、生态林补助8年）对退耕农户发放适当现金补助，现金补助标准为20元/亩·年。中央基建投资安排50元/亩种苗费给育苗生产单位，各地区林业部门统一组织采种，育苗单位向退耕农户无偿供应所需种子和苗木。退耕期满后，退耕还生态公益林可逐步纳入中央和地方森林生态效益补助基金补助范围，退耕还商品林，允许农民依法合理采伐。

2.1.1.3 配套保障措施

为稳步推进退耕还林政策，实现"生态改善、生产发展、生活富裕"的退耕还林目标，《国务院关于进一步推进西部大开发的若干意见》（国发〔2004〕6号）、《国务院办公厅关于切实搞好"五个结合"进一步巩固退耕还林成果的通知》（国办发〔2005〕25号）提出，把退耕还林工程与基本农田建设、农村能源建设、农村生态移民、农村后续产业发展、封山禁牧舍饲等配套保障措施结合起来，以不断巩固退耕还林工程成果，加快推进改善退耕区生态环境，调整农业产业结构，增加农民收入。

为巩固退耕还林工程成果，要求各退耕区大力加强农田水利基本建设，严格保护基本农田，加强中低产田改造，推进退耕还林工程与农村水利灌溉排水设施建设、坡改梯改造工程建设相结合，加快建设高标准基本口粮田，切实提升退耕区的粮食自给能力；要求各退耕区采取国家补助、地方配套和农民自筹相结合等方式，推进退耕还林工程区农村能源建设，以农村沼气建设为重点，加强节柴灶、薪炭林建设，适当发展小风电、小光电、小水电等，多途径满足农村能源的基本需求；要求各退耕区特别是生态脆弱区退耕区将退耕还林工程与易地扶贫搬迁等生态移民相结合，加大生态脆弱贫困地区的生态移民投资力度，实现退耕区生态移民脱贫与生态保护目标的协调统一；要求各退耕区逐步转变传统放牧方式，加大退耕区封山禁牧与舍饲圈养，并不断优化畜牧产业结构、提升畜牧养殖科学化水平；要求各退耕区加快调整农业产业结构，大力发展观光旅游业等特色农业、现代畜牧业与特色林果等后续产业，并通过扶贫贴息贷款、中央财政投资补助等方式支持推进退耕区后续产业发展，不断提升退耕区后续产业发展活力与发展效能，推动退耕区经济稳固发展与退耕农户持续增收。

2.1.2　第一轮退耕还林规划调整（2007—2013 年）

2.1.2.1　工程背景

自 1999 年退耕还林工程试点以来，退耕还林工程取得了积极进展，退耕区林草植被覆盖率明显提升、水土流失与风沙侵蚀明显降低，退耕还林工程成为我国国土绿化行动的重要工程，成为我国生态环境保护与生态环境修复的标志性工程。但由于退耕还林补助标准偏高、补助期限较长，各地方政府大规模"运动式"推进退耕还林工程，退耕还林实施规模远远超过退耕计划，极大地加剧了中央财政的负担。同时，自 2003 年底以来，国内粮价逐渐上扬，引发了政府决策者与社会各界对粮食安全的担忧；在粮价上扬与大规模退耕的双重胁迫下，中央政府决定调整退耕还林规划并压缩退耕还林规模（2004 年退耕地造林面积 824 895 公顷、2005 年退耕地造林面积 667 390 公顷、2006 年退耕地造林面积 218 492 公顷、2007 年退耕地造林面积 59 457 公顷、2008 年退耕地造林面积 2 164 公顷、2009 年退耕地造林面积 739 公顷、2010 年退耕地造林面积 333 公顷、2011 年退耕地造林面积 59 公顷、2012—2013 年退耕地造林面积 0 公顷）。《国务院关于完善退耕还林政策的通知》（国发〔2007〕25 号）提出调整退耕还林规划，原定于"十一五"期间退耕还林 2 000 万亩的规模，除 2006 年安排的 400 万亩外，其余暂不安排；今后仍继续安排荒山造林、封山育林，标志着中国退耕还林工程进入调整巩固时期。

退耕还林政策得到了各级地方政府、退耕农户的广泛认可与积极参与，粮食补助、生活费补助是激发退耕农户参与意愿的直接因素甚至是唯一因素，也是农户退耕后最主要的收入来源。但由于退耕农户尚未建立可持续生计的长效机制，当退耕补助到期后，部分退耕农户将出现生计困难甚至不得已而复耕，极大地阻碍退耕还林工程的有效持续运行。《国务院关于完善退耕还林政策的通知》提出，"坚持巩固退耕还林成果与解决退耕农户长远生计相结合；坚持国家支持与退耕农户自力更生相结合"，逐步建立起促进生态改善、农民增收和经济发展的长效机制，不断巩固退耕还林成果，不断提升退耕农户的可持续生计能力，促进退耕还林地区经济社会可持续发展。

2.1.2.2 调整思路

现行退耕还林粮食和生活费补助期满后，中央财政安排资金，继续对退耕农户给予适当的现金补助，解决退耕农户当前生活困难。补助标准：长江流域及南方地区每亩退耕地每年补助现金105元；黄河流域及北方地区每亩退耕地每年补助现金70元。原每亩退耕地每年20元生活补助费，继续直接补助给退耕农户，并与管护任务挂钩。补助期：还生态林补助8年，还经济林补助5年，还草补助2年。根据验收结果，兑现补助资金。各地可结合本地实际，在国家规定的补助标准基础上，再适当提高补助标准。凡2006年底前退耕还林粮食和生活费补助政策已经期满的，要从2007年起发放补助；2007年以后到期的，从次年起发放补助。为集中力量解决影响退耕农户长远生计的突出问题，中央财政安排一定规模资金，作为巩固退耕还林成果专项资金，主要用于西部地区、京津风沙源治理区和享受西部地区政策的中部地区退耕农户的基本口粮田建设、农村能源建设、生态移民以及补植补造，并向特殊困难地区倾斜。

2.1.3 新一轮退耕还林工程重启（2014年至今）

新一轮退耕还林工程启动是党中央国务院从中华民族生存和发展的战略高度，着眼于经济社会可持续发展全局作出的重大决定，是公共生态产品私人供给的积极探索与有效实践，是优化生态文明建设布局、构建区域生态安全屏障、释放林业精准扶贫潜能、加快调整农村产业结构的有效途径，是缓解大范围水土流失、风沙侵蚀等自然灾害的必然选择，是全面建成小康社会、推动集中连片地区农户脱贫致富的客观要求，是增加森林资源有效供给能力、促进生态林业与民生林业健康发展、应对全球气候变化的重要举措。新一轮退耕还林的工程启动符合国家整体战略部署、社会经济发展需求、全面深化改革的整体要求、地方政府与农村农户的内在期望。

2.1.3.1 新一轮退耕还林工程的重启动力

（1）退耕还林工程是全面深化改革的内在要求。习近平总书记在中央财经领导小组第五次会议上指出，扩大退耕还林、退牧还草，有序实现耕地、河湖休养生息，让河流生命、流域重现生机，肯定了退耕还林工程在生态环境保护中的重要价值。自退耕还林工程实施以来，我国累计完成工程建设任务2 940万公顷，工程区森林覆盖率提升超3个百分点，退耕还林工程成为推动科学发展、绿色增长的主要抓手，成为提升生态承载能力、增强生态安全水平、提高综合国力的重要手段，成为我国全面深化改革的重要措施。时任国务院总理李克强在2012年视察湖北、2013年视察甘肃、2014年视察陕西时，强调实施退耕还林工程对于生态恢复、农民增收的突出贡献，"把强化生态保护作为调整经济结构、保障改善民生的重要抓手"，使退耕还林工程成为转变发展方式、促进民生改善、优化产业布局的重要措施。国家林业局提交的《关于实施新一轮退耕还林和巩固退耕还林成果的政策》，全面论述了重启新一轮退耕还林工程的重要性与必要性。党的十八届三中全会提出"稳定和扩大退耕还林、退牧还草范围，有序实现耕地、河湖休养生息；实行资源有偿使用制度和生态补偿制度"，使新一轮退耕还林工程成为全面深化改革的重点任务之一。党的十九大也提出，开展国土绿化行动，推进荒漠化、石漠化、水土流失综合治理，强化湿地保护和恢复；完善天然林保护制度，扩大退耕还林还草，牢固树立社会主义生态文明观，推动形成人与自然和谐发展现代化建设新格局，以促进经济社会全面协调可持续发展。因此，新一轮退耕还林工程是全面深化改革的内在要求，是全面深化改革的重要任务。

（2）各省（区）政府与农户的合理意愿。从退耕地产出效益来看，全国退耕还林工程保存率达98.4%，退耕还林工程稳固实施；2012年人均退耕还林的林产品总产值382元，其中净收益54元，较2007年林产品总产值增加343元、净收益提升48元，退耕地整体产出效益不断提升。河北、广西、四川、新疆等14个省（区、市）纷纷向国务院呼吁继续推进退耕还林工程，以稳固退耕还林工程的生态效益、经济效益与社会效益。各省级政府认为，延续退耕还林工程有助于持续缓解严重沙化耕地、坡度25°以上耕地普遍存在的生态危机，有效遏制了退耕区风沙侵蚀、水土流失等自然灾害，有效完善了退耕区的生态安全体系，为实现中华民族永续发展提供了生态基础。退耕还林工程运行实践加强了农村地区基本口粮田建设、生态移民、农村能源建设与农村产业结构调整，延伸了农村特色林业经济，拓宽了农户增收致富途径，促进了农村经济社会的有序协调发展。

（3）林业生态建设的客观需要。从当前来看，我国生态文明建设取得积极成绩，但林业建设不平衡、不充分的矛盾始终是我国生态环境修复的主要障碍与关键矛盾。通过大规模荒漠化与沙化治理，我国荒漠化和沙化面积持续减少，荒漠化和沙化程度继续减轻，沙区植被状况进一步好转，沙化区域风沙天气明显减少，特色林沙产业快速发展；但我国荒漠化与沙化防治任务艰巨、沙化治理与巩固任务繁重、沙区无序开发建设现象严重等问题，使得我国土地荒漠化与沙化状况依然严峻。第五次全国荒漠化和沙化土地监测结果显示，截至2014年，全国荒漠化土地面积261.16万平方公里，占国土面积的27.20%；沙化土地面积172.12万平方公里，占国土面积的17.93%；有明显沙化趋势的土地面积30.03平方公里，占国土面积的3.12%。因此，退耕还林工程成为缓解生态困境、减缓沙化蔓延速度、推动生态环境修复的重要举措。同时，严重沙化土地与坡度在25°以上耕地始终影响着农户增收的步伐，退耕还林工程对于调整农户生计策略，以及为挖掘沙区山地资源、沙地资源、物种资源、林木资源等优势资源创造了良好机遇，对于改善集中连片贫困区、严重沙化区域的生态状况与民生现状具有重要的战略意义与现实意义，有助于巩固第一轮退耕还林工程成果、强化退耕还林工程的扶贫开发。

2.1.3.2 新一轮退耕还林工程的实施框架

根据"自下而上、上下结合"的基本方式，充分尊重农户主体意愿的基本思路，新一轮退耕还林工程应坚持政府引导、农民自愿的原则，各级地方政府要加强退耕规划引导与配套政策设计，为退耕农户提供技术服务与信息支持；充分尊重农民参与意愿，是否参与退耕、退耕地还生态林或经济林等决策均由农户自主决定，各级地方政府切忌规模化推进、强制退耕或"一刀切"。新一轮退耕还林工程应坚持尊重规律、因地制宜的原则，根据不同地理区位、气候条件、水文条件或立地条件，宜乔则乔、宜灌则灌、宜草则草；以增加植被盖度为主要方向，不再限定生态林与经济林的比例，允许林粮间作、林草结合、林下畜禽养殖、林下花卉种植等复合经营，充分挖掘退耕还林的生态功能。新一轮退耕还林工程严格限定在25°以上坡耕地、严重沙化瘠薄耕地和重要水源地15°~25°坡耕地，严格限定退耕地要求与退耕规模，并对退耕还林工程进行持续监管、动态追踪与规范化管理。

《新一轮退耕还林还草总体方案》规定，"到2020年，将全国具备条件的坡耕地和严重沙化耕地约4 240万亩退耕还林还草。其中：25°以上坡耕地2 173万亩，严重沙化耕地1 700万亩；丹江口库区和三峡库区15°~25°坡耕地370万亩。对已划入基本农田的25°以上坡耕地，要本着实事求是的原则，在确保省域内规划基本农田保护面积不减少的前提下，依法定程序调整为非基本农田后，方可纳入退耕还林还草范围。严重沙化耕地、重要水源地15°~25°坡耕地，需有关部门研究划定范围，再考虑实施退耕还林还草"。根据农户自愿申报，结合全国严重沙化耕地与25°以上坡耕地的基本情况，确定了新一轮退耕还林工程的整体规模；退耕规模符合农户主体意愿、符合全国荒漠化与沙化治理现状，退耕规模具有较高的操作性与客观性，有效地避免了片面追求退耕规模、盲目扩大退耕规模的不利影响。

退耕补助是农户参与退耕的直接激励要素，甚至是农户参与退耕的唯一要素。新一轮退耕还林工程补助标准直接决定了农户退耕参与积极性与热情；在具体补助政策方面，中央安排退耕还林补助资金1 500元，分3次下达给省级政府，每亩第一年800元（其中种苗造林费300元）、第三年300元、第五年400元；在资金来源方面，财政部通过专项资金安排现金补助1 200元、国家发改委通过中央预算安排种苗造林费300元。同时，省级政府可在不低于中央补助标准的基础上，自主确定兑现给退耕农户的具体补助标准与分次数额；地方提高标准超出中央补助规模部分，由地方财政自行负担。

2.1.3.3　新一轮退耕还林工程的政策改进

新一轮退耕还林工程是在全面深化改革的任务部署、林业生态工程的延续需要、农户退耕意愿的内在期望、业界学界人士的广泛呼吁等推进下实施的。2002年发布的《退耕还林条例》是规范与指导第一轮退耕还林工程的政策条例。对比第一轮退耕还林工程（1999—2013年），新一轮退耕还林工程在指导原则、实施方式、补偿方式与补助标准、运行方式、规划范围上均进行了较大调整与改进。

在实施方式上，第一轮退耕还林工程以"政府主导、农民自愿、自上而下"为主，新一轮退耕还林工程以"农民自愿、政府引导、自下而上"为主要思路。新一轮退耕还林工程避免了"自上而下"模式忽略甚至抹杀事物的个性，强调"自下而上"，根植于退耕区具体情况、反映农户的真实意愿、解决退耕区的现实问题。新一轮退耕还林工程由政府主导、农民自愿转变为农民自愿、政府引导，充分尊重了农户退耕主体意愿，强化了农户退耕参与的积极性，有助于巩固退耕还林工程成果、提升退耕还林工程运行质量与实施效率。

从补偿方式与补助标准上，第一轮退耕还林工程补助期为还生态林补助8年，还经济林补助5年。补助标准：长江流域及南方地区，每亩退耕地每年补助粮食（原粮）150公斤；黄河流域及北方地区，每亩退耕地每年补助粮食（原粮）100公斤；每亩退耕地每年补助现金20元，种苗和造林费补助标准按退耕地和宜林荒地造林每亩50元计算。新一轮补助较第一轮减半处理。退耕补助包括粮食（按1.4元/公斤折算）、生活补助费和种苗造林补助费。新一轮退耕还林中央安排退耕还林补助发放为5年，分3次发放，补助资金1 500元，每亩第一年800元（其中种苗造林费300元）、第三年300元、第五年400元；同时，省级政府可在不低于中央补助标准的基础上自主确定兑现给退耕农户的具体补助标准与分次数额。从整体上看，新一轮退耕还林工程补助周期与补助标准比起第一轮有部分降低，但新一轮退耕还林工程运行方式更为灵活，允许林粮间作与林下经营，农户经营整体收益更乐观。

从运行方式上，第一轮退耕还林工程严格限定了生态林与经济林比例，要求以县为核算单位，还生态林比例不得低于80%，同时不允许林粮间作；新一轮退耕还林工程不再限定生态林与经济林比例，允许退耕农户在"在不破坏植被、造成新的水土流失前提下，间种豆类等矮秆作物，发展林下经济，以耕促抚、以耕促管；鼓励个人兴办家庭林场，实行多种经营"。同时，地方政府可统筹安排相关资金，制定推出配套政策，用于退耕后调整农业产业结构，从而发展特色产业，增加退耕户收入，推动脱贫攻坚，巩固退耕还林成果。因此，新一轮退耕还林工程的运行方式更合理、更灵活、更科学，更有助于退耕区植被盖度提升与退耕农户收入提升，更有助于维持农户的退耕行为，巩固退耕还林工程成果。

从规划范围上，第一轮退耕还林工程将"水土流失严重的，沙化、盐碱化、石漠化严重的，生态地位重要、粮食产量低而不稳的耕地"列入退耕计划，而且新一轮退耕还林工程的退耕区划严格限定在"坡度25°以上的耕地，沙化、盐碱化、石漠化严重的耕地，重要水源地坡度15°～25°的耕地，国家规定的其他可退耕地"，更符合生态建设需要与生态安全态势。

2.2 退耕还林工程的综合效益

2.2.1 退耕还林工程的生态效益分析

根据《退耕还林工程生态效益监测国家报告（2015）》，"我国从1999年陆续在北方沙化地区实施退耕还林（草）工程，截至2014年底，北方沙化地区10个省（自治区）及新疆生产建设兵团退耕还林工程总面积达到1 592.29万公顷，其中沙化土地和严重沙化土地退耕还林面积分别为401.10万公顷和300.61万公顷。通过植被恢复，增加了该地区的生物多样性，改善了当地的生态环境。退耕还林工程的实施优化了该地区的产业结构，提高了当地人民的生活水平，取得了显著的生态、经济和社会效益。截至2015年底，北方沙化土地退耕还林工程10个省（自治区）及新疆生产建设兵团物质量评估结果：防风固沙91 918.66万吨/年、提供负离子136 447.51×1 020个/年、吸收污染物41.39万吨/年、滞纳TSP 4 250.71万吨/年（其中，滞纳PM10和PM2.5物质量分别为2.37万吨/年、0.65万吨/年）、固碳339.15万吨/年、释氧726.78万吨/年、涵养水源91 554.64万立方米/年、固土11 667.07万吨/年、保肥445.48万吨/年、林木积累营养物质12.22万吨/年。价值量评估结果：10个省（自治区）及新疆生产建设兵团每年产生的生态服务功能总价值量为1 263.07亿元。其中，森林防护440.33亿元、净化大气环境377.95亿元（其中，滞纳PM10和PM2.5价值量分别为7.11亿元、301.35亿元）、固碳释氧126.46亿元、生物多样性保护139.88亿元、涵养水源91.88亿元、保育土壤65.51亿元、林木积累营养物质21.06亿元"。因此，退耕还林工程的实施使得工程区森林覆盖率平均提高了超4个百分点，加快推动了国土绿化行动，加快促进了生态脆弱区生态环境修复与生态环境保护，加快扭转了工程区生态恶化的趋势，为构建全国生态安全屏障作出了卓越贡献。

2.2.2　退耕还林工程的经济效益分析

退耕还林工程不仅是推动区域生态环境修复与生态环境保护的林业重点生态工程，也是拓宽农户收入路径、调整农村产业结构、促进区域经济发展的公共投资计划。退耕还林工程制定了退耕区基本农田建设、农村能源建设、农村生态移民、农村后续产业发展、封山禁牧舍饲等一系列配套政策。退耕还林主要集中于严重沙化瘠薄土地、坡度在25°以上耕地，为保证退耕区基本粮食生产、巩固退耕还林工程成果，各地区加快推进标准农田建设、农田水利基础设施、农田道路电网、农田防护林网等建设，不断改善农田生产条件。不断提升耕地质量，不断增强农田综合生产能力；同时，参与退耕后，农户能够将更多灌溉用水、化肥、劳动力、资金、时间等投入非退耕农田，能够深入推进优良品种、新耕作技术、测土配方施肥技术、节水灌溉技术、病虫害绿色防控技术、生物菌肥喷施技术等农业新技术的应用及推广，不断增强农业集约化经营能力，提升农业现代化经营水平，提高农业生产经营收益，等等。退耕还林工程实施后，各退耕区加快优化农业资源配置，调整农业产业结构，等转变农业发展方式，拓宽农业发展路径，积极探索发展现代畜牧养殖业、特色林果业、乡村旅游业、农村服务业等后续产业，形成了多行业有机融合、多产业协同发展的农村经济发展新格局。

退耕还林工程是大规模国土绿色行动的重要实践，如何拓宽退耕农户收入渠道、增加退耕农户整体收入是退耕还林工程持续稳定发展的重要基础。农户退耕收益包括参与退耕所获得的直接补偿、退耕林地生产经营收益、农户非农就业收入等。退耕补偿是绝大多数农户维持生计的根本性保障。随着退耕还林工程的持续推进，退耕农户的收入结构发生了显著变化，养殖业、外出务工、经商等成为农户重要的收入渠道，对退耕还林补助的依赖性逐渐减弱。从退耕还林工程实施结果来看，退耕还林工程使得3 200万农户从政策补助中直接受益，退耕农户户均直接受益达9 800余元，比较稳定地调整了农业产业结构，比较有序地培育了退耕区后续产业，比较有效地推动了农村富余劳动力转移，为有效破解"三农"问题、促进农业可持续与高质量发展提供了新思路与新路径。据国家统计局对全国退耕还林（草）农户的监测，2016年退耕农户人均可支配收入为10 204元，比2013年增加3 381元，年均增长14.4%，比同期全国农村居民收入增速高2.8个百分点。其中，经营净收入、转移净收入增速分别高4.4个百分点和5.9个百分点。

新一轮退耕还林工程重点向集中连片贫困地区与建档立卡贫困农户倾斜，2016—2018年，全国共安排集中连片特殊困难地区有关县和国家扶贫开发工作重点县退耕还林还草任务2 946.6万亩，新一轮退耕对建档立卡贫困户的覆盖率达18.7%，对重庆市城口县、甘肃省环县和会宁县等重点贫困县覆盖率分别达48%、49%和39%。各贫困地区借助退耕还林工程及退耕补助资金，充分利用贫困地区资源优势，积极发展特色经济、培育特色产品，推进新一轮退耕还林工程与精准扶贫工程的有序融合，退耕还林工程成为贫困地区、贫困农户精准扶贫工作的有益探索，成为集中连片贫困地区脱贫致富的重要抓手。

2.2.3　退耕还林工程的社会效益分析

在退耕还林工程实施过程中，各级地方政府、林业部门建立了多途径、长周期、持续化的退耕还林宣传机制，使广大农户了解了退耕还林工程建设的紧迫需求，了解了退耕还林工程等林业重点生态工程的重要价值。退耕还林工程是一项生态建设工程，也是一项民心工程与环境保护宣传工程。退耕还林工程的稳步实施将推动社会各界有效增强其生态意识，加快形成良性生活习惯，加紧形成崇尚自然的社会风尚，为推动生态文明建设、构建环境友好型社会奠定坚实的群众基础。国家在实施退耕还林的同时，进一步加强了退耕区的基本农田与新型能源建设，实行牛羊舍饲圈养，加大了生态移民搬迁和后续产业开发力度，推动了退耕还林工程健康、顺利运行，改善了退耕区农民的生产生活状况，使农民的生态环境意识明显增强。

退耕还林工程的实施推动了农户思想观念的积极转变。其中，生产方式由粗放经营转向精耕细作，生计行为由传统农业生产转向农林业生产经营、非农就业等多元生计。退耕区大量富余劳动力走出农村，解放了思想、开阔了视野、拓宽了生计路径，为培养懂市场经济、有经营理念、资本实力强、管理能力强的新型职业农民提供了良好契机。因此，退耕还林促进了传统农民向社会主义市场经济下新型职工农户的转变。

2.3　新疆第一轮退耕还林工程实施进展

退耕还林工程是新疆林业史上投资最大、政策性最强、涉及面最广、群众参与度最高的一项重大生态工程。退耕还林工程集生态、经济、社会功能为一体，是新疆践行"两山"理念，修复工程区生态，实现"双碳"目标的标志性工程。2000年至2014年，新疆累计完成国家下达前一轮退耕还林计划任务1 358.7万亩。其中，退耕还林325.8万亩，荒山荒地造林793.4万亩，封育239.5万亩。工程建设涉及全疆14个地（州、市）、93个县（市、区）、795个乡镇、5 834个行政村，有34.16万农户、150.35万人享受到国家退耕还林政策的直接补助。新疆2008—2015年完成巩固退耕还林成果：薪炭林基地建设40.46万亩；特色林果种植74.67万亩；特色养殖棚圈145.21万平方米、林下种植95.33万亩、退耕农户技能培训37.09万人次、补植补造143.91万亩、低质低效林改造27.97万亩、围栏建设28.71万亩。

结合独特的地理环境和资源优势，针对新疆南北地区的差异，新疆制定了针对性的发展规划，并突出重点、先易后难、分步实施，根据因地制宜的原则，依托地缘优势，大力发展特色林果、林下经济、木本油料、沙产业等绿色富民产业。在南疆林果主产区，政府大力发展林果业，引导退耕农户根据当地的光热条件和气候条件，种植适合本地生长的经济树种。这样既实现了退耕还林的生态目标，又培植了当地的经济产业，确保了退耕农户收入的稳定。这一举措不仅巩固了退耕还林的成果，也为当地经济的可持续发展奠定了坚实的基础。同时，政府结合新疆各地区的自然条件、社会经济状况、经济结构调整和林业重点生态工程建设，制定了整体发展规划。坚持生态优先原则，统筹安排工程建设与产业发展，实现了生态保护与经济发展的良性循环。新疆退耕区通过发展林果业、林下经济和木本油料产业，有效改善了当地的生态环境，提高了土地的利用效率，促进了农民的增收致富。例如，阿勒泰地区根据区域特点，依托退耕还林大力发展沙棘种植，目前种植面积已达25万亩，其中，挂果面积6.6万亩，产量近万吨，先后引进培育汇源集团、康元公司等小浆果生产企业12家，建立地区级小浆果引种示范园1个、沙棘种植专业合作社3个。发展沙棘加工产业，已生产出沙棘油、沙棘果汁、沙棘粉等多种产品，总产值达5900多万元。

为充分发挥好退耕林地的立体经营空间，新疆退耕区结合实际情况，积极发展林农、林药、林禽等多元化经营模式。在林地中间种植蔬菜、瓜果、苜蓿等作物，林间放养家禽；在退耕地种植梭梭、柽柳等药材，发展出林药模式，实现了林农结合、林畜结合的发展模式，以地养林，以林促畜。这种多元化经营模式不仅可以提高林地的利用率，还可以增加农民的收入，促进当地经济的发展。同时，积极利用林下特殊的气候条件，发展林下生态旅游，兴办家庭农场，采用林果、林下蔬菜、菌类等人工采摘，自选烹饪生态养殖禽类，林区度假旅游等项目，促进乡村旅游的发展。例如，塔城市结合退耕林地发展林下养殖，现有养殖土鸡、飞鹅等家禽的退耕户55户，养殖家禽25万余只。养殖野猪、牛、羊等牲畜的退耕户30余户，养殖牲畜1.5万余头（只）。通过发展林下产业，将林业生产的生态、经济、社会效益有效结合起来，激活了农牧民管理好、巩固好、发展好退耕还林工程的积极性，带动了工程区第三产业的发展。

在退耕种植沙枣、榆树等生态林的区域，由于树种经济效益低下，出现了农户管护不积极现象。为了巩固这部分退耕林地，解决退耕农户的长远生计问题，各地都在探索新的巩固措施。例如，结合林地现状，制订相应改造计划，积极开展退耕地造林低质、低效林的改造；加强树种改良，通过树种更新、嫁接改造等方式，积极推广低质、低效林改造技术；合理流转林权，推行低质、低效林集中连片管理，通过为退耕户提供林权转让平台，积极鼓励社会力量参与林业产业发展，逐步将大片林地实施集中连片管理；积极实行区域低质、低效林多元化改造，出台优惠政策，招商引资，开展多元化林业生产经营，建立退耕还林的自我造血机能，为林业产业发展开辟新途径。比如，塔城市针对原经济效益较低的榆树实施嫁接改造，预计嫁接两年后，每棵榆树纯利润达300元以上，亩收入可达2.5万元。此举拓宽了塔城市林农致富渠道，提高了群众巩固退耕还林成果的积极性。此外，塔城市还通过招商引资企业、出台优惠政策，引进企业对低质低效林地实行更新改造，形成了多元化林业生产经营模式，为林业产业发展开辟了新途径。

2.4　新疆第一轮退耕还林工程运行成效

2.4.1　有效改善生态环境

新疆退耕还林工程建设任务重点布局在风沙、盐碱危害严重以及生态区位重要的区域。退耕还林工程与"三北"防护林等林业重点工程同步建设以来，全区人工造林面积的大幅度增加，带动了林业建设的快速发展。全区森林覆盖率由工程实施之初的1.92%提高到现在的4.24%，仅退耕还林工程，就使全区森林覆盖率增加了0.4个百分点，从而促进了生态与经济、社会的进一步协调发展，大大加快了构建以森林为主体、乔灌草相结合的国土生态安全体系的步伐。因工程区植被盖度逐渐提高，降水增多，扬沙、扬尘天气明显减少，坡耕地水土流失减少，水土保持能力不断增强；同时风沙危害减轻，沙化扩展的势头得到有效遏制。根据2016年《新疆荒漠化和沙化状况公报》，新疆荒漠化土地面积为107.06万平方公里，沙化土地面积为74.71万平方公里，与2009年相

新疆生态脆弱区农户退耕的参与响应和发展激励研究

比，荒漠化土地面积减少了589.21平方公里，年均减少了117.84平方公里。沙化土地面积扩展了367.18平方公里，年均扩展73.44平方公里，沙化土地扩展速度逐年下降，沙化趋势逐年减缓。风沙危害严重的和田地区策勒县气象局测定数据显示：2000年，大风日数是3天、扬沙天数40天、沙尘暴天数40天；2014年分别降为无大风日、扬沙天数16天、沙尘暴天数4天。由此可以看出，退耕还林有效减少了水土流失，遏制了荒漠化趋势，改善了新疆生态环境，为新疆经济社会的发展提供了良好的基础条件。

2.4.2　带动特色产业发展

新疆退耕还林工程有力地推动了自治区以特色林果业为主的林业产业体系的基地建设，促进了农村种植业结构的调整和优化。新疆依托退耕还林工程，大力培育生态、经济双赢的新型林产业。在退耕还林补助政策的引导下，将退耕还林与经济林果等配套发展措施有机结合起来，推动了新疆以特色林果业为主的林业产业体系的基地建设，促进了农村种植业结构的调整和优化。截至2014年底，新疆林果种植面积发展达2 200万亩，总产量830万吨，产值490多亿元。南疆地区是新疆发展林果业的主栽区，自退耕还林工程实施以来，共安排南疆五地州建设任务378.2万亩。其中，退耕地造林任务134.8万亩，荒山荒地造林212.4万亩，封育40万亩。在退耕还林工程的带动下，南疆环塔里木盆地建设的1 200万亩特色林果业基地快速发展，基地建设取得显著成效。若羌县自2002年以来发展红枣种植面积20万亩，仅退耕地还林就达4.9万亩，退耕还林工程营造的红枣种植面积占发展红枣种植总面积的25%。于田县依托退耕还林工程建设大力发展林果业，目前林果业种植面积已达25万亩，占全县耕地面积38万亩的65%。其中，退耕还林中林果业发展面积近7万亩，占林果业发展面积的30%。通过林草间作，农区养殖业得到了快速发展，成为农村增收新的亮点。退耕还林工程和新疆近年兴起的农家乐旅游结合起来，极大地促进农村第三产业的发展，促进了农村富余劳动力向城市的第二、第三产业转移，改变了农村传统的就业结构。

2.4.3　退耕农户增收显著

退耕农户普遍从退耕还林政策兑现中受益，据统计，自退耕还林工程实施以来，全区受益农民已达34.16万户，涉及150.35万农村人口。截至2014年，国家累计投入资金76.6亿元，仅退耕还林农户直接获得的政策补助达到51.4亿元，户均得到1.5万元、人均得到3 416元国家直接的政策补助。种植业结构的调整，使退耕户收入显著提高，一些林果业发展较早的县市林果业收入占农民人均年收入的50%，不仅增收明显，还起到了示范带头作用。若羌县农牧民因利用退耕地种植红枣，红枣收入在全县农牧民人均纯收入中的比重逐年提高，2003年、2004年、2005年、2006年、2007年分别为8.4%、15.1%、28.8%、54.3%和65%。2014年，若羌县红枣种植面积达20万亩，农民人均年收入2.65万元。其中，林果业收入占75%左右，近2万元，连续6年蝉联我国西部12个省（区、市）首位。在退耕还林工程带动下，全区从事特色林果业的农民达到530万人，林果业加工贮藏保鲜企业380家，实现农民就地就业7.5万人，农民林业专业合作社800家，在全国范围内建立新疆林果产品专卖、代理、加盟店1 000余家。退耕还林前期推行的林草间作模式，为发展农区畜牧业舍饲圈养提供了丰富的草料资源，农区畜牧业也有了较大的发展，使以种植业为主的农业生产向林果业、畜牧业以及二三产业过渡，扩大了退耕农户的增收途径。

2.5　新疆新一轮退耕还林工程预期效益

2015—2016年新疆新一轮退耕还林任务为208.33万亩。其中，退耕还林205万亩，荒山荒造3.33万亩，涉及12个地州、62个县市、448个乡镇。截至2016年底，国家累计兑现新疆退耕还林中央财政补助资金105.4亿元。其中，种苗造林补助资金15.2亿元，原政策财政补助资金39.8亿元，完善政策财政补助资金18.9亿元，巩固成果专项资金18.9亿元，新一轮退耕还林补助资金

...

..

.. .

12.6亿元。由此可以看出，新疆新一轮退耕还林工程具有积极的生态效益、经济效益与社会效益。

2.5.1 生态效益

据测算，新一轮退耕还林还草工程建成后，新疆退耕区每年水源涵养物理量可达1 833.88万吨，蓄水效益1 393.75万元；每年减少水土流失量76.47万吨，按库区清淤费36元/吨计算，为2 752.88万元；可保肥96.10万吨，按化肥售价1 658元/吨计，为15.93亿元；可固碳1 122.07万吨，按CO_2回收成本320元/吨计，为35.91亿元；可固碳2 244.14万吨，按CO_2回收成本320元/吨计，为71.81亿元；可释氧1 006.98万吨/年，按工业制氧成本价400元/吨计，为40.28亿元/年；年抑制风沙量平均为8 199.73万吨/年，森林抑制风沙效益为11.51亿元/年。

2.5.2 经济效益

实施新一轮退耕还林还草后，国家直接补助给新疆退耕农户的资金达85.02亿元，其中退耕还林补助85.02亿元。依托退耕还林还草工程，大力营造以核桃、枣树等兼用树种为主的生态林和特色优质经济林，既发挥了其防风治沙的生态作用，又取得了良好的经济收益。以种植核桃为主进行新疆退耕还林工程县为例，正常情况下，核桃亩产干核桃250～300千克，按照每千克核桃35元计算，每亩核桃的收益在8 750～10 500元，远远超过农民的其他收入。

2.5.3 社会效益

2.5.3.1 加快脱贫致富步伐

实施新一轮退耕还林还草后，退耕农户除享受国家政策补助的收入外，在退耕还林还草补助政策的引导下，种植兼用树种为主的特色优质经济林。随着工程进度的推进，农民来自林果产品的收入大幅度增加。同时，在工程带动下，以特色林果业为主的后续产业快速发展，农村种植业结构不断优化调整，林果业规模稳步扩大，形成了区域化布局、科学化栽培、规模化生产、产业化经营的特色林果产业带。林果业的快速发展已成为新疆农民脱贫、增收致富的新亮点，促进农村经济发展的增长点，提升区域经济水平的支撑点和推动农牧业现代化的着力点。

推进农区畜牧业发展，可以培养新的经济增长点，促进种草养畜、规模养殖、农牧结合、多种经营，综合发展，改善牧民生活水平，加快小康建设步伐。同时，将有力加快传统畜牧业向现代畜牧业、粗放经营向集约经营转变的步伐。牧民能够在项目建设中，通过直接参与科学种植、科学养畜，增强科学致富的信心。而且退耕还草工程不仅可以大大缓解饲草料不足，促进草畜平衡，摆脱草原畜牧业"千里调草、百里倒场"的被动局面，为实现舍饲精养、发展"两高一优"畜牧业奠定物质基础，还可以加快草业科技工作向深层次发展，从而有力地推动科学技术的普及，加快全区各民族共同富裕，最终为构建和谐社会主义新农村奠定基础。

2.5.3.2　促进社会和谐稳定

第二次中央新疆工作座谈会上，习近平总书记指出，坚持就业第一和教育优先。要坚持就业第一，增强就业能力，引导各族群众有序进城就业、就地就近就业、返乡自主创业。新一轮退耕还林还草项目建设期间，需要大量的劳动力从事工程造林、苗木繁育、管护等工作，从而为当地群众提供大量的就业机会。随着特色林果产业化发展，一些有实力的大企业、大集团逐步参与林果产品保鲜仓储、精深加工、运输、销售等环节，需要大量劳动力满足生产需求，这也为当地群众提供了大量的就业机会。退耕后耕种面积的减少，减轻了退耕农户的劳动强度，剩余劳动力逐步向二三产业转移。由此可以看出，实施新一轮退耕还林还草工程，稳步扩大了退耕农户的增收途径，促进了地方经济发展，加快了产业转型，维护了民族团结，为实现社会稳定和长治久安作出了贡献。

2.5.3.3　促进林下生态旅游发展

通过退耕还林还草工程的实施，工程区林草植被盖度显著提高，区域水土流失得到基本治理，风沙危害逐步减轻，局部生态环境得到改善。随着林草面积的增加、生态环境的改善和自然景观的形成，可以促进新疆生态旅游业的发展，鼓励形式多样的森林旅游产品，积极发展林下生态旅游，探索建设林业生态旅游区；还可以利用林下特殊的气候条件，兴办家庭农场、农家乐、林区度假旅游等。同时塑造品牌，提高市场竞争力，逐步形成布局合理、功能完备、效益良好的生态旅游产业，将其培育成新疆生态脆弱区林业新的经济增长点。

2.6　本章小结

退耕还林工程是我国投资规模最大、政策导向最强、涉及区域最广、民众参与最高的林业重点生态工程，是效用显著的惠农支农与扶贫项目，也是当前世界上最大的生态建设工程。本章论述了中国退耕还林工程的历史沿革，分析了第一轮退耕还林工程启动（1999—2006年）、第一轮退耕还林规划调整（2007—2013年）、新一轮退耕还林工程重启（2014年至今）3个阶段的重要特征，重点讨论了新一轮退耕还林工程重启的客观需要与真实动因，论述了中国退耕还林工程的综合效益。本章阐释了新疆第一轮退耕还林工程实施进展与运行成效，科学预测了新疆新一轮退耕还林工程实施的生态效益、经济效益与社会效益，为新疆生态脆弱区农户退耕响应与发展激励研究创设分析情境。

3

新疆生态脆弱区农户退耕参与意愿的
多视角分析

3.1　风险感知视角下退耕还林工程农户参与意愿

农户是新一轮退耕还林工程运行的微观主体，更倾向于呈现显著的风险规避偏好。其风险感知水平将直接影响退耕响应意愿并折射为后续的退耕参与决策，进而影响退耕还林工程的有效运行与有序发展。如何厘清新一轮退耕还林工程的农户风险感知水平，剖析农户退耕风险感知的影响因素，是农户退耕风险评测、农户退耕参与意愿生成、工程运行风险管理、退耕政策设计优化与工程实施规划调整中亟待解决的关键问题。这也为新一轮退耕还林工程有效持续运行提供了信息支持。

3.1.1　理论分析

新一轮退耕还林还草工程（2014—2020年）是新时代生态文明体制改革、乡村振兴战略实施与建设美丽中国整体布局的重要内容，是构建全区域生态廊道与生态安全屏障、促进生态修复与生态重建的关键举措，是农业产业结构调整与精准脱贫攻坚的有效途径。其通过严重沙化耕地、25°以上坡耕地与重要水源地的土地利用方式转变，全面释放林业生态价值，充分挖掘农户增收潜能，有序推进农村产业结构调整。退耕还林工程是公共生态产品私人供给的积极实践。农户参与响应是退耕还林工程最优目标实现的唯一途径。退耕还林工程是一项涉及范围广、运行流程复杂、农户参与度高的庞大社会系统工程。其中，农户参与退耕将不可避免地面临诸多可能性风险，主要表现：退耕还林政策不稳定、不持续，政策承诺难以落实；退耕还林补偿额度小、周期短，经济激励效用弱；林权、产业扶持、劳动力迁移等配套政策的执行力弱化；种苗、劳动力、农资等要素价格偏高，退耕还林初期投入太大；林业生产周期长，受自然风险影响显著；林木、经济林产品或林下产品的市场价格走低或价格波动过大；退耕后，非农就业渠道不顺畅、非农就业能力不足；等等。新一轮退耕还林工程的有效运行取决于农户的积极政策认知、主动参与意愿和有序退耕行为。其中，退耕参与意愿是农户内隐性决策向外显性行动阶段转换的关键节点，风险感知则隐含于农户参与意愿与行为决策的所有环节。农户退耕风险感知的影响因素分为预置性维度、政策性维度、过程性维度、外部性维度4个部分。

3.1.1.1　预置性维度

农户退耕风险感知水平与户主的个性特征、家庭资源禀赋等预置性因素相关。户主的年龄、性别、受教育程度、健康状况等人口社会学特征因素，农户家庭收入水平、农业生产经营收入比重、社会保障情况等家庭资源禀赋因素将对农户退耕风险感知产生不同程度影响。

3.1.1.2　政策性维度

工程政策是农户直接判断与主观感受退耕风险的先决信息，是农户退耕风险感知水平的客观依据。新一轮退耕还林政策的公正性与稳定性、退耕补偿标准的科学性与适宜性、退耕政策认知水平、退耕配套政策的有效性等因素，将直接影响农户的退耕风险感知。健全合理的政策规划有助于降低退耕还林工程运行的反向性政策风险、突变性政策风险或道德风险等，有助于降低农户参与退耕的风险感知水平。

3.1.1.3　过程性维度

在政策目标达成过程中，退耕还林政策的功能只占一成，其余九成取决于政策执行。农户参与退耕的货币性与非货币性成本、林业生产的自然风险与市场风险等将直接影响农户的退耕风险感知，对退耕还林私人供给产生不利冲击。

3.1.1.4　外部性维度

新一轮退耕还林工程的政策逻辑是以林业生产经营、非农就业等调整农村产业结构，实现生态产品与经济产品的协同供给，促进区域生态安全与农户生计安全的耦合发展。非农就业能力越强、非农就业渠道越顺畅，农户参与退耕的收益预期越大、退耕风险越小，技术支持将有效降低农户退耕还林的技术风险。新一轮退耕还林工程的运行效果或退耕农户的经营收益等将为农户参与退耕提供最真实的事例。积极的退耕示范效果将有效缓解农户的退耕风险感知。

3.1.2 材料与方法

3.1.2.1 研究区概况

研究区地处塔里木盆地北缘、天山山脉中段南麓，是典型的生态环境脆弱区与绿洲灌溉农业区。2016年，该地区乡村人口占比67.21%，农牧民人均纯收入10 632元，农户可持续生计困难；而且该区域森林覆盖率6.8%，年平均降水量112.0mm，风沙灾害频发，土地荒漠化严重，森林资源总量不足，生态安全形势严峻。自2015年以来，研究区全面贯彻落实新一轮退耕还林还草政策，加快推进退耕还林工程与精准扶贫开发、生态环境修复与特色产业发展的有机结合，全面显现退耕还林工程的"生态—经济—社会"复合效益。当前，研究区新一轮退耕还林工程中央专项经费到账42 703.5万元，实施退耕还林44.15万亩，惠及退耕农户35 886户，户均退耕补偿19 358元。研究区持续强化退耕政策宣传力度，加大工程区农户的政策认知度；严格筛选适宜退耕区域，及时兑现政策补助资金，加强工程运行监管，以增强退耕还林工程的生态产品供给质量。同时，研究区有序开展林业技术培训，重点推进退耕地林草间作，兼用林套种苜蓿，红柳接种肉苁蓉，核桃间种金银花、红枣等经济林种植，促进了农村产业结构调整，增强了退耕还林工程的经济产品供给能力；积极组织农户外出务工，拓宽退耕农户增收渠道，提高退耕农户的工资性收入，强化退耕还林工程的精准扶贫效用。为实现新一轮退耕还林工程的全面协调可持续发展，研究区应立足于降低农户参与退耕的风险感知水平，提升参与退耕的收益预期，激发农户的退耕参与意愿，优化农户退耕参与决策。

3.1.2.2 模型设定

退耕风险感知是农户退耕参与意愿生成的直接依据，是具有 k 个等级的有序变量。广义定序Logit模型放松了比例优势假定的限制条件,消除了定类化回归处理时的序列信息丢失问题,增进了回归结果的客观性与准确性。研究以农户风险感知水平为被解释变量y,可构建新一轮退耕还林工程的农户风险感知影响因素的多元有序Logit模型。具体为:

$$p(y_i > j) = g(x\beta_j) = \frac{\exp(\alpha_j + x_i\beta_j)}{1 + \exp(\alpha_j + x_i\beta_j)}$$ （3-1）

式中:$y \in [1, M]$,$j \in [1, M-1]$;M表示各定序变量的类别数。

研究设定$M=5$,y_1表示"非常低",y_2表示"比较低",y_3表示"一般",y_4表示"比较高"、y_5表示"非常高"。j取不同值时的概率分别为:

$$p(y_i = 1) = 1 - g(x_i\beta_j)$$
$$p(y_i = j) = g(x_i\beta_{j-1}) - g(x_i\beta_j)$$
$$p(y_i = M) = g(x_i\beta_{M-1})$$

式中:Y_i表示农户风险感知水平;α_i表示模型截距系数;β_j表示变量x_i的回归系数;1,2,…,$M-1$表示被解释变量的j个类别等级。

以$j=3$为例,其取值概率为被解释变量类别1、类别2、类别3与类别4、类别5的比较。

3.1.2.3 指标体系设定

根据农户风险感知与退耕还林工程实施风险的研究成果,结合研究区新一轮退耕还林工程的运行进展,基于农户访谈的信息反馈,将农户退耕参与风险感知的影响因素划分为预置性因素、政策性因素、过程性因素与外部性因素4类。回归过程中,先纳入17个变量,再应用逐步引入-剔除法($p=0.05$)进行变量剔选,获取显著影响农户退耕参与风险感的因素或因素组,提升回归分析的稳定性与可靠性,最终有12个变量被选入模型,具体如表3-1所示。

表3-1 变量说明及赋值

变量	赋值	均值	标准差
农户风险感知水平	1=非常低, 2=比较低, 3=一般, 4=比较高, 5=非常高	3.308	0.916

	变量	赋值	均值	标准差
预置性因素	家庭收入水平	1=中等以下水平，2=中等水平，3=中等以上水平	2.546	0.638
	农业生产经营收入比重	1=30%以下，2=30%~50%，3=50%~70%，4=70%~90%，5=90%以上	3.431	0.820
	社会保障情况	1=不好；2=一般；3=很好	2.564	0.638
政策性因素	退耕政策认知水平	1=非常不了解，2=不太了解，3=一般，4=比较了解，5=非常了解	2.638	0.834
	退耕补偿标准	1=非常低，2=比较低，3=一般，4=比较高，5=非常高	3.925	1.026
	退耕还林的配套政策	0=没有，1=有	0.669	0.471
过程性因素	退耕还林直接成本	1=非常低，2=比较低，3=一般，4=比较高，5=非常高	3.349	0.932
	林业自然生产弱质性	1=非常低，2=比较低，3=一般，4=比较高，5=非常高	2.726	0.918
	林产品市场销售损失	1=非常低，2=比较低，3=一般，4=比较高，5=非常高	2.911	0.893
外部性因素	非农就业能力	1=非常低，2=比较低，3=一般，4=比较高，5=非常高	2.917	0.947
	政府政策支持	1=没有，2=比较少，3=一般，4=比较好，5=非常好	2.997	0.819
	新一轮工程运行效果	1=很不好；2=不太好；3=一般；4=比较好；5=非常好	3.270	0.800

注：应用 stata 14.0 进行 stepwise（0.5）向前逐步回归，剔除了受访者年龄、性别、受教育程度、政策稳定性、非农就业机会等变量。

如表3-1所示，最终选择家庭收入水平、农业经营收入比重、社会保障情况等预置性因素，退耕政策认知水平、退耕补偿标准、退耕还林的配套政策等政策性因素，退耕还林直接成本、林业自然生产弱质性、林产品市场销售损失等过程性因素，非农就业能力、政府政策支持、新一轮工程运行效果等外部性因素进行农户风险感知影响因素分析，确定影响农户退耕参与风险感知水平的关键要素，为农民退耕参与响应分析提供基础。

3.1.3 数据描述性统计

研究数据源于2017年新一轮退耕还林工程运行情况的问卷调查。调查对象为工程区符合退耕条件的农户。调查方式为委托生源学生发放问卷。为增强调查结果的客观性与代表性，调查问卷尽可能覆盖退耕还林工程的优先区与重点工程区。经问卷整理与数据预处理，共获取有效问卷1 451份。受访者均为农村农业人口，平均年龄44.86岁，户均家庭年收入25 899.63元。32.67%的受访者受教育程度为小学及以下水平，44.66%的受访者为初中水平，16.61%的受访者为高中水平，5.93%的受访者为大专/大学水平，0.14%的受访者为大学以上水平。根据问卷调查结果分析，农户风险感知指数为3.308，风险感知水平处于一般与比较高之间。这表明样本区农户对于新一轮退耕还林工程的参与风险感知值得关注。

3.1.3.1　预置性因素

调研结果表明，从家庭收入水平指标来看，受访者家庭收入水平指数为2.546，标准差为0.638；中等以下水平农户占比62.58%，中等水平农户占比29.50%，中等以上水平农户占比7.93%。从以上数据可以看出，受访农户处于低收入水平。从农业经营收入比重来看，农业经营收入比重在30%以下的农户占比1.24%，农业经营收入比重在30%~50%的农户占比13.03%，农业经营收入比重在50%~70%的农户占比31.63%，农业经营收入比重在70%~90%的农户占比49.55%，农业经营收入比重在90%以上的农户占比4.55%；受访农户农业经营收入比重偏高，农业生产经营成为农户的主要收入来源，受访农户非农就业收入明显不足。从社会保障情况来看，社会保障情况不好的农户占比8.06%，社会保障情况一般的农户占比27.43%，社会保障情况很好的农户占比64.51%；随着农村社会保障体系的不断完善，虽然受访农户的社会保障体系不断优化，但仍有部分农户的社会保障存在问题。

3.1.3.2　政策性因素

调研结果表明，从退耕政策认知水平指标来看，对退耕还林政策非常不了解的农户占比6.55%，对退耕还林政策不太了解的农户占比39.01%，对退耕还林政策了解情况一般的农户占比39.15%，对退耕还林政策比较了解的农户占比14.61%,非常了解退耕还林政策的农户占比0.69%。问卷结果反映了受访农户对新一轮退耕还林政策的认知水平偏低,不太了解新一轮退耕还林的政策内容、制度框架、运行方式与管理过程等。从退耕补偿标准来看,1.72%的农户认为补偿标准非常低,10.68%的农户认为补偿标准比较低,14.27%的农户认为补偿标准一般,40.04%的农户认为补偿标准比较高,33.29%的农户认为补偿标准非常高。从退耕还林的配套政策来看,66.85%的农户认为新一轮退耕还林工程没有配套政策,33.15%的农户认为退耕还林有相关配套政策。

3.1.3.3　过程性因素

调研结果表明,从退耕还林直接成本来看,0.76%的农户认为退耕还林直接成本非常低,21.85%的农户认为退耕还林直接成本比较低,27.02%的农户认为退耕还林直接成本一般,42.45%的农户认为退耕还林直接成本比较高,7.93%的农户认为退耕还林直接成本非常高。从林业自然生产弱质性来看,3.51%的农户认为林业自然生产弱质性非常低,46.45%的农户认为林业自然生产弱质性比较低,26.53%的农户认为林业自然生产弱质性一般,20.95%的农户认为林业自然生产弱质性比较高,2.55%的农户认为林业自然生产弱质性非常高。从林产品市场销售损失来看,1.93%的农户认为林产品市场销售损失非常低,35.56%的农户认为林产品市场销售损失比较低,35.35%的农户认为林产品市场销售损失一般,23.78%的农户认为林产品市场销售损失比较高,3.38%的农户认为林产品市场销售损失非常高。

3.1.3.4　外部性因素

调研结果表明,从非农就业能力指标来看,6.62%的农户非农就业能力非常低,27.84%的农户非农就业能力比较低,34.46%的农户非农就业能力一般,29.43%的农户非农就业能力比较高,1.65%的农户非农就业能力非常高;从整体上看,农户的非农就业能力偏低。从政府政策支持指标来看,4.20%的农户认为新一轮退耕还林工程没有政府政策支持,18.81%的农户认为新一轮退耕还林工程的政府政策支持比较少,52.24%的农户认为新一轮退耕还林工程的政府政策支持一般，22.54%的农户认为新一轮退耕还林工程的政府政策支持比较好，2.21%的农户认为新一轮退耕还林工程的政府政策支持非常好。从新一轮退耕还林工程的运行效果来看，1.72%的农户认为新一轮退耕还林工程运行效果很不好，14.33%的农户认为新一轮退耕还林工程的运行效果不太好，41.83%的农户认为新一轮退耕还林工程运行效果一般，39.42%的农户认为新一轮退耕还林工程运行效果比较好，2.69%的农户认为新一轮退耕还林工程的运行效果非常好。

3.1.4　结果与讨论

3.1.4.1　结果分析

广义有序Logit回归结果显示，筛选后的12个解释变量在不同概率水平下显现为一定的统计显著性。回归模型的pseudo R^2为0.264 9，wald χ^2为665.54，prob>χ^2为0.000 0，log pseudo likelihood为−1 370.36。统计检验结果表明，回归模型总体拟合效果较好，具有一定解释力。为考察各变量对被解释变量的影响机制，表3−2输出了变量系数、Z值、OR值及Robust标准误。

表3−2　模型回归结果

变量		y=1	y=2	y=3	y=4
income家庭收入水平	系数	−0.0556（−0.10）	0.00143（0.01）	−0.270**（−2.47）	−0.417**（−2.02）
	OR值	0.946（0.540）	1.001（0.133）	0.763**（0.0834）	0.659**（0.136）
agricul农业经营收入比重	系数	−0.0330（−0.10）	0.253*（1.90）	0.356***（3.27）	0.568***（3.58）
	OR值	0.968（0.310）	1.288*（0.171）	1.428***（0.155）	1.764***（0.280）
security社会保障情况	系数	−0.179（−0.29）	−0.0436（−0.32）	−0.250**（−2.16）	−0.413**（−2.25）
	OR值	0.836（0.511）	0.957（0.131）	0.779**（0.0903）	0.662**（0.121）
recog退耕政策认知水平	系数	0.0554（0.14）	−0.439***（−3.73）	−0.663***（−6.68）	−0.690***（−3.60）
	OR值	1.057（0.426）	0.645***（0.0759）	0.515***（0.0511）	0.502***（0.0961）
compen退耕补偿标准	系数	0.229（0.78）	−0.0753（−0.93）	−0.150**（−2.24）	−0.166（−1.31）
	OR值	1.257（0.371）	0.927（0.0752）	0.861**（0.0577）	0.847（0.107）
supolicy退耕还林的配套政策	系数	−0.505（−0.67）	−0.0872（−0.55）	−0.275**（−2.05）	−0.233（−0.93）
	OR值	0.604（0.453）	0.916（0.146）	0.760**（0.102）	0.792（0.198）

续　表

变量		$y=1$	$y=2$	$y=3$	$y=4$
dcost 退耕还林直接成本	系数	0.959（1.30）	0.887***（8.62）	0.913***（9.94）	0.969***（4.72）
	OR 值	2.609（1.925）	2.428***（0.250）	2.493***（0.229）	2.636***（0.541）
fprodu 林业自然生产弱质性	系数	1.249（1.34）	0.462***（3.59）	0.243***（2.85）	−0.0175（−0.11）
	OR 值	3.486（3.257）	1.587***（0.204）	1.275***（0.109）	0.983（0.154）
fmarket 林产品市场销售损失	系数	1.803（1.25）	1.210***（7.01）	0.751***（7.73）	1.061***（4.63）
	OR 值	6.070（8.756）	3.353***（0.578）	2.119***（0.206）	2.888***（0.661）
offfarm 非农就业能力	系数	−0.0454（−0.11）	−0.431***（−4.04）	−0.0743（−0.91）	−0.131（−0.93）
	OR 值	0.956（0.380）	0.650***（0.0694）	0.928（0.0762）	0.877（0.124）
techno 政府技术支持	系数	−0.0329（−0.08）	−0.0231（−0.20）	−0.138（−1.36）	−0.209（−1.22）
	OR 值	0.968（0.398）	0.977（0.114）	0.871（0.0879）	0.811（0.139）
example 新一轮工程运行效果	系数	0.243（0.56）	−0.146（−1.01）	−0.159（−1.40）	−0.490***（−3.07）
	OR 值	1.275（0.551）	0.865（0.124）	0.853（0.0970）	0.613***（0.0976）
log pseudo likelihood	−1 370.36		prob> χ^2	0.000 0	
wald χ^2（48）	665.54		pseudo R^2	0.264 9	

注：1.* 、** 与 *** 分别代表10%、5% 与1% 的显著性水平；2.系数行括号内数据为 Z 统计值，OR 值行括号内数据为 Robust 的标准误。

如表3-2所示，如果系数为正，表明自变量取值越大，农户参与退耕还林的较高风险感知概率越大，退耕参与意愿越弱；如果系数为负，表明自变量取值越大，农户参与退耕还林的较低风险感知概率越大，退耕参与意愿受风险感知影响越小。除政府技术支持变量外，模型中各自变量均具有较强的解释力。

研究分别测算了自变量取均值对农户风险感知水平概率的边际贡献（MEMs）、自变量对农户风险感知水平概率的平均边际贡献（AMEs），以深入探讨各自变量对农户风险感知的内在机理。如表3-3、表3-4所示，MEMs 与 AMEs 的计算结果有较大差异，MEMs 计算方便；但对非线性回归而言，个体的平均行为不同于平均个体的行为。因此，在对估计结果进行现实意义解释时，应用 AMEs 揭示自变量对农户退耕风险感知概率的平均贡献更合适。

表3-3　自变量取均值对农户风险感知概率的边际贡献（MEMs）

变量	pr（y=1）	pr（y=2）	pr（y=3）	pr（y=4）	pr（y=5）
income	0.002（0.000）	−0.017（0.013）	6.695***（0.024）	−5.977**（0.027）	−0.703*（0.004）
agricul	0.001（0.000）	−2.557*（0.014）	−6.207**（0.025）	7.786***（0.026）	0.978***（0.004）
security	0.008（0.000）	0.431（0.014）	5.745**（0.026）	−5.489*（0.028）	−0.695**（0.004）
recog	−0.002（0.000）	4.465***（0.012）	11.446***（0.022）	−14.695***（0.022）	−1.214***（0.004）
compen	−0.010（0.000）	0.767（0.008）	2.963*（0.015）	−3.447*（0.016）	−0.273（0.002）
supolicy	0.021（0.001）	0.846（0.016）	5.970*（0.032）	−6.438*（0.033）	−0.398（0.005）
dcost	−0.049（0.001）	−9.292***（0.012）	−11.932***（0.019）	19.451***（0.019）	1.822***（0.005）
fprodu	−0.07（0.001）	−4.635***（0.014）	−1.312（0.021）	6.046***（0.021）	−0.029（0.003）
fmarket	−0.13（0.001）	−13.032***（0.017）	−4.688**（0.022）	15.805***（0.021）	2.045***（0.005）
offfarm	0.002（0.000）	4.381***（0.012）	−2.537（0.019）	−1.63（0.020）	−0.216（0.002）
techno	0.001（0.000）	0.231（0.012）	3.186（0.023）	−3.073（0.025）	−0.345（0.003）
example	−0.011（0.000）	1.475（0.015）	2.488（0.026）	−3.12（0.028）	−0.833**（0.003）

注：*、**与***分别代表10%、5%与1%的显著性水平；括号内数字为标准误。

表3-4　自变量对农户退耕风险感知概率的平均边际贡献（AMEs）

变量	pr（y=1）	pr（y=2）	pr（y=3）	pr（y=4）	pr（y=5）
income	0.033 3（0.003）	−0.049 3（0.015）	4.356 2***（0.017）	−2.413 2**（0.019）	−1.927 0*（0.010）
agricul	0.019 7（0.002）	−2.856 2*（0.015）	−2.872 7**（0.018）	3.076 0***（0.018）	2.633 2***（0.008）
security	0.107 6（0.004）	0.381 6（0.016）	3.526 2**（0.019）	−2.110 7*（0.019）	−1.904 6**（0.009）
recog	−0.033 2（0.002）	4.939 6***（0.013）	5.627 1***（0.016）	−7.322 2***（0.016）	−3.211 3***（0.009）
compen	−0.137 8（0.002）	0.981 5（0.009）	1.566 7*（0.011）	−1.648 0*（0.012）	−0.762 4（0.006）
supolicy	0.279 4（0.005）	0.694 0（0.018）	3.459 8*（0.023）	−3.338 9*（0.023）	−1.094 3（0.011）
dcost	−0.626 0（0.006）	−9.230 3***（0.011）	−4.502 8***（0.012）	9.786 7***（0.014）	4.572 4***（0.010）
fprodu	−0.863 4（0.008）	−4.301 9***（0.016）	1.259 0（0.016）	3.986 9***（0.014）	−0.080 6（0.007）
fmarket	−1.436 7（0.015）	−11.899 5***（0.020）	1.444 3**（0.016）	6.864 3***（0.016）	5.027 6***（0.011）
offfarm	0.027 2（0.002）	4.793 9***（0.012）	−3.626 0（0.014）	−0.591 0（0.014）	−0.604 2（0.007）
techno	0.019 7（0.003）	0.239 1（0.013）	1.955 6（0.016）	−1.252 8（0.017）	−0.961 6（0.008）
example	−0.146 1（0.003）	1.777 3（0.016）	0.930 3（0.019）	−0.296 9（0.019）	−2.264 6**（0.008）

注：*、**与***分别代表10%、5%与1%的显著性水平；括号内数字为标准误。

3.1.4.2 结果讨论

（1）预置性因素。对于家庭收入水平变量，其在 $y=4$ 时，在5%水平上显著，方向为负；且在农户风险感知水平"比较高"概率的边际贡献（-5.977%）在5%水平上显著。家庭收入水平每增加1个单位，农户选择退耕风险"比较高"的概率降低5.977%。农户的高收入水平可能源于适度规模农业生产、农业优势技术应用或多元化的非农就业；家庭收入水平越高，其直接或间接抵御风险的能力越强，林业生产经营投资能力越大，退耕还林风险管理与损失承受能力越大，对新一轮退耕还林工程的风险感知水平越低。

对于农业经营收入比重变量，其在 $y=4$ 时，在1%水平上显著，方向为正；在农户风险感知水平"比较高"概率的边际贡献（7.786%）在1%水平上显著。可能的解释是：农业经营收入比重越大，农户的农业生产或农地耕作依赖性越强，农业生产经营决策或农地利用方式调整黏性越大，并表现为相对明显的风险规避偏好。因此，农业经营收入比重越大，农户退耕还林的风险感知水平越大。

对于社会保障情况变量，其在 $y=4$ 时，在5%水平上显著，方向为负；且在农户风险感知水平"比较高"概率的边际贡献（-5.489%）在10%水平上显著。农地经营是农户抵御风险的传统手段和最低生活水平的根本保障，退耕还林工程的非稳定性收益与不确定性后果可能使退耕农户丧失农地经营的基本保障机制。健全的农村社会保障体系有助于提升退耕农户抵御非农就业风险的能力，或保障退耕农户林业生产经营的自然风险或社会风险损失，有助于降低农户退耕的风险感知水平。

（2）政策性因素。退耕政策认知水平变量对农户退耕风险具有显著影响（1%水平），方向为负；且在农户风险感知水平"比较高"的概率的边际贡献（-14.695%）在1%水平上显著。新一轮退耕还林工程充分尊重农户意愿，不再限制生态林与经济林比例，鼓励林粮间作等林下经济，工程政策的科学性与合理性不断提升。农户的退耕政策认知水平越高，越能认知到新一轮退耕还林工程的经济激励，越容易降低其退耕风险感知水平。

退耕补偿标准变量仅在$y=3$时，在5%水平上显著，方向为负；且在农户风险感知水平"比较高"概率的边际贡献（−3.447%）在10%水平上显著。适宜的退耕补偿是新一轮退耕还林工程有效持续运行的前提，是激发农户退耕参与意愿的关键要素。科学、适宜的补偿标准将提升农户退耕参与决策的激励效应，缓解农户还林环节的执行风险，弥补农地利用方式调整的可能性损失，是降低农户退耕风险感知的重要政策设计。

退耕还林的配套政策变量在$y=3$时，在5%水平上显著，方向为负；且在农户风险感知水平"比较高"概率的边际贡献（−6.438%）在10%水平上显著。新一轮退耕还林工程与林权确定、扶贫开发、支农惠农等政策有效搭配、合理整合，共同达成退耕还林政策的生态目标与经济目标；退耕还林配套政策对农户退耕参与决策、退耕地林业生产经营、退耕农户非农就业具有重要牵引效果，是降低农户风险感知水平的重要途径。

（3）过程性因素。退耕还林直接成本变量对农户退耕风险具有显著影响（1%水平），方向为正；其变量每增加1个单位，其选择退耕风险"比较高"的概率提升19.451%。成本收益权衡是农户参与退耕还林的经济根源。农户参与退耕的钱粮损失、种苗费、管护费、劳动力成本、农资成本等直接成本将直接影响退耕政策的激励效用。在当前生态补偿机制下，退耕还林直接成本越大，农户风险感知水平越高，农户退耕参与响应越弱。

林业自然生产弱质性变量在$y=4$时，在1%水平上显著，方向为正；且在农户风险感知水平"比较高"概率的边际贡献（6.046%）在1%水平上显著。林业是典型的弱质性产业。林业有害生物的自然风险、营造林困难的经营风险、苗木管护的技术风险、生产周期长等风险同时存在于林业生产经营的各个阶段，且风险预防难度大、风险转移不顺畅、风险管理效果弱。林业自然生产的弱质性是农户退耕风险感知的固有性与内隐性因素，仅能够通过一系列的林业风险管理技术适度控制或有效回避。

对于林产品市场销售损失变量对农户退耕风险具有显著影响（在1%水平），方向为正；变量每增加1个单位，其选择退耕风险"比较高"的概率就提升15.805%。林业生产投资周期长、同质林产品竞争激烈、经济林产品商业标准化程度低、"劣货驱逐良货"现象、产品价格波动、林业资源的市场配置滞后性等问题，形成了信息不对称下的林产品市场营销风险，使退耕农户不可避免地遭受市场销售损失。农户对林产品的市场销售预期越悲观，其对退耕风险感知水平越高。

（4）外部性因素。非农就业能力变量仅在 $y=2$ 时，在1%水平上显著，方向为负；且在农户风险感知水平"比较低"概率的边际贡献（4.381%）在1%水平上显著。农户非农就业水平与退耕还林工程持续运行具有显著关联，非农就业收入成为退耕农户的主要收入来源。非农就业能力越强，农户可持续生计能力越强，退耕农户的长期持续收益越高，其对退耕参与风险感知水平越弱。

政府技术支持变量对农户退耕风险感知无显著影响。可能的解释：政府技术支持显现为退耕阶段的弱激励与还林阶段的强支撑，即有助于提升工程还林阶段的运行效果，增强退耕地林业生产经营绩效，但可能难以有效地强化农户对新一轮退耕还林政策的认可度，难以有效地降低农户对退耕还林参与风险的感知水平。

新一轮工程运行效果变量，仅在 $y=4$ 时，在1%水平上显著，方向为负；且在农户风险感知水平"非常高"概率的边际贡献（-0.833%）在5%水平上显著。新一轮退耕还林工程运行效果为农户提供了基本参照，农户能够通过已退耕农户的个体特质、家庭禀赋、退耕模式、生产决策与退耕成本收益等，预测其退耕参与的成本收益或可能面临的退耕风险。新一轮退耕还林工程运行效果越好，农户退耕参与的高风险感知水平越弱。

为降低农户参与退耕的风险感知水平，激发农户的退耕参与意愿，笔者认为：第一，应持续加大政策宣传力度，使工程区农户全面了解新一轮退耕还林的政策意涵、实施规划与运行细则；探索退耕生态补偿标准的动态调整机制，适度调增新一轮退耕还林工程补助资金；根据区域社会经济发展现状与整体部署，促进退耕还林政策与精准扶贫、非农扶持、生态建设或乡村振兴等配套政策的有效性搭配，降低因政策设计引发的农户高风险感知。第二，应加大优质种苗、农用物资等营林直接投入的优惠扶持力度，完善退耕林地自然生产经营的风险管理体系，加快经济林无公害标准园建设，优化经济林产品标准化、绿色化、优质化、安全化与产业化生产体系，建立阿克苏苹果等"三品一标"林产品的质量可追溯体系，缓解因退耕经营而引发的农户高风险感知。第三，大力发展果品精深加工、特色民族手工业等劳动密集型产业项目，最大限度地挖掘退耕区就业岗位，促进退耕农户转移就业；持续培育劳务输出中介组织或经纪人，大力开展劳动技能和就业培育，有效提升退耕农户的非农就业能力，降低因可持续生计而引发的农户高风险感知。

3.2　理性逻辑视角下退耕还林工程农户参与意愿

农户是退耕还林工程实施的微观主体，其有效参与是退耕还林工程持续运行与有序实施的根本前提，也是工程区生态产品与经济产品协同供给的重要路径。新一轮退耕还林政策仍以"经济人"假设为基础，将"追求代价最小化与利益最大化"的经济理性作为农户参与退耕的根本逻辑，将退耕补助作为催生农户退耕参与意愿的关键激励要素。随着生态文明建设的不断深入，农户的生态利益自觉开始凸显。其在追求农业生产效益时也开始考虑环境影响与生态价值，呈现出经济理性与生态理性共存的"生态经济人"行为逻辑特征。在新一轮退耕还林工程的整体框架下，农户参与退耕是基于利润最大化的经济理性，还是基于生态和谐的生态理性，抑或是基于经济获利与生态保护双赢的生态经济理性？如何根据农户的参与逻辑制定差异化的退耕参与激励政策？是优化新一轮退耕还林的制度设计，促进新一轮退耕还林工程有序运行亟待解决的关键问题。

3.2.1　材料与方法

3.2.1.1　研究区概况

研究区位于新疆塔里木盆地与塔克拉玛干沙漠北缘，是典型的绿洲灌溉农业区与生态极度脆弱区。这里土地荒漠化、沙化与盐渍化严重，水土流失与风沙侵蚀等自然灾害频发，森林资源总量与生态产品供给不足，生态安全形势严峻，生态环境修复难度大，生态环境保护任务重。退耕还林工程充分考虑西部生态脆弱区的自然资源、生态环境与社会经济条件，是研究区生态建设与农村经济发展的重要战略举措。当前，研究区已全面完成新一轮退耕还林工程计划任务66.15万亩（2015年13.8万亩、2016年30.35万亩、2017年22万亩）。2018年19万亩退耕任务已下达分解，重点围绕严重沙化耕地、符合条件的清退耕地、无灌溉水源保障耕地、难以改造的低产田、异地扶贫搬迁腾出耕地等组织实施，并促进退耕还林工程与生态治理、特色优势产业发展、精准扶贫的有机融合，全面显现了退耕还林工程的生态修复功能、脱贫攻坚效用与社会稳定效益。退耕还林工程的实施推动了研究区生态防护体系的持续完善、绿洲生态安全格局的有序稳定、特色林果业的规模化发展、农村产业结构的有序调整与农牧民收入渠道的多元拓展，实现了退耕区生态效益、经济效益与社会效益的统筹协调。研究区是典型的生态脆弱区，也是新疆退耕还林工程的优先区。为提升调研结果的解释力与代表性，根据研究区退耕还林工程完成情况与新一轮退耕还林工程建设规划情况，选择库车市墩阔坦镇与伊西哈拉镇，新和县塔什艾日克镇与依干库勒村，沙雅县盖孜库木乡，拜城县温巴什乡，温宿县佳木镇、托乎拉乡与依希来木其乡，阿瓦提县拜什艾日克镇与英艾日克镇，乌什县阿恰塔格乡，柯坪县玉尔其乡等8县13乡（镇）作为调查样本区，并在样本乡镇中随机抽取符合退耕条件的农户进行问卷调查。经问卷筛选与数据整理，最终获得有效问卷1 451份。

3.2.1.2 模型构建

应用Order probit模型分析农户参与退耕的行为逻辑，以农户特质、家庭特征与农户行为逻辑等因素为解释变量，客观描述各解释变量对农户退耕参与意愿的影响机制，并揭示各解释变量对农户退耕参与意愿概率的平均边际贡献（AMEs），以深入解读农户参与新一轮退耕还林工程的行为逻辑。具体为：

$$Y_i^* = \beta X_i + \varepsilon_i \tag{3-2}$$

$$Y_i = \begin{cases} 1 & Y_i^* \leq \mu_1 \\ 2 & \mu_1 < Y_i^* < \mu_2 \\ 3 & \mu_2 < Y_i^* < \mu_3 \\ 4 & \mu_3 < Y_i^* < \mu_4 \\ 5 & \mu_4 < Y_i^* \end{cases} \qquad (3\text{--}3)$$

Y_i^* 是无法直接观测的潜在变量，农户退耕意愿 Y_i 为具有5个序次类别的有序变量，Y_1＝非常不愿意、Y_2＝比较不愿意、Y_3＝一般、Y_4＝比较愿意、Y_5＝非常愿意。μ_1、μ_2、μ_3、μ_4 为 Y_i 的割点，当 Y_i^* 高于临界值 μ_3 且低于临界值 μ_4 时，表明受访农户选择比较愿意参与退耕，即 Y＝4。X_i 表示解释变量的集合，β 表示待估计系数，ε_i 表示随机扰动项。

3.2.2 变量选择与描述性统计

从经济理性视角来看，农户参与退耕仅是满足其生计需求、提升其生计能力的路径选择，更倾向于追求退耕生态补偿、退耕地林业经营或非农就业等退耕综合收益最大化；从生态理性视角来看，农户可能意识到了人与自然和谐共处的生态价值观，认知到区域生态环境修复或重建的迫切要求，并期望通过参与退耕以提升区域生态安全水平，进而增强农田生产安全与农民生活安全水平。因此，为考察农户参与退耕的行为逻辑，基于当前研究成果，结合农户访谈与问卷调查情况，拟纳入分析框架的影响因素包括年龄、性别、健康状况、受教育程度等农户个体特质，亲戚中是否有乡（村）干部、年家庭总收入与农业经营收入占比、林业生产经营技能、非农就业能力等农户家庭特征，获取国家退耕补助、退耕地林业经营收入和非农就业收入等经济理性要素，维持农民生活安全、农田生产安全和区域生态安全等生态理性要素（见表3–5）。经检测，变量方差膨胀因子 VIF^T＝（1.03、1.18、1.04、1.17、1.01、1.09、1.04、1.20、1.25、1.79、1.73、1.20、1.03、1.02、1.20）$^\mathrm{T}$，表明解释变量间不存在严重的多重共线性。

表3-5 变量定义、赋值与描述性统计

变量	代码	变量取值	最小值	最大值	均值	标准差
退耕参与意愿	Y	1=非常不愿意；2=比较不愿意；3=一般；4=比较愿意；5=非常愿意	1	5	2.998	0.899
性别	Gender	0=女；1=男	0	1	0.162	0.369
年龄	Age	受访者实际年龄	21	63	44.338	11.051
健康状况	Health	1=不健康；2=亚健康；3=健康	1	3	2.644	0.604
受教育程度	Edu	0=初中及以下；1=高中及以上	0	1	0.227	0.419
亲戚中是否有乡（村）干部	Cadr	0=没有；1=有	0	1	0.331	0.471
农业经营收入占比	Agric	1=30%以下；2=31%～50%；3=51%～70%；4=71%～90%；5=91%以上	1	5	3.431	0.820
年家庭总收入	Tincome	年家庭总收入以千元计算	8.5	100	25.900	16.148
林业生产经营技能	Foab	1=完全不会；2=有一些；3=一般；4=比较熟练；5=非常熟练	1	5	3.159	0.814
非农就业能力	Offfa	1=完全不会；2=有一些；3=一般；4=比较熟练；5=非常熟练	1	5	2.917	0.947
获取国家退耕补助	A_compe	0=否；1=是	0	1	0.770	0.421
获取退耕地林业经营收入	A_fores	0=否；1=是	0	1	0.478	0.500
获取非农就业收入	A_ofarm	0=否；1=是	0	1	0.391	0.488
维持农民生活安全	M_suvriv	0=否；1=是	0	1	0.056	0.230
维持农田生产安全	M_manag	0=否；1=是	0	1	0.327	0.469
维持区域生态安全	M_ecolog	0=否；1=是	0	1	0.146	0.353

注：1.除受访者年龄、年家庭总收入为连续变量外，其他变量均为分类变量；本研究对所有分类变量进行哑变量化，二分类变量以x=0为参照组，多分类变量以x=1为参照组。

2.由于研究区为典型少数民族地区，农民受教育程度普遍偏低，故受教育程度变量将初中及以下视为对照组。

3.2.3 结果分析

应用Order probit模型（式3-3），采用强迫进入法，分4个模型进行回归：

模型 I，将农户个体特质与家庭特征变量加入回归模型；模型 II，将农户个体特质、家庭特征与经济理性逻辑等变量加入回归模型；模型 III，将农户个体特质、家庭特征与生态理性逻辑等变量加入回归模型；模型 IV，将农户个体特质、家庭特征、经济理性与生态理性逻辑等变量加入回归模型。统计检验结果表明，模型总体拟合效果较好，具有一定解释力。在 4 个回归模型中，各变量的显著性与系数符号基本保持一致，体现出较好的模型稳健性。模型估计结果如表 3-6 所示。

表 3-6　模型回归结果

变量	取值类别	模型 I	模型 II（基于经济理性）	模型 III（基于生态理性）	模型 IV（基于生态经济理性）
Age	—	-0.009^{***}（0.003）	-0.009^{***}（0.003）	-0.009^{***}（0.003）	-0.008^{***}（0.003）
Edu	—	-0.199^{**}（0.082）	-0.193^{**}（0.083）	-0.202^{**}（0.083）	-0.193^{**}（0.084）
Agri	3	0.519^{*}（0.278）	0.547^{**}（0.259）	0.534^{*}（0.284）	0.564^{**}（0.265）
	4	0.65^{**}（0.272）	0.672^{***}（0.253）	0.665^{**}（0.278）	0.687^{***}（0.259）
	5	0.866^{***}（0.322）	0.928^{***}（0.307）	0.868^{***}（0.326）	0.931^{***}（0.311）
Offa	2	1.272^{***}（0.220）	1.258^{***}（0.219）	1.276^{***}（0.221）	1.258^{***}（0.220）
	3	2.239^{***}（0.237）	2.171^{***}（0.238）	2.236^{***}（0.238）	2.158^{***}（0.240）
	4	3.411^{***}（0.266）	3.293^{***}（0.267）	3.408^{***}（0.267）	3.281^{***}（0.269）
	5	5.165^{***}（0.392）	5.031^{***}（0.394）	5.165^{***}（0.394）	5.033^{***}（0.396）
A_compe	—		0.516^{***}（0.116）		0.500^{***}（0.116）
A_fores	—		0.296^{***}（0.094）		0.278^{***}（0.094）
A_ofarm	—		0.121^{*}（0.063）		0.150^{**}（0.067）
M_suvriv	—			0.249^{*}（0.135）	0.208（0.136）
M_manag	—			0.126^{*}（0.066）	0.110^{*}（0.066）
M_ecolog	—			0.095（0.099）	0.154（0.106）
Wald χ^2		428.04	439.11	444.39	454.59
Prob $> \chi^2$		0.000 0	0.000 0	0.000 0	0.000 0
LR 统计量		$-1\,328.596\,5$	$-1\,312.678\,8$	$-1\,324.349\,2$	$-1\,308.651\,1$
Pseudo R^2		0.289 7	0.298 2	0.292 0	0.300 4

注：*、** 与 *** 分别表示 10%、5% 与 1% 的显著性水平；括号内为标准误。去除了 Gender、Health、Cadr、Tincome、Foab 等无统计学意义的变量或哑变量类别。

从模型Ⅰ来看，农户年龄（$P<0.01$）与受教育程度（$P<0.05$）对其退耕参与意愿具有显著的负向影响；以类别1为参照组，农业经营收入占比变量（除类别2）、非农就业能力变量在各类别上对农户退耕参与意愿具有显著的正向影响。性别、健康状况、亲戚中是否有村干部、年家庭收入等变量没有统计学意义。

从模型Ⅱ来看，农户个体特质、家庭特征变量的影响机制与模型Ⅰ具有基本一致性。经济理性变量中获取国家退耕补助（$P<0.01$）、获取退耕地林业经营收入（$P<0.01$）、获取非农就业收入（$P<0.1$）对农户退耕参与意愿具有显著正向影响。经济理性是以生计需求为导向的本能行为逻辑，农户退耕参与决策是基于追求个体利益最大化的理性判断，特别是对获取国家退耕生态补偿的积极预期——农户退耕参与决策具有高度的经济理性行为特征。

从模型Ⅲ来看，生态理性变量中维持农民生活安全（$P<0.1$）、维持农田生产安全（$P<0.1$）对农户退耕参与意愿具有显著正向影响，维持区域生态安全变量无统计学意义。在生态理性支配下，生态文明建设成为农户的行动自觉，并追求自身生存与发展的生态价值；农户参与退耕不再是"唯收益最大化"，而是生态认知促发下的农村生态产品自愿供给行为，是建立在一定经济基础上的生态活动——农户退耕参与决策具有一定的生态理性行为特征。

从模型Ⅳ来看，农户经济理性变量中获取国家退耕补助（$P<0.01$）、获取退耕地林业经营收入（$P<0.01$）、获取非农就业收入（$P<0.05$），以及生态理性变量中维持农田生产安全变量（$P<0.1$）对农户退耕参与意愿具有显著正向影响。农户退耕参与决策是高度经济理性与一定生态理性共同支配下的复杂行为逻辑，是以追求参与退耕的经济收益为根本出发点、以寻求农田生产安全等生态利益为合理预期的实践活动，以"生态经济理性"分析农户退耕参与逻辑具有更大合理性。

为深入解读农户参与退耕的行为逻辑，以模型Ⅳ为基础，探索生态经济理性对农户退耕参与意愿的影响机制，并输出了自变量取均值时对西北S区农户退耕参与决策的边际贡献（见表3-7）。

表3-7 平均边际效应

变量	取值类别	边际效应				
		非常不愿意	比较不愿意	一般	比较愿意	非常愿意
Age	—	0.000*** (0.000)	0.001*** (0.000)	0.000 (0.000)	−0.002*** (0.001)	−0.000*** (0.000)
Edu	—	0.012** (0.005)	0.032** (0.014)	−0.002 (0.002)	−0.037** (0.016)	−0.005** (0.002)
Agri	3	−0.047* (0.028)	−0.092** (0.040)	0.024 (0.020)	0.104** (0.045)	0.010** (0.004)
	4	−0.054* (0.028)	−0.112*** (0.039)	0.024 (0.020)	0.128*** (0.044)	0.014*** (0.004)
	5	−0.065** (0.029)	−0.153*** (0.048)	0.017 (0.022)	0.178*** (0.056)	0.023** (0.009)
Offfa	2	−0.261*** (0.063)	−0.108*** (0.032)	0.305*** (0.038)	0.064*** (0.012)	0.000 (0.000)
	3	−0.300*** (0.061)	−0.376*** (0.033)	0.424*** (0.044)	0.252*** (0.016)	0.001* (0.001)
	4	−0.306*** (0.061)	−0.554*** (0.033)	0.208*** (0.041)	0.626*** (0.029)	0.026*** (0.007)
	5	−0.306*** (0.061)	−0.586*** (0.032)	−0.084** (0.038)	0.598*** (0.078)	0.378*** (0.089)
A_compe	—	−0.029*** (0.007)	−0.083*** (0.019)	0.005** (0.003)	0.097*** (0.023)	0.015*** (0.004)
A_fores	—	−0.016*** (0.006)	−0.046*** (0.016)	0.000 (0.002)	0.054*** (0.018)	0.008*** (0.003)
A_ofarm	—	−0.009** (0.004)	−0.025** (0.011)	0.000 (0.001)	0.029** (0.013)	0.005** (0.002)
M_suvriv	—	−0.012* (0.007)	−0.035 (0.022)	0.002 (0.004)	0.040 (0.027)	0.006 (0.006)
M_manag	—	−0.006* (0.004)	−0.018* (0.011)	0.000 (0.001)	0.021* (0.013)	0.003 (0.002)
M_ecolog	—	−0.009 (0.006)	−0.026 (0.018)	−0.001 (0.002)	0.030 (0.021)	0.005 (0.004)

注：*、**与***分别表示10%、5%与1%的显著性水平；括号内为标准误。

模型Ⅱ、模型Ⅲ分别分析了农户参与退耕的"经济理性"与"生态理性"行为逻辑存在的实然性，模型Ⅳ论证了农户参与退耕的"生态经济理性"逻辑的合理性。以模型Ⅳ为基础，深入阐释了"生态经济理性"逻辑对农户退耕参与意愿的影响。

3.2.3.1　农户个体特质

对于农户年龄变量，其对农户退耕参与意愿具有显著负向影响（$P<0.01$）。农户年龄越大，其生计策略调整风险越高、农业生产经营惯性越强，越不倾向于参与退耕。对于受教育程度变量，以"初中及以下"类型为参照，受教育程度为"高中及以上"，在5%水平上显著且方向为负。这说明高学历农户往往具有较高的劳动力素质、知识结构、生计能力与认知逻辑。其对农业生产缺乏积极性，而更倾向于从事非农就业以获得较高比较收益，可能难以促发其新一轮退耕还林工程参与决策。

3.2.3.2　农户家庭特征

对于农业经营收入占比变量，以类别1（30%及以下）为参照，类别3（51%~70%）、类别4（71%~90%）与类别5（91%及以上）对农户退耕参与意愿具有正向影响。可能的解释：农业经营收入占比越高，农户对土地依赖性越强，越希望将严重沙化或瘠薄农地纳入退耕还林规划，谋求国家退耕补偿与退耕地林业收入，以获得更高农业生产经营收入。对于非农就业能力变量，以类别1为参照，农户非农就业能力各类别均在1%水平上显著，且方向为正。非农就业能力越强，退耕后农户的非农就业渠道越广，非农就业收入越多，退耕整体收益预期越高，也更容易生成退耕参与意愿。

3.2.3.3　经济理性要素

在经济理性支配下，农户参与退耕的根本逻辑是权衡退耕成本收益，以家庭经济获利为唯一目的，获取退耕生态补偿、非农就业收入与退耕地林业经营收益。经济理性思维决定了农户参与退耕的意愿与规模。退耕补助的经济激励或其他增收支持将成为催发农户参与退耕的关键要素，成为诱发农户参与退耕的原始动机。根据调研结果，研究区农户参与退耕旨在获取国家退耕补助（M=0.770），且退耕地林业经营收入（M=0.478）、非农就业收入（M=0.391）也成为农户参与退耕的重要诱因。

从获取国家退耕补助变量来看，农户参与退耕旨在获取国家退耕补助在1%水平上显著，农户选择"比较不愿意"概率的边际贡献（-8.3%）、选择"比较愿意"的概率的边际贡献（9.7%）在1%水平上显著。退耕补偿是激发农户退耕参与意愿的关键要素，是退耕还林工程有序实施的重要前提。农户认为，退耕补偿收入比非农就业收入和退耕地林业经营收入更稳定。虽然新一轮退耕还林工程的生态补偿标准较前一轮大幅降低，但并不否认退耕补偿对农户退耕参与意愿的激励性。因此，退耕补偿是退耕农户可获取的最稳定的短期经济收益。退耕补偿标准越高，农户退耕参与意愿越强。

从获取退耕地林业经营收入变量来看，农户参与退耕以获取林业经营收入在1%水平上显著，即农户选择"比较不愿意"概率的边际贡献（-4.6%）、选择"比较愿意"的概率的边际贡献（5.4%）在1%水平上显著。在新一轮退耕还林框架下，退耕地经营形式较为灵活、林业技术支持不断强化，农户更倾向于参与退耕还林工程，以调整其严重沙化瘠薄耕地的生产经营决策（考虑到沙化瘠薄耕地的高投入与低产出），通过退耕地林果生产、林木种植或林下经济等，获得高于传统农业生产的耕地利用比较收益。

从获取非农就业收入变量来看，农户参与退耕以获取非农就业收入在5%水平上显著，即农户选择"比较不愿意"概率的边际贡献（-2.5%）、选择"比较愿意"的概率的边际贡献（2.9%）在5%水平上显著。非农劳动报酬的提高或传统农业比较收益的下降，促使农民更倾向于非农就业；参与退耕还林将释放农户流动性约束而增加非农就业可能性，可能推进农户由农业生产向非农就业的转变或延长农户在外务工时间，以增加农民收入、促进农民脱贫致富。

3.2.3.4　生态理性要素

在生态理性支配下，农户参与退耕的行为逻辑是以生态和谐为发展理念，谋求区域生态安全、农业生产安全与农民生活安全。生态意识觉醒是农村生态文明建设与农户生态行动的逻辑基础，实现了从单纯追求退耕经济收益向追求经济价值与生态价值的转变，生态理性思维决定了农户参与退耕的深度与效度。

从维持农田生产安全变量来看，农户参与退耕以维持农田生产安全在10%水平上显著，即农户选择"比较不愿意"概率的边际贡献（−1.8%）、选择"比较愿意"概率的边际贡献（2.1%）在10%水平上显著。随着退耕还林工程的持续运行、生态文明建设的全面推进、生态利益自觉的逐渐觉醒，农户意识到退耕还林工程在遏制农业自然灾害、治理农业生态环境、优化农田生态条件上的重要价值，认识到生态环境保护与农业可持续发展的辩证关系、农田生态建设是农业增产增收的促进机制，从而更倾向于通过参与退耕还林以维持或提升农田生产安全。

从当前来看，农户生态环境意识与生态保护意识逐渐增强，关心支持与投入生态环境建设的积极性不断提升，既有追求退耕经济收益最大化的经济理性，又有保护生态环境的生态理性。但其生态理性仍难以完全替代经济理性逻辑，经济理性仍是农户行为的支配思维与主导逻辑，即农户参与退耕以维持区域生态安全、农民生活安全未体现统计显著性。从维持农田生产安全的退耕逻辑来看，农户参与退耕是建设农田生态基础设施的自觉行动，是消解农业生态危机、完善农业生态条件的生态建设实践活动，是生态文明进步的充分体现；但从本质上来看，农田生产安全将直接影响其农业发展质量与农业产出效益，并最终影响农户的农业生产经营收益。农户生态理性行为仍难以摆脱经济理性思维的制约，呈现为经济理性向生态经济理性的积极转变。

3.2.4 讨论

退耕还林工程以退耕生态补偿为主要激励手段，通过农户追求退耕收益的个体行为以实现国家生态文明建设与生态环境修复的整体目标，是一种典型的"激励相容"制度安排。退耕还林工程以"经济人"假设为基础，强调农户的主体意愿与经济理性，将生态补偿作为激发农户退耕参与意愿的关键设计，将获取退耕地林业经营与非农就业收入作为有效维持农户退耕参与决策的重要路径。长期的退耕实践肯定了物质激励的有效性，并着力通过建立多元生态补偿激励机制、林权保障机制、还生态林国家赎买机制等激励农户持续有效参与。研究结果表明，研究区农户参与退耕的行为逻辑是获取退耕生态补偿、退耕地林业经营收入与非农就业收入等经济收益，是经济理性逻辑支配下的自利性行为（模型Ⅱ）；完善退耕生态补偿机制、开展林业经营技术与非农就业能力培训、改善林业投资环境等成为激发农户退耕参与意愿、促进退耕还林工程有效持续运行的重要思路。在生态理性支配下，研究区农户生态利益，使其自觉意识到退耕还林工程的生态效用与生态利益，并期望通过参与退耕以维持其农田生产安全与农民生活安全（模型Ⅲ）。研究结果揭示了生态理性对促发农户退耕参与意愿的逻辑实然性，凸显了农户生态伦理价值观念的实践性，彰显了农户生态理性与生存发展的协同性。经济理性是农户的本能逻辑，生态理性是农户的习得逻辑，生态利益自觉推动了农户经济理性与生态理性的契合，促进了农户经济理性向生态经济性理性的转变。农户参与退耕显现生态经济理性的逻辑特征，不仅强调经济获利的主导倾向，还开始关注生态价值与生态安全的满足感（模型Ⅳ）。当然，生态理性逻辑会诱发农户退耕参与意愿，但并不意味着参与退耕的生态行动。当前退耕还林工程的生态补偿激励机制是一种基于农户自利性或经济理性而提出的激励制度。外在激励（退耕补助资金）可能对内在激励（农户生态动机）产生挤出效应，甚至使农户对物质激励产生路径依赖；而且退耕补助时间过短、直接成本补偿不足等更是弱化了国家宏观目标与农户微观目标的激励相容。因此，在生态经济理性支配下，退耕还林政策不仅需要强化退耕生态补偿激励（经济理性），还应考虑农户"亲环境"行为或内在生态动机（生态理性），形成经济发展与生态修复、短期经济收益与长期复合效益的有效均衡，实现退耕区生态经济系统的长期效益最大化（生态经济理性）。

为强化农户退耕参与响应意愿，推动新一轮退耕还林工程的有效持续运行，笔者认为：第一，应适度提升退耕补偿标准、延长退耕补偿期限，加大农户非农就业能力培训，满足农户参与退耕的逐利需要。第二，应加快推进农村生态文明建设，培育农户生态意识、增强农户生态价值观念、激发农户内生生态动机、提升农户生态利益自觉，促进农户经济理性向生态理性转变，提高农户参与退耕的生态产品供给意愿。第三，应坚持外部补偿激励与农户生态动机激发相结合，建立生态理性与经济理性相契合的农户退耕参与激励制度，切实提升农户退耕参与激励的有效性。

3.3 可持续生计视角下退耕还林工程农户参与意愿

3.3.1 理论分析

农户通过多维资本的理性配置筛选最优生计途径、确定适宜生计策略，以谋求经济利益等效益最大化。在市场经济布局不断开放、农村产业活力不断提升、农户生计资本禀赋不断增加的现实推动下，农户呈现出收入来源多元化、生计资本异质化、生计策略理性化的显著特征，非农兼业则成为重要的生计策略。新一轮退耕还林工程通过严重瘠薄耕地、坡度在25°以上耕地等的农地利用方式转变，以退耕地生态林或经济林种植管护完善区域生态安全体系，以林业生产经营、林下经济发展或非农转移就业等提升农户家庭收入，实现生态环境修复与农户多元增收的耦合协调。从本质上看，农户参与退耕是能动调整生计行为与生计策略的理性选择，是基于生计环境、生计状况、生计资本与生计风险的理性考量。在生计分化的社会现实下，农户生计资本将影响其农地利用行为、农业投资决策及生产经营方式，进而影响农户新一轮退耕还林工程参与意愿和响应行为。根据英国国际发展部（DFID）可持续生计分析框架，结合相关研究，从人力资本、自然资本、物质资本、金融资本、社会资本与心理资本等6个维度，探索生计资本对农户退耕参与决策的影响机制（见图3-1）。

新一轮退耕还林工程是农户创新生计方式、延伸生计空间的重要选择，是农户生计资本、生计过程与生计策略的动态交互过程。在退耕政策、市场环境与自然扰动等风险环境中，农户根据其人力资本、物质资本、自然资本、金融资本、社会资本与心理资本等生计禀赋，制定退耕参与决策以调整其生计策略，或不参与退耕并维持其原有生计策略。农户参与退耕后可从事林业生产、林下经济、非农就业等多元生计行为，实现家庭收入提升、生计质量提高、生计脆弱性降低等生计成果，进而影响其生计资本。

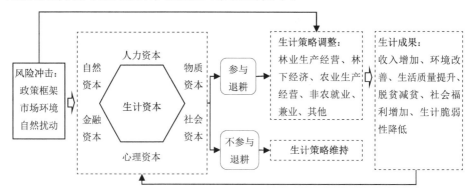

图3-1 分析框架

具体而言，人力资本是农户生计的特质性要素，劳动力数量、知识结构、技能水平与健康状况将不同程度地影响农户生计行为与生计策略。家庭成年劳动力数量、主要劳动力文化程度、劳动力林业生产经营技能与非农就业能力等人力资本数量与质量因素将影响农户的退耕参与决策。

自然资本是农户生计的基础性要素，是农户生产经营的自然资源禀赋，涉及耕地、林地与草地存量，农地生态承载力与土壤质量、耕地灌溉条件与产出能力、生态环境状况与环境服务等。家庭耕地面积、农地沙化/盐渍化水平、区域生态环境质量等关键因素可能影响农户退耕参与决策。

物质资本是农户生计的支撑性要素，是支持农户生计所需的生产工具、生活设备与基础设施，涉及住宅面积、区位与价值，种子、化肥、农药、农具、牲畜等物质要素，饮水与卫生设施、家电与通信设备等生产资料与生活资料的组合。家庭住房面积、家庭是否拥有农机具、家庭牲畜饲养规模等因素可能影响农户退耕参与决策。

金融资本是农户生计的推动性要素，是农户开展生计活动、实现生计目标所需的资金资源，涉及现金收入、银行储蓄、惠农补贴，以及融资渠道与贷款可及性等要素。家庭年收入、农业生产经营收入占比、生产资金获得难易程度等因素可能影响农户退耕参与决策。

社会资本是农户生计的助力性要素，是农户生计途径选择、生计决策制定所需的社会资源，涉及亲戚间、朋友间、邻居间的社会关系网络，农户与经济组织、社会团体、政府单位的互助或支持关系，社会安全与保障状况，等等。家庭亲朋好友情况、亲戚中是否有村干部、家庭社会保障情况、本村居住的亲戚数量等因素可能影响农户退耕参与决策。

心理资本是农户生计的内隐性要素，是农户应对生计风险、处理外部胁迫、利用生计机会的心理资源，是超越人力资本与社会资本的核心心理要素，涉及对周围人的信任度、自我效能指数、韧性指数等要素，是影响农户退耕参与决策的心理状态。

3.3.2 材料与方法

3.3.2.1 研究区概况

研究区地处新疆南疆中部，位于天山南麓、塔里木盆地北缘，是典型的少数民族聚居区，2016年全区维吾尔族人口占比为80.30%，平均每户3.88人，具有独特的民族成分、民族风俗与民族文化。研究区是典型的集中连片贫困区，2016年全区人均GDP仅为28 289元，农村居民人均可支配收入仅为6 883元。其中，柯坪县和乌什县为国家级贫困县，涉及贫困农牧民4万户，共13.8万人，农牧民生态资本薄弱、可持续生计困难。研究区是典型的绿洲灌溉农耕区，2016年末耕地面积61.49万公顷，其中节水灌溉面积占比为46%；年末农作物播种面积89.18万公顷，其中粮食播种面积占比为30.52%、棉花面积占比为54.51%；苹果、红枣、核桃等水果坚果种植面积16.49万公顷。研究区是典型的生态环境脆弱区，土地荒漠化、盐渍化严重，风沙侵蚀灾害严重、森林资源总量不足、自然资源承载力退化，2016年全区森林覆盖率6.8%、年均降水量112.0 mm、年沙尘影响天气22天，生态安全形势严峻。自新一轮退耕还林工程实施以来，研究区根据退耕政策要求、区域资源优势与产业发展布局，完成退耕规划44.15万亩，重点发展核桃、红枣、苹果等经济林，涉及退耕农户35 886户、户均退耕补偿19 358元。于是新一轮退耕还林工程成为研究区协同推进精准扶贫开发、生态环境治理与特色林果业发展的重要依托。农户退耕参与是退耕还林工程运行的根本起点，是退耕还林工程生态产品与经济产品协同供给的基本前提。因此，厘清农户退耕参与决策的影响机制是有效激发农户退耕参与意愿、推动研究区新一轮退耕还林工程有效持续实施的关键问题。

3.3.2.2 研究方法

新一轮退耕还林工程的农户退耕参与决策是具有强弱顺序的有序多分类响应变量。其中，Y_1表示"非常不愿意参与"，Y_2表示"不太愿意参与"，Y_3表示"很难说"，Y_4表示"愿意参与"，Y_5表示"非常愿意参与"。应用多分类有序Logit模型，探索退耕区农户的各类生计资本对其退耕参与决策的影响机制，定义为：

$$prob(Y_i \geq j|x) = \frac{1}{1 + \exp(-\alpha_i + \sum_{j=1}^{n} \beta_j x_i)} \quad （3-4）$$

式中：Y_i表示农户的退耕参与决策；$prob(Y_i \geq j|x)$表示等级为j的变量概率，即等级大于j的累计概率；α_i表示模型截距系数；β_j表示变量x_i的回归系数。

应用STATA 14.0输出各类生计资本要素的影响估计系数及边际效应，解析各类生计资本对农户退耕参与决策的影响程度。

3.3.3 变量选择与描述性统计

根据生计资本研究成果与新一轮退耕还林工程运行框架，基于研究区少数民族聚居区、集中连片贫困区、绿洲灌溉农耕区与生态环境脆弱区高度重叠的客观现实，结合农户访谈的信息反馈，构建了影响农户退耕参与决策的生计资本指标体系，具体涉及人力资本、自然资本、物质资本、金融资本、社会资本与心理资本等6个维度。经检测，变量方差膨胀因子VIF^T=（1.455、1.026、1.147、1.174、1.027、1.057、1.321、1.142、1.077、1.039、1.017、1.444、1.083、1.080、1.084、1.046、1.059、1.107、1.326）^{T}，表明变量间均不存在严重的多重共线性问题。生计资本指标体系，如表3-8所示。

表3-8 农户生计资本指标与描述性统计

生计资本	指标	说明	均值
人力资本	H_1：家庭成年劳动力数量	1=1人，2=2人，3=3人及以上	1.739
	H_2：主要劳动力文化程度	1=小学及以下，2=初中，3=高中，4=大专/大学，5=大学以上	1.962
	H_3：劳动力林业经营技能	1=完全不会，2=有一些，3=一般，4=比较熟练，5=非常熟练	3.159
	H_4：劳动力非农就业能力	1=完全不会，2=有一些，3=一般，4=比较熟练，5=非常熟练	2.917
自然资本	N_1：家庭耕地面积	1=10亩以下，2=11～20亩，3=21～30亩，4=31～40亩，5=41亩以上	3.287
	N_2：农田沙化/盐渍化水平	1=非常低，2=比较低，3=一般，4=比较高，5=非常高	4.372
	N_3：区域生态环境质量	1=非常差，2=比较差，3=一般，4=比较好，5=非常好	2.471
物质资本	M_1：家庭住房面积	1=140m² 以下，2=141～240 m²，3=241～340 m²，4=341～440 m²，5=440 m²	1.573
	M_2：家庭是否拥有农机具	0=没有，1=有	0.405
	M_3：家庭牲畜饲养规模	1=10头以下，2=10～20头，3=20～30头，4=30头以上	1.525
金融资本	F_1：家庭年收入	家庭年收入取自然对数	9.991
	F_2：农业经营收入水平占比	1=30%及以下，2=31%～50%，3=51%～70%，4=71%～90%，5=91%以上	3.431
	F_3：生产资金获得难易程度	1=非常困难，2=比较困难，3=一般，4=比较容易，5=非常容易	2.191
社会资本	S_1：亲戚中是否有村干部	0=没有，1=有	0.331
	S_2：家庭社会保障情况	1=不好，2=一般，3=很好	2.564
	S_3：本村居住的亲戚数量	1=很少，2=一般，3=较多	2.668
心理资本	P_1：对周围人的信任度	1=不可信任，2=少数可信任，3=一半可信任，4=多数可信任，5=都可信任	4.033
	P_2：自我效能指数	1=非常低，2=比较低，3=一般，4=比较高，5=非常高	4.187
	P_3：韧性指数	1=非常低，2=比较低，3=一般，4=比较高，5=非常高	2.404

注：家庭牲畜饲养规模以羊换算。

3.3.4　结果与讨论

多分类有序Logit模型回归结果显示，农户生计资本对其退耕参与决策的影响在不同概率上显现为不同程度的统计显著性。回归模型的 Preudo R^2 为0.324 7，Wald ^{2} 为494.40，Prob > chi2 为0.000，Log pseudo likelihood 为 –1 263.152 7。统计检验结果表明，模型总体拟合效果较好，具有一定解释力。为厘清各生计资本变量对农户退耕参与决策的影响机制，研究测算了各变量的估计系数、自变量取均值时对研究区农户退耕参与决策的边际贡献，如表3–9所示。

表3–9　多分类有序Logit模型分析结果

生计资本	变量	估计系数	边际效应				
			非常不愿意	比较不愿意	一般	比较愿意	非常愿意
人力资本	H_1：家庭成年劳动力数量	–0.045 1 (0.095 5)	0.028 (0.000 6)	0.640 (0.013 6)	0.019 (0.000 6)	–0.676 (0.014 3)	–0.010 (0.000 2)
	H_2：主要劳动力文化程度	–0.065 4 (0.059 8)	0.040 (0.000 4)	0.929 (0.008 5)	0.027 (0.000 7)	–0.982 (0.009)	–0.015 (0.000 1)
	H_3：劳动力林业经营技能	0.369*** (0.080 3)	–0.232*** (0.000 7)	–5.251*** (0.011 5)	–0.150 (0.003 9)	5.545*** (0.012 8)	0.087*** (0.000 3)
	H_4：劳动力非农就业能力	2.299*** (0.129)	–2.894*** (0.003 7)	–30.398*** (0.013 6)	–0.417 (0.010 7)	32.587*** (0.011 4)	1.122*** (0.002 2)
自然资本	N_1：家庭耕地面积	–0.022 3 (0.054 8)	0.014 (0.000 3)	0.317 (0.007 8)	0.009 (0.000 3)	–0.334 (0.008 2)	–0.005 (0.000 1)
	N_2：农田沙化/盐渍化水平	0.196*** (0.065 9)	–0.122*** (0.000 5)	–2.786*** (0.009 5)	–0.081 (0.002 1)	2.942*** (0.01)	0.046** (0.000 2)
	N_3：区域生态环境质量	–0.119* (0.064 8)	0.073* (0.000 4)	1.688 (0.009 3)	0.049 (0.001 3)	–1.783* (0.009 7)	–0.028* (0.000 2)
物质资本	M_1：家庭住房面积	0.002 83 (0.067 3)	–0.002 (0.000 4)	–0.040 (0.009 6)	–0.001 (0.000 3)	0.043 (0.010 1)	0.001 (0.000 2)
	M_2：家庭是否拥有农机具	–0.065 5 (0.107)	0.041 (0.000 7)	0.934 (0.015 3)	0.019 (0.000 7)	–0.979 (0.015 9)	–0.015 (0.000 2)
	M_3：家庭牲畜饲养规模	0.059 0 (0.083 1)	–0.036 (0.000 5)	–0.838 (0.011 8)	–0.024 (0.000 7)	0.885 (0.012 4)	0.014 (0.000 2)

生计资本	变量	估计系数	边际效应				
			非常不愿意	比较不愿意	一般	比较愿意	非常愿意
金融资本	F_1：家庭年收入	−0.154* （0.088 9）	0.095* （0.000 6）	2.190* （0.012 6）	0.064 （0.001 7）	−2.313* （0.013 4）	−0.036 （0.000 2）
	F_2：农业经营收入水平占比	0.263*** （0.079 2）	−0.164*** （0.000 6）	−3.737*** （0.011 3）	−0.108 （0.002 8）	3.947*** （0.012 2）	0.062** （0.000 2）
	F_3：生产资金获得难易程度	0.119** （0.050 0）	−0.074** （0.000 3）	−1.692** （0.007 2）	−0.049 （0.001 3）	1.787** （0.007 5）	0.028** （0.000 1）
社会资本	S_1：亲戚中是否有村干部	0.203* （0.113）	−0.121* （0.000 7）	−2.818* （0.015 3）	−0.215 （0.002 9）	3.105* （0.017 7）	0.049 （0.000 3）
	S_2：家庭社会保障情况	0.125 （0.081 4）	−0.077 （0.000 5）	−1.772 （0.011 5）	−0.051 （0.001 4）	1.871 （0.012 3）	0.029 （0.000 2）
	S_3：本村居住的亲戚数量	0.070 3 （0.076 0）	−0.043 （0.000 5）	−0.999 （0.010 8）	−0.029 （0.000 8）	1.055 （0.011 4）	0.016 （0.000 2）
心理资本	P_1：对周围人的信任度	0.055 3 （0.065 9）	−0.034 （0.000 4）	−0.785 （0.009 4）	−0.023 （0.000 7）	0.829 （0.009 9）	0.013 （0.000 2）
	P_2：自我效能指数	0.157** （0.061 0）	−0.097** （0.000 4）	−2.227*** （0.008 7）	−0.065 （0.001 7）	2.352** （0.009 3）	0.036** （0.000 2）
	P_3：韧性指数	0.196*** （0.068 3）	−0.121** （0.000 5）	−2.778*** （0.009 9）	−0.08 （0.002 1）	2.934*** （0.010 4）	0.046** （0.000 2）

注：*、**与***分别表示10%、5%与1%的显著性水平；括号内为标准误。

3.3.4.1 人力资本对农户退耕参与决策的影响

在人力资本维度中，H_3劳动力林业经营技能变量与H_4劳动力非农就业能力变量在1%水平上具有统计显著性，对农户退耕参与决策具有正向影响；家庭主要劳动力林业经营技能、非农就业能力每增加1个单位，农户退耕参与决策"愿意参与"的概率分别提升5.545%与32.587%。新一轮退耕还林工程鼓励退耕农户从事特色林业生产、林下多元经营、外出务工或兼业，为退耕农户多样化生计策略选择提供了机会。林业经营技能越强，农户对传统农业生产经营的路径突破越容易，在退耕地进行红枣等经济林种植、新疆杨等生态林种植、林下牧草与核桃间种金银花等林下经济的技术风险越小，退耕地林业生产经营的比较收益越显著，农户越容易促发退耕参与决策。非农就业能力越强，农户越容易将参与退耕还林作为调整生计策略的关键选择，并期望通过本地打工、外出务工获取多元化的非农就业收益，以克服传统生计脆弱性，同时间接实现农村产业结构调整与生态环境修复的公共目标。

研究区为典型的以维吾尔族为主的少数民族聚居区，农户受教育程度低、家庭人力资本数量丰富但质量低下、生产经营技能薄弱、非农就业能力弱化且路径单一；长期以来，低水平重复的棉花种植、小麦等粮食作物生产，使农户难以摆脱对粗放式农业生产路径的依赖，退耕还林的技术阻碍效用明显。因此，提升农户的林业生产经营技能与非农就业能力，是激励研究区农户制定愿意参与退耕决策的关键内容。

3.3.4.2　自然资本对农户退耕参与决策的影响

在自然资本维度中，N_2 农田沙化/盐渍化水平变量在 1% 水平上具有统计显著性，对农户退耕参与决策具有正向影响；N_3 区域生态环境质量变量在 10% 水平上具有统计显著性，对农户退耕参与决策具有负向影响。农田沙化/盐渍化水平、区域生态环境质量变量每增加 1 个单位，农户退耕参与决策"愿意参与"的概率分别提升 2.942%，降低 1.783%。沙漠化或盐渍化水平越高，农田土壤肥力越差，农地整体产出率越低，农户纯农业生计行为越脆弱；林业自然生产的耐沙化、耐盐碱属性有助于破解瘠薄农地的低产出与低收益问题，使得退耕还林成为农户可持续生计策略的有效尝试。退耕还林工程是公共生态产品私人供给的重要实践，生态环境修复是退耕还林工程的政策起点。随着农户生态文明理念与生态安全思想的不断内化，区域生态环境质量也将成为农户退耕参与决策的重要影响因素。生态环境质量越差，农田生态系统的自然风险越大，农户越期望通过退耕还林或其他林业生态工程构建生产安全与生存安全屏障。

研究区属温带大陆性荒漠气候，降水稀少、蒸发强烈，风沙侵蚀等自然灾害频发，农地土壤条件差。耕地次生盐渍化严重。自然生态系统容载力低下，是典型的生态脆弱区。与传统的棉花、小麦、辣椒等农业生产相比，研究区红枣、核桃、苹果等特色林果业的生产经营具有更强的自然适应性与比较收益，且在生态环境脆弱的外部胁迫下，新一轮退耕还林工程成为农户应对自然生计风险、增强可持续发展能力的重要选择。因此，农田沙化/盐渍化严重、区域生态环境脆弱是催生研究区农户退耕参与意愿的客观要素。

3.3.4.3 金融资本对农户退耕参与决策的影响

在金融资本维度中，F_1家庭年收入变量在10%水平上具有统计显著性，对农户退耕还林决策具有负向影响；F_2农业经营收入水平占比变量在1%水平上、F_3生产资金获得难易程度变量在5%水平上具有统计显著性，对农户退耕决策具有正向影响。家庭年收入变量每增加1个单位，农户退耕参与决策"愿意参与"的概率就降低2.313%；农业经营收入水平占比变量与生产资金获得难易程度变量都增加1个单位，则农户退耕参与决策"愿意参与"的概率分别提升3.947%与1.787%。从统计学意义而言，家庭年收入越低，农户退耕参与意愿越强；贫困农户或其他低收入农户，更期望通过参与退耕还林工程以获取退耕补偿、非农就业或兼业收入，以改变其生计脆弱性。农业生产经营纯收入占比越高，其对农地或农业经营的依赖度越大，生计行为越单一；农户参与退耕或可通过调整土地利用方式提升收益能力，或寻求多元生计途径，以改善其生计状况。且农户参与退耕必然涉及种苗费、管护费、劳动力、农资支出等前期或持续性投入，能否获取足够的生产资金成为农户退耕参与决策的基础要素。

研究区是典型的集中连片贫困区，家庭年收入变量的负向影响机制为凸显新一轮退耕还林工程的精准扶贫效用提供了逻辑依据。研究区新一轮退耕还林工程应在尊重农户意愿的基础上，重点向贫困农户倾斜，为纯农户或农兼型农户创造多元可持续生计机会。农业生产资金投入不足、生产资金获取渠道有限是研究区农户生产经营的现实障碍。如何破解生产资金投入的难题是农户主动参与退耕的保障性因素。

3.3.4.4 社会资本对农户退耕参与决策的影响

在社会资本维度中，S_1亲戚中是否有村干部这一变量在10%水平上具有统计显著性，对农户退耕参与决策具有正向影响；该变量每增加1个单位，农户退耕参与决策"愿意参与"的概率提升3.105%。社会资本是通过积累产生的具有规模效应、收益扩散性、共存性与互惠性的社会资源。亲戚中的村干部是农户拥有并可利用的重要资本。研究区农村不同程度地存在着社会思想封闭、宗教文化影响、亲缘体系强化的现实问题，乡（村）干部多是宗教权威或家族权威，农户与亲戚中的村干部形成了严格的亲缘信任关系；亲戚中有村干部的农户更倾向于参与退耕，以试图在退耕地确认、退耕还林资源分配、林地核查验收时谋得额外收益。同时，作为社会精英与经济精英，村干部对新一轮退耕还林政策具有更深入认知，其退耕建议往往对农户退耕参与决策具有直接影响。

3.3.4.5　心理资本对农户退耕参与决策的影响

在心理资本维度中，P_2自我效能指数变量在5%水平上、P_3"韧性"指数变量在1%水平上具有统计显著性，对农户退耕参与决策具有正向影响；自我效能指数与"韧性"指数每增加1个单位，农户退耕参与决策选择"愿意参与"的概率分别提升2.352%和2.934%。自我效能和"韧性"是农户心理资本的关键要素，是生计行为与生计策略的原发性动力。农户参与退耕将会面临政策、市场、自然、技术等多维风险。农户自我效能指数与"韧性"指数越高，其整体收益预期越积极，抵御风险的能力越大，参与退耕的风险感知水平越低，越倾向于制定退耕参与决策。调研结果表明，研究区农户的自我效能指数较高，但"韧性"指数偏低。因此，提升农户"韧性"指数是增强农户退耕参与意愿的重要因素。

为有效增强研究区农户的退耕参与意愿，笔者认为：第一，应加快营造林、林木抚育、特色林果种植、肉苁蓉或金银花等林下种植、林业有害生物防治等林业经营技术推广，围绕民族特色刺绣、畜禽现代养殖、纺织制衣、服务业、建筑业等有序开展农户非农就业能力培训，切实提升农户人力资本质量。第二，应以政策性补贴、小额农贷、亲戚借贷、订单农业贷款等为基础，加快推进农民资金互助合作社、村级发展互助资金项目建设，满足农户退耕地经营、林下经济发展、非农就业创新的生产资金需要，有序增强农户金融资本。

第三，应加强少数民族村干部的遴选、培养与储备，增进乡村干部的政策认知与业务咨询能力，着力破解封闭循环的社会资本体系与亲缘信任体系，使村干部能够引导农户理性参与退耕、公平分配退耕资源、有效监管农户退耕行为，有效丰富农户的社会资本。第四，应加快农民职业教育、生态文明理念推广与市场发展思维培训，提升少数民族农户自我认知与自我发展能力，增强胁迫抵御、压力纾解、逆境适应与冲突协调的心理能力，有效降低其退耕参与风险感知，合理挖掘农户的心理资本。

3.4　贫困尺度差异下退耕还林工程农户参与意愿

3.4.1　理论分析

为全面稳固退耕还林工程成果、充分释放生态脆弱区林业发展潜能、有效提升区域生态安全水平、积极拓宽农户增收渠道，我国实施《新一轮退耕还林还草总体方案》（2014—2020年），并着力增强新一轮退耕还林工程的主体参与能动性、补偿标准科学性、工程运行适宜性与多元效益协同性。农户是退耕还林工程运行的微观主体，其退耕意愿是工程有效持续运行的关键因素。家庭规模、土地质量、受教育程度、人均收入水平、社会资本等是影响农户退耕意愿的基础因素；政策认知能力、政策执行力度、退耕预期收益、风险承担能力是影响农户退耕意愿的主导因素；退耕补偿标准与退耕后经济收益是激励农户自愿参与退耕还林工程的关键因素，甚至是影响农户退耕参与决策的唯一因素。退耕还林工程对退耕农户收入与消费支出、家庭畜牧养殖、农业经营投入等经济行为产生不同程度影响，并有助于增加退耕农户非农收入水平、家庭总收入与可持续生计综合能力。在精准扶贫框架设计下，退耕还林工程瞄准生态安全、经济发展与农户增收的多元目标，瞄准生态脆弱区与集中连片贫困区等重点地区，瞄准贫困村与贫困农户等重点对象，成为贫困村扩大发展空间、提升生态质量、调整产业结构的重要措施，成为贫困农户拓宽就业渠道、增进收入水平的有效途径。

3.4.2 材料与方法

3.4.2.1 研究区概况

新疆退耕还林工程覆盖14个地州、93个县（市），直接受益农民34.16万户、惠及150.35万农户；退耕农户人均纯收入由2000年的1 618元提升至2014年的8 662元，年均增长12.13%；区域森林覆盖率由初期1.92%提升至4.24%，为构建绿洲生态屏障体系、调整瘠薄耕地利用方式、推动贫困农户有效增收作出积极贡献。研究区位于塔里木盆地北缘，包括8个县1个市、84个乡镇、56个农林牧场，是新疆退耕还林工程的优先区。2000年，研究区乌什县开始退耕还林工程试点，2001—2006年研究区退耕还林工程涉及全区81个乡镇、1 212个行政村，直接受益农民8.0万户、惠及退耕人口35.37万人、户均受益9 000余元。截至2014年底，研究区共投入退耕还林建设资金8.607亿元，完成退耕地造林2.63万公顷、荒山荒地造林5.83万公顷、封沙育林1.23万公顷。自新一轮退耕还林工程实施以来，研究区安排退耕还林建设任务2.94万公顷。其中：2015年建设任务0.92万公顷、2016年建设任务2.02万公顷。退耕还林工程稳步实施促进了研究区特色林果业的快速发展、农村产业结构的有序调整、区域生态环境的明显改善。

研究区是国务院扶贫办认定的南疆四地州（喀什地区、和田地区、克孜勒苏柯尔克孜州及阿克苏地区）连片特殊困难地区。2015年，研究区乡村人口为170.07万人，占总人口比例为67.18%，农牧民人均纯收入1.145 7万元；共有贫困村191个，贫困人口20.63万人，占地区农村人口的13.2%。区域贫困人口规模大，贫困程度深，致贫成因复杂，减贫脱贫难度大。《阿克苏地区脱贫攻坚工作实施意见》《阿克苏地区脱贫攻坚特色产业带动专项行动实施方案》等文件提出生态补偿等精准扶贫专项行动，不断拓宽特色林果业等优势产业的精准扶贫空间，以有效提升贫困农户发展能力、显著改善农户生产生活条件、全面稳固扶贫开发成效。研究区扶贫开发工作坚持生态环境修复与社会经济发展的耦合协调，"结合新一轮退耕还林工程，项目安排优先向贫困农户倾斜"，不断提升退耕区林业产业与生态林业的扶贫开发能力。因此，退耕还林工程成为研究区精准扶贫、精准脱贫的积极实践，成为贫困农户有效增收、持续减贫的重要途径。

3.4.2.2　研究方法

应用多元有序Logit模型，被解释变量农户退耕意愿 Y 为具有 k 个等级的有序变量。在研究中，$k=5$，Y_1 为"非常不愿意"、Y_2 为"不太愿意"、Y_3 为"很难说"、Y_4 为"愿意"、Y_5 为"非常愿意"，最终构建农户退耕意愿影响因素的多元有序Logit模型，其定义为：

$$Prob(Y_i \geq j|x) = \cfrac{1}{1 + \exp(-\alpha_i + \sum\limits_{j=1}^{n} \beta_j x_i)} \tag{3-5}$$

式中：Y_i 表示农户的退耕意愿；$prob(Y_i \geq j|x)$ 表示等级为 j 的变量概率，即等级大于 j 的累计概率；α_i 表示模型截距系数；β_j 表示变量 x_i 的回归系数。

为剖析贫困尺度差异下农户退耕意愿的影响因素，研究根据式（3-5）分别构建模型Ⅰ、模型Ⅱ、模型Ⅲ以展现全样本农户、贫困农户、非贫困农户的退耕意愿影响因素。为解析各解释变量对农户退耕意愿的影响程度，研究应用多元有序Logit回归模型，使用STATA 14.0输出估计结果。

3.4.3　指标体系构建

基于农户退耕意愿影响因素的研究成果，根据研究区退耕还林工程实施情况，将农户退耕意愿影响因素分为预置性因素、社区性因素、能力性因素与需求性因素4个层面。其中，年龄、性别、健康状况、受教育程度、家庭耕地面积、家庭年收入、农业经营收入比例等变量是反映农户个体与家庭特征的预置性因素；亲戚中是否有乡（村）干部、同村人的退耕效果、政策宣传力度等变量是反映农户社会资本与外部影响的社区性因素；林业生产经营技能、非农生产经营能力、退耕风险感知等变量是反映农户生产技能的能力性因素；退耕补偿满意度、退耕预期收入、退耕后预期生态环境改善等变量是反映农户预期收益的需求性因素。研究在回归过程中先纳入15个变量，再应用逐步引入–剔除法（P=0.05）进行变量剔选，最终有10个变量被选入模型，如表3-10所示。

表3-10　变量说明及赋值

变量	定义	赋值
Y	退耕意愿	1=非常不愿意，2=不太愿意，3=一般，4=比较愿意，5=非常愿意
Grad	受教育程度	1=小学及以下，2=初中，3=高中/中专，4=大学/大专，5=研究生及以上
Lninco	家庭年收入	对家庭年收入取自然对数
Agri	农业经营收入比例	1=30%以下，2=31%～50%，3=51%～70%，4=70%～90%，5=91%以上
Cadr	亲戚中是否有乡（村）干部	0=没有，1=有
Another	同村人的退耕效果	1=非常不好，2=不太好，3=一般，4=比较好，5=非常好
Foab	林业生产经营技能	1=完全不会，2=有一些，3=一般，4=比较熟练，5=非常熟练
Offfa	非农生产经营能力	1=完全不会，2=有一些，3=一般，4=比较熟练，5=非常熟练
Risk	退耕风险感知	1=没有风险，2=风险不大，3=一般，4=风险较大，5=风险非常大
Compen	退耕补偿满意度	1=非常不满意，2=不太满意，3=一般，4=比较满意，5=非常满意
Expe	退耕预期收入	1=没有提升，2=较小提升，3=一般，4=比较大提升，5=非常大提升

注：应用STATA 14.0进行stepwise（0.5）向前逐步回归，剔除了受访者年龄、性别、健康状况、家庭耕地面积、政策宣传力度、退耕后预期生态环境改善等变量。

3.4.4　结果与讨论

为解析各解释变量对农户退耕意愿的影响程度，应用多元有序Logit回归模型，使用Stata 14.0输出估计结果（见表3-11）。统计检验结果表明，模型Ⅰ、模型Ⅱ与模型Ⅲ总体拟合效果较好，有一定解释力。

表3-11　意愿影响因素 Ordered Logistic 回归模型估计结果

	解释变量	模型 I（整体样本）		模型 II（贫困农户）		模型 III（非贫困农户）	
		系数	OR值	系数	OR值	系数	OR值
预置性因素	Grad	-0.112* (-1.82)	0.894* (0.055)	-0.138 (-1.43)	0.871 (0.084)	-0.088 (-1.08)	0.916 (0.075)
	Lninco	0.160** (2.48)	1.174** (0.076)	0.166* (1.65)	1.181* (0.119)	0.143* (1.67)	1.153* (0.099)
	Agri	0.246*** (3.64)	1.279*** (0.087)	0.183* (1.72)	1.200* (0.127)	0.299*** (3.27)	1.349*** (0.123)
社区性因素	Cadr	0.234** (2.12)	1.264** (0.140)	0.295* (1.81)	1.343* (0.219)	0.223 (1.35)	1.249 (0.206)
	Another	0.202** (2.32)	1.223** (0.106)	0.266** (2.10)	1.305** (0.165)	0.164 (1.37)	1.178 (0.141)
能力性因素	Foab	0.250*** (3.08)	1.285*** (0.105)	0.261** (2.13)	1.298** (0.159)	0.249** (2.28)	1.283** (0.141)
	offfa	2.102*** (15.68)	8.180*** (1.097)	2.115*** (10.49)	8.293*** (1.672)	2.093*** (11.68)	8.106*** (1.452)
	Risk	-0.116** (-2.27)	0.891** (0.046)	-0.137* (-1.71)	0.872* (0.070)	-0.094 (-1.41)	0.910 (0.061)
需求性因素	Compen	0.458*** (5.22)	1.581*** (0.139)	0.379*** (2.75)	1.461*** (0.201)	0.506*** (4.40)	1.659*** (0.191)
	Expe	0.275*** (3.06)	1.316*** (0.118)	0.0995 (0.75)	1.105 (0.147)	0.436*** (3.51)	1.547*** (0.192)
N		1451		588		863	
$Preudo\ R^2$		0.338 2		0.323 2		0.352 7	
Wald chi2(10)		556.35		216.34		358.51	
Prob> chi2		0.000 0		0.000 0		0.000 0	
Log pseudo likelihood		-1 237.86		-510.15		-722.61	

注：1.* $p<0.1$，** $p<0.05$，*** $p<0.01$；2.系数下括号内为Z统计值，OR值括号内为Robust的标准误。

从整体来看，受教育程度（$p<0.1$）、家庭年收入（$p<0.05$）、农业经营收入占比（$p<0.01$）、亲戚中是否有乡（村）干部（$p<0.05$）、同村人的退耕效果（$p<0.05$）、林业生产经营技能（$p<0.01$）、非农生产经营能力（$p<0.01$）、退耕风险感知（$p<0.05$）、退耕补偿满意度（$p<0.01$）、退耕预期收入（$p<0.01$）对农户退耕意愿具有显著影响。但通过模型Ⅱ与模型Ⅲ的结果比较，发现不同因素对贫困农户与非贫困农户的退耕意愿存在差异化影响。

家庭年收入变量在模型Ⅱ与模型Ⅲ中均通过了10%的显著性检验，表明家庭年收入越高，农户生活水平越高，农户退耕意愿越强。农业经营收入占比变量对贫困农户（$p<0.1$）与非贫困农户（$p<0.01$）退耕意愿的显著性影响存在差异，对非贫困农户而言，更希望通过参与退耕以调整收入结构、拓宽收入渠道。由于贫困农户与非贫困农户的内部同质性较强，受教育程度变量对其退耕意愿的影响显著性难以凸显。

亲戚中是否有乡（村）干部变量、同村人的退耕效果变量对贫困农户退耕意愿的影响比较显著，而对非贫困农户的影响并不显著。亲戚中的乡（村）干部将增加贫困农户的信息源、同村人的退耕效果将提高贫困农户的退耕信心，其退耕参与意愿越强；而非贫困农户可能具有更丰富的社会网络资源，其退耕决策往往不再简单地依赖于血缘或亲缘关系。

林业生产经营技能变量、非农生产经营能力变量对贫困农户与非贫困农户退耕意愿均有显著性影响。林业生产经营技能决定了退耕农户的林地经营质量、非农生产经营能力是农户多元增收的重要基础，且经营能力越大，其退耕意愿越强。退耕风险感知变量对贫困农户退耕意愿的影响较为显著（$p<0.1$），且退耕风险越大，贫困农户退耕意愿越弱；由于非贫困农户对退耕风险具有相对较强的抵御能力，使得退耕风险感知因素对非贫困农户的影响并不显著。

退耕补偿是农户参与退耕还林工程的直接经济激励。退耕补偿满意度变量对贫困农户与非贫困农户退耕意愿均有显著性影响（$p<0.01$）。退耕预期收入变量对非贫困农户具有显著性影响（$p<0.01$），而对贫困农户的影响并不显著。这可能由于贫困农户更关注于短期内的退耕补偿，而非贫困农户更倾向于退耕地

经营管理的长期收益、退耕补偿及其他非农收入等。

从贫困尺度差异来看，亲戚中是否有乡（村）干部、同村人的退耕效果、退耕风险感知、退耕预期收入等解释变量对贫困农户与非贫困农户退耕意愿的影响程度存在显著差异。其可能的解释如下所述。

（1）乡（村）干部多是农村的政治精英、经济精英与社会精英，更了解退耕还林工程的实施动机、运行原则与政策内容，更了解退耕还林的资源分配、参与风险与预期收益。研究区是典型的少数民族聚居区，由于乡（村）干部的家族权威或宗教权威，村民与其形成了严重的依附关系。因此，由于亲缘关系、宗族关系与能力认同，贫困农户更倾向于信任甚至服从亲戚中的乡（村）干部的咨询建议或退耕决策，以寻求积极的生存保障，获取改善生计的机会。与贫困农户相比，非贫困农户可能具有更丰富的社会关系资本、更宽的信息获取渠道、更强的生产决策能力、更大的自我发展能力。其与乡（村）干部的庇护与依附关系略显弱化，能够独立判别退耕还林等农业发展项目的风险与收益，在一定程度上能够自主理性地决定是否参与退耕还林。

（2）已退耕农户将显现退耕中可能遇到的障碍与问题、不同退耕生产类型的收益与风险、退耕补偿的及时性与足额性等信息，为农户退耕决策提供了最直接的依据。贫困农户往往以纯粹的农业生产经营为主，而退耕地利用方式的不可逆性、退耕生产模式的复杂性与退耕收益的不确定性，将使得贫困农户慎重地决定是否退耕；在试错压力与生存理性的强约束下，已退耕农户的前期探索与退耕效果的示范效应（高收益或低收益、高风险或低风险等）为贫困农户提供了最真实的退耕事例，将深度影响贫困农户的退耕意愿生成。但非贫困农户的生计压力略小、政策认知能力较强、生产经营水平较高，其仅将同村人的退耕效果作为退耕地生产经营的参考，并非影响其退耕意愿的决定性因素。

（3）农户风险偏好将显著地影响其生产行为，政策执行偏差、退耕补偿标准低、林产品价格不稳定、林业生产经营周期长、替代生计寻求困难等可能性退耕风险在一定程度上弱化了农户退耕意愿。农户风险偏好存在着异质性：贫困农户对退耕还林持风险规避偏好，认为"稳定的收入比更高收入更重要"，即退耕风险感知度较高，农户退耕意愿越弱；非贫困农户对退耕还林持适度规避或适度中立偏好，主观地认为通过积极的政策沟通、科学的生产决策、多元的生计渠道等能够缓解或消除可能存在的退耕风险。因此，贫困农户退耕意愿生成更偏向于考虑退耕风险的大小，非贫困农户则更偏向于考虑退耕还林的收益预期。

（4）直接经济补偿、林业生产经营收入与非农就业收入等退耕预期收益是激发农户退耕参与意愿、稳固退耕还林工程成果的重要因素。由于物质资本、金融资本、社会资本与人力资本的硬性约束，贫困农户更认可退耕补偿带来的短期经济收益，而缺乏对非农就业与退耕地生产等长期持续收益的获取信心；贫困农户认为稳定的退耕补偿可能比不确定性的退耕预期收入更重要，但并不否认退耕预期收入对其退耕意愿的促进机制。非贫困农户倾向于权衡退耕补偿、退耕地生产与非农就业等综合收益。虽然新一轮退耕还林工程的补偿标准低于预期，但退耕地生产形式不断放活、非农就业扶持力度不断增强、退耕风险管理能力不断提升，使非贫困农户对退耕预期收入的预测较为乐观。因此，退耕预期收入对贫困农户与非贫困农户退耕意愿的差异性影响，主要源于退耕后持续较高收入的可获得性。

因此，为强化新一轮退耕还林工程的减贫扶贫能力，提升贫困农户的退耕参与响应能力，提出以下建议：第一，应强化少数民族地区农村的基层治理能力，增进乡（村）干部的政策解读与咨询服务能力，消除乡（村）干部的道德危机或行为失范，引导符合条件的贫困农户理性退耕、有序退耕；第二，应加大退耕还林工程的政策宣讲、专题培训与示范推广，使贫困农户能够全面了解退耕流程、退耕生产、退耕后生计、退耕风险与退耕收益等必要信息，并建立健全典型退耕模式与退耕农户的推介机制，为贫困农户的退耕决策提供现实参考；第三，应建立退耕还林技术咨询服务平台与非农就业技能培训中心，丰富退耕还林技术与非农就业技能的培训内容，提升技术技能培训的针对性、实践性与持续性，有效增强贫困农户的林业生产经营能力与非农就业工作能力，最大限度地降低贫困农户的退耕风险感知水平，有效提升退耕农户的持续生计能力；第四，应持续完善新一轮退耕还林政策，探索建立退耕补偿标准的动态调整机制，完善新疆退耕区特色林业产品培育扶持政策，推动退耕还林政策与精准扶贫政策的有序衔接，切实强化退耕还林政策的扶贫减贫效用。

3.5 本章小结

基于新疆退耕还林优先工程区 1 451 个农户的调查数据，多视角分析新一轮退耕还林工程的农户风险感知及其影响因素、农户参与退耕的"经济理性"与"生态理性"逻辑、农户生计资本与退耕参与决策生成机制、农户退耕响应的贫困尺度差异等，全面追踪工程区农户的新一轮退耕还林工程响应行为及其影响机制。具体方法如下：

（1）应用广义有序 Logit 模型，从预置性因素、政策性因素、过程性因素与外部性因素出发，探索新一轮退耕还林工程农户风险感知的影响因素，为降低农户退耕参与风险感知、激发农户退耕参与意愿、优化退耕还林政策设计提供信息支持。结果表明：退耕政策认知水平、退耕还林直接成本、林产品市场销售损失等是影响农户参与退耕风险感知水平的关键变量，也是降低农户退耕风险感知水平的关注重点。

（2）应用 Order probit 模型，厘清农户参与退耕的行为逻辑，为优化农户退耕参与激励政策提供信息支持。结果表明，"经济理性"是农户参与退耕的本能逻辑，"生态理性逻辑"也在一定程度上诱发了农户的退耕参与意愿，"生态经济理性"更符合农户参与新一轮退耕还林工程的逻辑假定；应基于"生态经济理性"的农户行为逻辑，合理调整农户参与新一轮退耕还林工程的激励政策，提升激励有效性。

（3）应用多分类有序 Logit 模型，分析生计资本对农户退耕参与决策的影响机制，为促发农户退耕参与决策提供现实依据。结果表明，农户退耕参与决策受其生计资本水平的约束与调节，生计资源禀赋分化将影响退耕区农户的生计策略选择；从统计学意义上看，人力、自然、金融、社会与心理资本将显著影响农户退耕参与决策，显现了农户生计资本与生计策略的关联机制。

（4）应用多元有序Logit模型，对比分析贫困农户与非贫困农户的退耕意愿影响因素，为强化新一轮退耕还林工程的精准扶贫效用提供信息支持。结果表明，应规范并强化乡（村）干部的引导作用，建立退耕还林的典型经验推介机制，提升退耕农户的林业生产能力与非农就业技能，以切实增强工程区贫困农户的退耕意愿，有效凸显退耕还林工程的扶贫减贫效用。

4

新疆生态脆弱区农户退耕参与行为的多尺度剖析

4.1　退耕农户的营林决策及其影响因素

4.1.1　理论分析

退耕还林工程的理想目标是通过"经济优先权"换取"生态优先权"，激励农户转变其严重瘠薄土地与重要水源地耕地的利用方式，以期改善区域生态环境、增进区域生态安全水平。新一轮退耕还林工程牢固坚持生态优先目标，通过调整补贴方案、实施模式、运行框架等提升工程的有效性、持续性与公平性，协同实现环境修复与农户增收等政策目标。《新一轮退耕还林还草总体方案》提出"充分尊重农民意愿""切忌搞'一刀切'""不限定还生态林与经济林比例""在不破坏植被、造成新的水土流失前提下，允许发展林下经济"等新要求，有效提升了退耕农户的主体性、能动性与积极性，有效增强了实施方案的科学性、客观性与合理性，有效提高了政策目标实现的协同性、联动性与精准性。新一轮退耕还林工程被赋予改善区域生态环境、转变农户生计方式、调整农业产业结构等多重目标，且更强调生态环境改善与退耕农户增收的相容性与协同性。退耕农户是新一轮退耕还林工程的直接主体，其土地利用行为与后续生计决策直接关系工程的有效持续运行与政策目标的达成度。由于退耕农户生产决策自主权得到充分尊重，其可以在政府引导下自主决定种植生态林或经济林，自主决定退耕地造林树种与林下经济模式。作为理性个体，退耕农户更倾向于采用保守的生产行为，追求眼前的生产收益，使得退耕还经济林成为各退耕农户营林生产的主要决策。同时，各级地方政府为凸显新一轮退耕还林工程的益贫性目标，也鼓励支持农户退耕还经济林。但退耕还经济林的生态产品供给能力远低于生态林，并诱致农药化肥过度使用的水土污染，进而危及恢复林草植被与改善生态等工程优先目标。退耕农户营林决策一定程度上是基于有限理性的成本效益分析，应基于适地适树、生态优先、成本有效的根本准则，科学地选择退耕还生态林或退耕还经济林，避免退耕农户盲目地选择"经济占优"的退耕还经济林，形成退耕还生态林与退耕还经济林相互协调的最优空间配置。这是新一轮退耕还林工程高质量运行的基础条件，也是退耕农户可持续生计的根本保证。基于退耕农户个体特征、家庭禀赋与生计资本等的异质性，系统识别退耕农户营林决策的影响因素，剖析各因素的影响深度与作用机制，为引导农户制定科学的退耕地营林决策、构建生态优先的退耕还林格局提供政策参考。

新一轮退耕还林工程充分尊重了农户主体意愿与林业生产规律，不限定还生态林与经济林比例，重在增加植被盖度、着力提升林业的生态产品供给能力，有效构建区域生态安全屏障体系。在新一轮退耕还林工程实施框架下，农户具有充分决策自主权以选择退耕还经济林（苹果、梨树、葡萄、石榴、杏树、核桃、枣树等）、退耕还生态林（白蜡、沙枣、杨树、梭梭、红柳等）。退耕地营林决策是农户综合考量不同营林模式的成本—收益、退耕后替代生计路径、林业生产技能熟练度与家庭生计资源禀赋等，为实现自身经济利益最大化或自身退耕目标最优化而作出的理性反应。退耕还林工程实现了农地由单一经济目标最优向生态—经济多目标协调最优的转变。根据新一轮退耕还林工程规划与退耕农户生产实践，退耕区形成了以退耕还经济林与退耕还生态林的营林决策，并导致了不同的退耕后生计行为。

营林决策1：退耕还经济林。退耕还经济林是有效增加植被盖度、稳定农户收入水平的积极实践，是消解林业生产周期长、见效慢、变现难等问题的合理方案，实现了区域生态环境修复与退耕农户多元增收的有效统一、林业重点生态工程与精准扶贫项目的协同运行。自新一轮退耕还林工程实施以来，四川、宁夏、新疆等主要工程区鼓励退耕农户重点发展木本粮油、干鲜果品、木本药材等特色经济林，充分挖掘退耕林地的资源潜力，推动瘠薄耕地的传统农业生产经营转向退耕林地的特色经济林高效种植。但不可否认的是，经济林的生态效益远低于生态林，且存在市场风险大、技术要求高、要素投入大等突出问题，应根据区域生态环境状况、立地条件、市场需求状况与农户经营技能等统筹栽植，避免因盲目选择或规模化种植而出现"偏离生态优先目标、难以实现预期经济收益"的困境。

营林决策 2：退耕还生态林。退耕还生态林是第一轮退耕还林工程（1999—2013 年）的主要模式，是推动生态环境修复、构建生态安全屏障、提升生态产品供给能力的基本选择。退耕还生态林可能使得农户短期收益难以得到根本保障，而且退耕补助周期与生态林生产周期的硬性约束加剧了退耕农户的生计压力，新一轮退耕农户往往不倾向于选择退耕还生态林。发展林下经济、参与非农就业等为退耕还生态林农户拓宽生计路径、提升可持续生计能力提供了积极思路，为全面实现退耕还林工程的生态优先目标、多路径改善退耕农户生计的经济目标奠定了根本基础。

因此，农户退耕地营林决策是多因素影响下的理性选择。其营林决策科学性将直接影响退耕还林的成本有效性、政策目标协同性、工程成果持续性。《退耕还林条例》（2016 年修订）提出，"退耕还林必须坚持生态优先"，且与农村经济发展、农村产业结构调整、贫困区精准脱贫相结合。退耕还经济林抑或退耕还生态林均应以生态治理为主体逻辑，并协同实现个体生计目标（经济效益）与政府公共目标（生态效益）。各退耕区应引导农户制定科学的营林决策，避免农户过于热衷选择退耕还经济林而引致的退耕区生态产品供给不足与退耕林地经营收益风险等。

4.1.2　材料与方法

4.1.2.1　研究区概况

研究区位于天山山脉中段南麓、塔里木盆地北部，是典型生态脆弱区、退耕还林重点工程区与环塔里木盆地最大的优质果品生产基地。2018 年，研究区特色林果种植面积达 15.12 万公顷，总产量达 222.38 万吨，苹果、梨、杏、红枣、核桃总产量的省区占比分别为 38.95%、26.73%、18.28%、16.34% 与 40.70%；全区特色林果总产值达 150 亿元，农民人均林果收入达 4 992 元，特色林果成为研究区农民增收致富与农业产业结构调整的重要途径。当前，研究区特色林果生产基地的规模扩张任务已基本完成，加快推进林果业供给侧结构性改革、提升特色林果供给质量与效率，成为研究区特色林果业高质量发展的重要任务。2015 年，研究区以新一轮退耕还林工程为机遇，推进环塔里木盆地防风固沙生态工程建设，2015—2018年退耕还林计划任务85.15万亩、已完成69.3万亩，工程总投资13.18亿元，到位资金8.54亿元、补贴资金兑付率72.6%，惠及退耕农户3.87万户，工程区森林覆盖率提升至6.8%。为有效改善生态环境、提升民生福祉，研究区充分尊重退耕农户主体意愿，积极引导退耕农户将红枣、核桃、苹果等经济林作为瘠薄退耕地的主要树种，使特色林果业成为构建现代林业生态体系、促进农户增收致富、振兴乡村经济发展的重要抓手。研究区根据立地条件与环境状况，在风沙地、风沙前缘等生态极度脆弱区鼓励支持退耕农户营造白蜡、沙枣、杨树、梭梭、红柳等生态林，以期提升林业生态产品供给能力，有效提高退耕还林工程质量。为实现退耕还林有效持续发展，研究区积极开展退耕农户的非农就业转移技能培训，以拓宽退耕农户生计路径、提升农户可持续生计能力、巩固退耕还林工程成果。

4.1.2.2 研究方法

退耕农户营林决策主要为"退耕还生态林"与"退耕还经济林"两种情况。应用二元Probit模型进行退耕农户营林决策影响因素分析，其具体形式如下：

$$P = P(Y=1 \mid X) = \Phi(\beta X_i) \qquad (4-1)$$

式中：P表示退耕农户选择退耕还生态林的概率；$Y=1$表示退耕还生态林；$Y=0$表示退耕还经济林；X表示退耕农户营林决策的影响因素；β表示待估系数；Φ表示标准正态分布函数；i表示第i个预测样本。

退耕地营林决策是农户年龄、文化程度、风险偏好等个体特质要素，农户家庭年收入、劳动力数量、非农就业能力等家庭资源要素，退耕规模、退地产权、退耕补助满意度等政策感知要素，生态环境认知要素等共同作用的有限理性行为。退耕农户营林决策各影响因素既独立发挥作用，又相互关联、相互影响。因此，本研究集成DEMATEL与ISM方法明确各因素的关联关系与影响强度，确定退耕农户营林决策影响因素的关键要素与层次结构。在DEMATEL分析中，通过访谈法与德尔菲法量化退耕农户营林决策影响因素之间的相互关系，得到直接影响矩阵；通过归一化处理得到规范直接影响矩阵B，并计算得到退耕农户营林决策影响因素间的综合影响矩阵T；由综合影响矩阵T，计算得到各影响因素的影响度 D、被影响度 R、中心度 f 与原因度 r，识别退耕农户营林决策的关键影响因素；应用 ISM 法确定各影响因素的层次关系，形成退耕农户营林决策影响因素的多级阶梯结构。

4.1.2.3　数据来源

研究数据源于 2019 年退耕农户生产经营行为及生态状况问卷调查。调查区域为研究区新一轮退耕还林实施的重要工程区，调查对象为随机抽取的退耕农户，有效观测样本为 1 132 份。其中，退耕还经济林农户 667 人，退耕还生态林农户 455 人，受访退耕农户平均年龄为 50.33 岁，家庭劳动力数量 2.48 人，家庭年均收入 19 364.59 元，户均退耕面积 8.47 亩。

4.1.3　变量选择与描述性统计

退耕农户年龄、受教育程度、家庭年收入水平、家庭劳动力数量等个体异质性，将促使退耕农户表现出不同的营林决策行为特征。农户风险偏好差异是影响农户营林决策的重要因素。风险追求型农户的经济林经营意愿较高，对生态林的投入意愿与投入强度显著较低。农户非农就业技能、生计风险抵御能力、林业生产经营能力等要素将直接影响农户退耕后可持续生计能力，进而形成农户的退耕营林模式选择差异。农户对退耕补偿标准的满意度、家庭整体退耕规模、退耕地产权安全感知等要素将影响退耕农户的退耕收益预期与林业稳定投资激励，进而形成稳收益、低成本、弱风险的退耕地营林决策。区域生态环境状况、农户生态环境关注度等要素影响退耕农户的生态认知水平与亲环境行为，形成经济理性与生态理性综合作用下的退耕地营林决策。如表 4-1 所示，差异性检验结果：退耕还经济林农户与退耕还生态林农户在家庭劳动力数量、非农就业技能、生计风险抵御能力、产权安全感知、退耕补偿满意度、生态环境关注度、风险偏好等因素上存在显著差异。

表4-1 变量定义

变量	变量描述	经济林（N=677）		生态林（N=455）		差异性检验
		均值	标准差	均值	标准差	
户主年龄	实际调查数据（岁）	50.314 6	7.341 2	50.358 2	7.225 5	—
户主文化程度	1=没上过学，2=小学，3=初中，4=高中/中专，5=大专及以上	2.583 5	0.867 3	2.569 2	0.919 2	—
家庭劳动力数量	实际调查数据（人）	2.546 5	1.109 3	2.375 8	1.050 2	***
家庭年收入	家庭年收入取自然对数	9.798 2	0.443 0	9.776 9	0.446 9	—
退耕规模	实际调查数据（亩）	8.340 4	8.138 3	8.661 9	9.045 8	—
非农就业技能	1=非常弱，2=比较弱，3=一般，4=比较好，5=非常好	2.627 8	0.725 9	2.782 4	0.672 7	***
生计风险抵御能力	1=非常弱，2=比较弱，3=一般，4=比较好，5=非常好	2.484 5	1.474 2	2.789 0	1.444 8	***
林业生产经营能力	1=非常弱，2=比较弱，3=一般，4=比较好，5=非常好	2.155 1	0.870 9	2.109 9	0.898 5	—
产权安全感知	0=不安全，1=安全	0.491 9	0.500 3	0.611 0	0.488 1	***
退耕补偿满意度	0=不满意，1=满意	0.070 9	0.256 8	0.105 5	0.307 5	**
区域生态环境状况	1=非常脆弱，2=比较脆弱，3=一般，4=比较好，5=非常好	1.796 2	0.521 5	1.811 0	0.526 3	—
生态环境关注度	0=不关注，1=关注	0.542 1	0.498 6	0.644 0	0.479 4	***
风险偏好	1=低，2=中，3=高	1.920 2	0.647 8	1.846 2	0.624 8	*

注：*、**、***分别表示变量在10%、5%、1%水平显著。

4.1.4 结果与讨论

4.1.4.1 影响因素分析

经检验，各解释变量方差膨胀因子VIF^T=[1.02，1.32，1.03，1.04，1.03，1.04，1.04，1.07，1.07，1.05，1.26，1.01，1.02]^T，表明各解释变量间不存在严重的多重共线性。模型Ⅰ中LR χ^2（13）=58.03，Prob>χ^2为0.000 0，Log Likelihood = −733.716 8；模型Ⅱ LR χ^2（7）=55.33，Prob>χ^2为0.000 0，Log Likelihood = −735.065 1，模型拟合情况良好。从Probit模型回归结果来看，模型Ⅰ与模型Ⅱ中解释变量的显著性与系数方向无系统性变化，仅呈现为解释变

量的显著性程度与回归系数大小的差异。如表4-2所示，家庭劳动力数量、非农就业技能、生计风险抵御能力、产权安全感知、退耕补偿满意度、生态环境关注度、风险偏好等因素对退耕农户营林决策具有多元化的显著影响。

表4-2　Probit模型拟合结果

变量	模型Ⅰ			模型Ⅱ		
	系数	标准差	边际效应	系数	标准差	边际效应
户主年龄	−0.001 1	0.005 3	−0.000 4			
户主文化程度	0.000 7	0.049 6	0.000 3			
家庭劳动力数量	−0.069 5*	0.035 7	−0.025 8	−0.067 8*	0.035 6	−0.025 2
家庭年收入	−0.070 8	0.087 7	−0.026 2			
退耕规模	0.001 1	0.004 6	0.000 4			
非农就业技能	0.168 0***	0.055 6	0.062 3	0.164 0***	0.055 4	0.060 9
生计风险抵御能力	0.080 3***	0.026 6	0.029 8	0.079 2***	0.026 5	0.029 4
林业生产经营能力	−0.019 4	0.045 0	−0.007 2			
产权安全感知	0.212 2***	0.079 4	0.078 7	0.210 6**	0.078 8	0.078 3
退耕补偿满意度	0.284 5**	0.139 7	0.105 5	0.265 8*	0.136 5	0.098 8
区域生态环境状况	0.096 9	0.082 1	0.036 0			
生态环境关注度	0.240 2***	0.078 5	0.089 1	0.241 1***	0.078 2	0.089 6
风险偏好	−0.117 0*	0.060 8	−0.043 4	−0.114 0*	0.060 4	−0.042 4

注：*、**、***分别表示变量在10%、5%、1%水平显著。

4.1.4.2　关键要素识别

根据DEMATEL方法的基本框架，构建了由家庭劳动力数量（S_1）、非农就业技能（S_2）、生计风险抵御能力（S_3）、产权安全感知（S_4）、退耕补偿满意度（S_5）、生态环境关注度（S_6）、风险偏好（S_7）等显著性影响因素与退耕农户营林决策（S_0）组成的直接影响矩阵与综合影响矩阵，并确定各要素的综合影响关系（见表4-3）。中心度表示要素影响度与被影响度之和，用于解析要素的重要程度。从中心度来看，退耕农户营林决策影响因素的重要程度：退耕补偿满意度>产权安全感知>非农就业技能，风险偏好>生计风险抵御能力>生态环境关注度>家庭劳动力数量。从原因度来看，产权安全感知与退耕补偿满意度的原因度为负值，受其他因素影响较大，为典型的结果要素；非农就业技能、生态环境关注度、家庭劳动力数量、生计风险抵御能力与风险偏好的原因度为正值，对其他因素影响较大，为典型的原因要素。

表4-3　退耕农户营林决策影响因素的DEMATEL分析（综合影响关系表）

影响因素	D 影响度	R 被影响度	f 中心度（D+R）	r 原因度（D-R）
S_0：营林决策	0.200 0	3.016 8	3.216 8	−2.816 8
S_1：家庭劳动力数量	1.273 7	0.200 0	1.473 7	1.073 7
S_2：非农就业技能	2.183 2	0.200 0	2.383 2	1.983 2
S_3：生计风险抵御能力	1.273 7	0.680 0	1.953 7	0.593 7
S_4：产权安全感知	0.894 7	2.347 4	3.242 1	−1.452 7
S_5：退耕补偿满意度	1.273 7	2.347 4	3.621 1	−1.073 7
S_6：生态环境关注度	1.728 4	0.200 0	1.928 4	1.528 4
S_7：风险偏好	1.273 7	1.109 5	2.383 2	0.164 2

退耕补偿是激发农户退耕参与意愿的关键要素，也对退耕农户营林决策具有显著影响。当前退耕补偿标准没有充分考虑参与农户的机会成本与损益状况的动态性与不确定性，新一轮退耕补偿标准更是不再区分还生态林与还经济林、南方地区与北方地区的差异，这将不可避免地影响退耕农户的参与意愿与响应行为。调研结果表明，仅有8.48%的退耕农户对新一轮退耕补偿标准表示满意。当退耕农户对退耕补偿标准不太满意度时，更倾向于营造能够短期获益的经济林，以期消弭参与退耕的收入损益、增强营林决策的成本有效性。因此，退耕补偿满意度对农户退耕还生态林决策具有显著正向影响，科学高效的退耕补偿标准将减少退耕农户的生计风险感知、提升农户退耕还生态林的选择概率。

产权安全性是影响农户林地生产经营投入、促进林地资源可持续利用的重要因素，低产权安全性可能诱发农户的掠夺式经营行为，使得退耕农户更期望通过退耕还经济林获得可能的林业经营短期收益。签订新一轮退耕还林工程合同、依法确权颁证是提升农户的退耕地产权安全感知的根本路径，为激发农户的退耕地长远投资意愿、提升农户的退耕地投入规模奠定了制度保障。退耕还生态林需要长期稳定的劳动力和资金投入，且生态林经营收入又具长周期性与高风险性；高产权安全性有助于促进农户制定退耕还生态林决策，并倾向于确保生态林有效管护与林地经营投入规模。

非农就业技能是退耕农户拓宽生计路径、维持退耕后可持续生计的重要因素。比起经济林，退耕还生态林的劳动力需求、管护压力与资金投入的整体约束较低；且由于森林分类管理制度的硬性约束，生态林的农户投入意愿与投入强度显著较低。因此，考虑到非农就业的投资报酬比较优势与生态林经营的低约束性，退耕农户非农就业能力越强，其越倾向于制定退耕还生态林决策，以期将家庭富余劳动力配置到非农就业中。值得注意的是，退耕农户从事非农就业将影响林农营林中的资源要素配置决策，可能使得营林劳动力短缺与营林直接投资降低，出现退耕还生态林经营管护不力、林地生态产品供给能力低下等消极局面。

风险偏好将引发社会个体的系统性认知偏差，使退耕农户的营林策略与投资决策偏离最优行为假定。生态林经营个体与经济林经营个体的风险偏好存在显著差异，且经济林经营个体的风险偏好程度显著高于生态林经济个体。退耕还经济林虽然具有短期获益的比较优势，但小规模农户的退耕还经济林经营还将面临自然风险、市场风险、金融风险、社会风险与技术风险等，使得经济林运营收益具有显著的不确定性与不稳定性。因此，对处于多维风险环境中的退耕农户而言，高风险偏好农户将综合考虑退耕还经济林与还生态林的可能性收益，在主观上更愿意制定退耕还经济林决策，以获得与高风险对应的高收益。

农户生产生活始终被置于疾病、养老、教育、就业、自然与市场等风险环境中，使得生计脆弱性与风险敏感性成为传统农户的普遍特征。生计风险抵御能力较高的退耕农户具有较强的生计韧性或试错资本，更能抵御退耕后的生计资本风险、生计活动风险与生计结果风险，更能适应退耕还生态林的持续投资与经营压力。随着农户生态伦理意识的觉醒，农户的生态环境关注度逐渐增强、参与生态文明建设的行动自觉不断提升，生态经济理性成为农户参与退耕还林、制定营林决策的现实逻辑。因此，农户的生态利益自觉越高，其越倾向于制定退耕还生态林决策，以提升退耕地生态产品供给规模与供给质量。家庭劳动力数量是反映农户劳动力充足度的重要指标。家庭劳动力数量越多，退耕农户特别是非农就业能力不足的农户更可能选择耕还经济林，将劳动力要素配置到特色林果等经济林生产中，以寻求特色林果生产的短期比较收益。当然，不可否认部分家庭劳动力不足的农户选择退耕还生态林，以摆脱劳动力不足的困境甚至追求闲暇时间。

4.1.4.3　关键要素的结构层次

为更好地认知退耕补偿满意度、产权安全感知、非农就业技能等关键要素的作用机制，集成 ISM 分析方法解析了退耕农户营林决策影响要素的结构层次（见表 4-4）。

表 4-4　退耕农户营林决策影响要素的 ISM 分析

层次	要素	变量
–	S_0	S_0：营林决策
第一层级：表象层	S_4、S_5、S_7	S_4：产权安全感知；S_5：退耕补偿满意度；S_7：风险偏好
第二层级：中间层	S_1、S_3	S_1：家庭劳动力数量；S_3：生计风险抵御能力
第三层级：根源层	S_2、S_6	S_2：非农就业能力；S_6：生态环境关注度

通过 ISM 方法分析，退耕农户营林决策的影响要素形成了独立作用与相互关联的多维层次结构。其体系结构可分为 3 个层次。其中，第一层级为表象层，包括退耕补偿满意度、产权安全感知与风险偏好 3 个要素，是退耕农户营林决策的直接影响因素；第二层级为中间层，包括生计风险抵御能力与家庭劳动力数量 2 个要素，是影响退耕农户营林决策的中间间接因素；第三层次为根源层，包括非农就业能力与生态环境关注度 2 个要素，是影响退耕农户营林决策的深层根源因素且不受其他要素影响。

DEMATEL 与 ISM 集成结果表明，退耕补偿满意度与产权安全感知要素发挥的作用最大，构成了退耕农户营林决策影响因素的结果子系统；非农就业技能与生态环境关注度是退耕农户营林决策影响因素原因子系统的构成要素，是退耕农户营林决策制定的深层次影响因素。退耕还林是长期性禁止而非暂时性停止耕种行为的生态工程。在尊重农户意愿、坚持因地制宜、推进生态优先的基本原则下，完善农户退耕补偿标准、优化退耕地产权制度、增强农户非农就业能力、提高农户生态环境关注力度等，有助于避免退耕农户盲目地选择退耕还经济林而追求短期的、高风险的经营收益，促进退耕农户制定科学适宜的退耕地营林决策。

4.1.4.4　讨论

新一轮退耕还林政策制定统一补偿标准、充分尊重农户意愿、坚持因地制宜适地适树，以期全面兼顾生态环境修复、农户生计优化、农村产业结构调整等多元目标。特色林果等经济林具有短期持续获益的比较优势，加之退耕补偿新标准的周期短、额度低等约束，退耕还经济林成为退耕农户的普遍选择。由于经营技术不足、产业化发展滞后、市场信息不畅、整体规划不合理等，盲目地退耕还经济林使退耕农户不可避免地陷入经济林产品加工等级低、综合防控能力弱、品种结构高度趋同、销售市场空间小的风险桎梏，致使退耕还经济林收益低于预期。不可否认，退耕还经济林能够产生高于农田的生态效益，但退耕还经济林的主导格局将危及新一轮退耕还林工程的生态优先目标。同时，退耕还经济林生产的传统经营模式、耕作制度与农资施用方式可能引发新的生态问题，也将降低经济林生态系统的生态安全水平。因此，退耕区应在充分尊重农户意愿的前提下，根据地理区位条件、生态环境状况、林业工程建设布局等外部条件，加强政策设计与规划引导，引导退耕农户制定最科学、最合理、最有效的退耕地营林决策，以实现生态优先与保障生计的理想目标。

尽管新一轮退耕还林政策赋予农户充分的自主权，但受教育程度偏低、市场发展思维不足、家庭资源禀赋约束、风险抵御能力弱化等使得退耕农户营林决策表现为具有显著偏好异质性的有限理性行为。退耕农户营林决策是多因素共同影响的复杂决策过程。结果表明：具有较高退耕补偿满意度与退耕地产权安全感知水平的、具有较强非农就业能力与生计风险抵御能力的、区域生态环境状况关注度比较高的、家庭劳动力数量较少与风险偏好水平较低的退耕农户更倾向于制定退耕还生态林决策；反之，更倾向于选择退耕还经济林。退耕补偿满意度、退耕地产权安全、农户风险偏好等要素对退耕农户营林决策的具有显著的、直接的、关键性的影响，也得出了与当前研究成果的一致性结论。但更值得关注的是，非农就业技能与生态环境关注度对退耕农户营林决策的深层次影响。退耕农户非农就业能力越强，则越期望通过退耕还生态林以最大限度地实现家庭劳动力迁移，谋求非农就业的比较收益；当退耕农户具有长期稳定的非农收入预期时，其非农就业迁移可能引发的退耕地管护投资不足与管护不力问题可通过林地流转、合作经营等方式得到缓解或消除，以切实保障退耕还林的生态优先目标。研究结果表明：区域生态环境的脆弱程度并不显著影响其退耕还生态林决策制定，退耕农户生态环境关注度等生态意识的习得与觉醒才具有显著促发作用；在同等条件下，退耕农户"亲环境"动机越强，其越能意识到生态安全与生产生活安全的协同效应，越能认知到生态林经营的生态产品供给比较优势，越倾向于选择退耕还生态林。诚然，经济理性仍是退耕农户营林决策制定的本能逻辑，且经济理性可能对其生态理性产生挤出效应，但生态环境关注度等生态理性逻辑为引导退耕农户制定科学营林决策提供了积极思路。

为实现"经济优先权"换取"生态优先权"的理想政策目标，新一轮退耕还林工程应加快完善退耕补偿标准与退耕地产权制度，引导制定科学的退耕地营林决策而非盲目地选择"经济占优"的退耕还经济林。特色林果等经济林产品价格持续低迷、林果业供给侧结构性改革尚未取得预期成效、经济林生产经营风险偏高与技术需求刚性突出等限制，使得退耕还经济林的益贫性并不稳定。重视农户非农就业能力培训与农户生态理性觉醒，引导农户选择退耕还生态林从事非农就业有助于摆脱退耕农户对林地的生计依赖，真正凸显生态优先、改善生计的政策属性，真正形成还生态林与经济林相互协调的退耕地营林生产格局。为提升农户退耕营林决策的科学性与适宜性，重塑新一轮退耕还林工程的生态治理主体逻辑和改善农户生计的价值取向，笔者认为：第一，应优化政策设计、强化规划引导，激励退耕农户制定最优营林决策，宜生态林则还生态林、宜经济林则还经济林，避免以经济林为绝对主导的退耕地营林决策引致的生态优先目标偏离或经济收益风险；第二，应探索提高退耕补助金额、延长退耕补偿周期、加快落实退耕地确权颁证，以有效增强农户退耕还生态林意愿、提升农户退耕地产权安全感知水平，为农户选择退耕还生态林提供制度保障；第三，应加大生态环境保护宣传力度，促进农户生态意识习得与生态动机觉醒，引导农户克服绝对经济理性的内在观念，增强退耕还生态林决策的主动性，并通过非农技能培训提升退耕还生态林农户的非农就业比较优势，提升其可持续生计能力。

4.2　退耕农户的小规模林业合作经营

4.2.1　理论分析

新一轮退耕还林工程坚持尊重农民理性退耕、因地制宜科学退耕、依靠技术有序退耕、多方论证引导退耕、持续监管高效退耕，并不再限定经济林与生态林比例，以充分释放生态脆弱区林业发展潜能、全面提升区域生态安全水平、有效增强瘠薄土地产出能力、积极拓宽农户增收渠道、适度优化农村发展布局。退耕还林工程催生了大量分散化、以家庭为基本经营单位的小规模林业，各退耕区呈现出单户分散经营、合作统一经营、林业托管经营与其他适度规模经营等小规模的林业经营形式；退耕还林工程景观管理一体化与林业经营破碎化矛盾、林业发展产业化与退耕农户分散化矛盾、林业市场规模化与退耕主体微小化矛盾，将促发以小规模退耕农户为主体的林业合作经营组织，推动退耕区林业新型经营主体的持续创新。林业合作经营是否符合农户内在期望与收益预期、是否有助于退耕还林工程的有效实施与持续运行；退耕区林业合作经营是否具有多元发展优势与积极培育机会，能否弥补关键发展劣势、应对外部环境威胁，如何筛选小规模林业合作经营的适宜性策略。这是完善退耕区小规模林业利益链接格局、优化小规模林业合作运营机制、规范小规模林业生产运营模式、制定退耕还林工程指引方案的重要基础。

小规模林业经营为农户创造了新收入来源，为生态产品供给拓展了新渠道，为农村多元化发展、林业可持续管理奠定了新基础，为碳汇林发展提供了新机遇。由大规模、产业化林业转向关注小规模、多产品、分散化林业成为发展中国家的普遍趋向。直接收入补偿或其他公共支持在一定程度上稳固了小规模林业的发展地位、推动了经营目标的显著多样性，但其发展水平、盈利能力与发展活力依然较低；兼业化与利用率低下致使小规模林业经营的产、供、销成本增加，但并不否定小规模林业的经营效率。

通过对瑞典、日本、德国林业经营管理与林业合作化的探究，小规模林业应构建横向联合、纵向深入发展的合作组织，以拓展经营规模、优化经营水平、缓解经营风险、分摊经营成本。从当前来看，我国小规模林业合作组织的整体规模较小、业务领域有限、服务职能弱化、产业优势不足，往往难以满足小规模林农的内在意愿、服务需求与收益预期；部分学者认为林业经营的技术需求刚性小，小规模林业分散符合林农意愿，合作化与规模化经营并不是现阶段的主要目标。

退耕还林工程是系统的生态修复与重建工程、精准的农户扶贫与脱贫计划、积极的农村经济结构调整举措，用于促发剩余劳动力从事非农就业、满足生态供给与生存服务的发展需求，优化农户土地收益预期。学者们普遍关注农户退耕参与意愿、退耕保持意愿、工程与区域经济发展、退耕区剩余劳动力转移、退耕农户收入影响机制、退耕生态补偿、退耕区后续产业发展、工程综合效益监测等问题。退耕还林工程的政策延续、有序运行与成果维持取决于农户的有效持续参与。在自主退耕的新背景下，符合条件的退耕地块面积普遍较小、地块分布破碎化、涉及区域分散化、参与农户规模化，小规模林业经营成为退耕还林工程区林业生产发展的新形态。应加大政府的系统规划与规范引导力度，充分发挥市场机制的调节作用，培育家庭林场与专业合作社等新型林业经营主体，发展适度规模经济，以增强工程成本有效性、提升林业经营绩效、优化退耕林地生产经营方式、破解退耕林地分散化与破碎化的现实难题。

4.2.2 分析方法

退耕区小规模林业的经营形式选择与经营主体培育是涉及农户特质、林地经营传统、林业资源禀赋、政策引导示范、林业技术推广、区域经济状况、林地流转市场等因素的复杂问题。SWOT分析是通过对优势、劣势、机会、威胁内外部环境的全面描述与系统评价，形成适宜性发展战略与经营决策的研究方法；但SWOT方法忽视了因素的相对重要性与彼此连接性，使得分析结论缺乏现实操作性与精准性。网络层次分析（ANP）对分析具有内部相关、纵向递进与横向耦合特征的多因素决策问题具有较大优势，是对AHP方法的改进；SWOT-ANP技术实现了SWOT分析的定量化，同时兼顾了复杂决策问题的多维网络关联，被应用于生物能源发展、钢铁行业发展战略、环境管理决策研究，也成为小规模林业合作经营的适宜分析工具。

如图4-1所示，考虑到SWOT分析因素的真实相关性，研究建立退耕区小规模林业合作经营的SWOT-ANP分析框架，全面描述小规模林业合作经营的优势、劣势、机会与威胁，系统阐释SWOT因素及其内部要素的可能多维关联；基于1～9级评分法对相关性要素进行两两比较，应用Super Decision工具评估所有分析要素的局部优势度与全局优势度，显现退耕区小规模林业合作经营的可行性。当小规模林业合作经营是现实可行时，根据优势要素提出可供选择的SO策略、ST策略、WO策略与WT策略，并对其进行优势度评估与重要性排序。为确保小规模林业合作经营的SWOT分析的真实性与客观性，分别建立农林经济管理专家等研究人员、农林系统从业者等管理人员的SWOT-ANP分析框架，通过对比分析与综合考量，最终确定当前退耕区小规模林业合作经营的适宜策略。

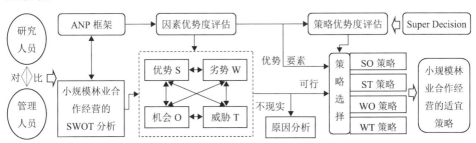

图4-1　小规模林业合作经营的分析框架

4.2.3　变量选择与描述性统计

委托退耕区政策法规处、农村林业改革发展处与退耕还林领导小组办公室等具有政策认知优势与实践管理经验的12名管理人员，以及高校与科研院所从事林业经济理论与政策等研究的具有系统理论结构与学术探索能力的12名研究人员组成分析专家小组。管理人员小组与研究人员小组分别描述退耕区小规模林业合作经营的SWOT因素并进行初次排序，确定SWOT分析核心要素以形成数据采集框架（见表4-5），为小规模林业合作经营SWOT-ANP分析提供数据信息。

表4-5　小规模林业合作经营SWOT-ANP分析的数据框架

优势S		劣势W	
S1	退耕农户的内在合作期望	W1	林业合作经营绩效的不稳定性
S2	退耕还林工程的优先区地位	W2	民族地区乡村治理结构松散
S3	林业发展规模化水平高	W3	农户退耕的显著目标差异
机会O		威胁T	
O1	新型农业生产经营主体的培育示范	T1	林业合作经营的政策法律与现实需求脱节
O2	林业合作经营的政府政策扶持与规范引导	T2	林业生产技术推广与技术服务弱化
O3	集体林权制度改革的持续深化	T3	退耕补偿结束后的复耕风险

　　退耕区小规模林业合作经营的优势、劣势、机会与威胁因素及其要素群相互影响、相互制约、相互促进、内外依赖，共同构成了小规模林业合作经营复杂的内外部环境。退耕区小规模林业合作经营具有多元的优势与机会，林地破碎化、规模效率与技术效率损失等催生了退耕农户的合作期望、区域经济林果业的规模化发展与内涵式增长、林业重要生态工程等生态屏障构建，生态脆弱区的退耕还林工程优先区地位与复合价值效用为小规模林业合作经营奠定了形成动力、发展基础与规模条件（石春娜、姚顺波，2016）；中央政府、林业系统与各级地方政府对培育农民林业专业合作社的促进、扶持、约束与规范机制，格润林果种植专业合作社等国家级、自治区级林业专业合作社，家庭合作林场等新型生产经营主体的建设示范，集体林权制度改革的持续深化等为小规模林业合作经营提供了政策支持、主体示范与制度环境。但林业合作经营并不意味着绝对的规模效率与良性的经营绩效，各地区较为薄弱的乡村治理结构、较为松散的组织模式，农户退耕动机、退耕期望与退耕行为的差异等，可

能抑制小规模林业的合作经营模式培育。当前，林业合作经营的制度设计较为滞后，退耕区林业生产技术推广效率低、林业技术服务覆盖面窄，加之补偿期结束后退耕农户的复耕风险，使得退耕区小规模林业合作经营受多层次风险影响。

将专家小组对所有关联性要素的数据对比分析信息录入Super Decision软件，输出小规模林业合作经营分析要素的局部优势度与全局优势度并进行排序（见表4-6），以确定SWOT因素的优势度与要素群的关键要素，为退耕区小规模林业合作经营策略制定提供事实依据。

表4-6　小规模林业合作经营SWOT-ANP分析的要素群优势度

	局部优势度		全局优势度			
	管理人员	研究人员	管理人员	排序	研究人员	排序
优势S			0.174 2		0.452 0	
S1	0.556 4	0.375 3	0.096 9	5	0.169 6*	2
S2	0.134 7	0.444 0	0.023 5	11	0.200 7*	1
S3	0.308 9	0.180 8	0.053 8	8	0.081 7	5
劣势W			0.290 9		0.120 5	
W1	0.150 6	0.277 8	0.043 8	9	0.033 5	10
W2	0.513 0	0.571 0	0.149 2*	2	0.068 8*	6
W3	0.336 4	0.151 2	0.097 9	4	0.018 2	12
机会O			0.405 3		0.117 3	
O1	0.508 6	0.218 8	0.206 1*	1	0.025 7	11
O2	0.133 9	0.350 7	0.054 3	7	0.041 1	9
O3	0.357 5	0.430 6	0.144 9*	3	0.050 5	8
威胁T			0.129 6		0.310 1	
T1	0.282 0	0.461 6	0.036 6	10	0.143 1*	3
T2	0.116 9	0.166 2	0.015 2	12	0.051 5	7
T3	0.601 1	0.372 2	0.077 9*	6	0.115 4*	4

注：所有判断矩阵随机一致性比例CR均小于0.1，判断矩阵通过一致性检验；*表示小规模林业合作经营SWOT-ANP分析中的优势要素。

如表4-6所示，研究人员与管理人员小组均认可退耕区小规模林业合作经营的必要性与必然性，认为小规模林业合作经营的积极因素（优势与机会）大于其限制因素（劣势与威胁），应加快推进退耕区小规模林业合作经营。管理人员小组认为小规模林业合作经营的积极因素达0.579 5，大于其消极因素0.420 5；研究人员小组认为小规模林业合作经营的积极因素达0.569 3，大于其消极因素0.430 6。其中，管理人员认为机会O的优势度＞劣势W＞优势S＞威胁T，更倾向于认为新型农业生产经营主体的培育示范O1、民族地区乡村治理结构松散W2、集体林权制度改革的持续深化O3等是小规模林业合作经营研究的核心要素。研究人员认为优势S的优势度＞威胁T＞劣势W＞机会O，更倾向于认为退耕农户的内在合作期望S1、退耕还林工程的优先区地位S2、林业合作经营的政策法律与现实需求脱节T1、退耕补偿结束后的复耕风险T3等是退耕区小规模林业合作经营的关键限制要素。

4.2.4　结果与讨论

4.2.4.1　结果分析

在管理人员与研究人员小组均肯定退耕区小规模林业合作经营的实践价值时，如何确定适宜的运行策略，成为退耕区小规模林业合作经营研究的关注重点。应用各变量全局优势度的平均值，计算得出总优势、总劣势、总机会和总威胁，构成坐标系，并确定战略四边形的中心坐标（徐洁、平瑛、王鹏，2015），初步确定退耕区小规模林业合作经营的适宜策略。管理人员的战略四边形的坐标为：$S^{\#}(0, 0.058\,1)$、$W^{\#}(0, -0.097\,0)$、$O^{\#}(0.135\,1, 0)$、$T^{\#}(-0.043\,2, 0)$，中心坐标为$A^{\#}(0.023\,0, -0.009\,7)$，$A$点位于第二象限，主要倾向于选择WO策略；研究人员战略四边形的坐标为：$S^{*}(0, 0.150\,7)$、$W^{*}(0, -0.040\,2)$、$O^{*}(0.039\,1, 0)$、$T^{*}(-0.103\,4, 0)$，中心坐标为$B^{*}(-0.016\,1, 0.027\,6)$，$B$点位于第四象限，主要倾向于选择ST策略，如图4-2所示。

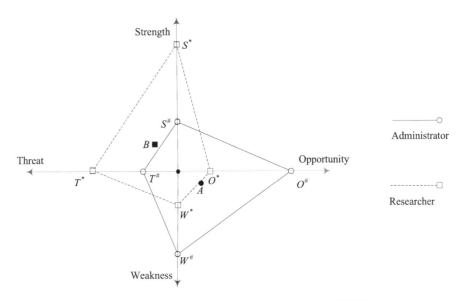

图4-2 退耕区小规模林业合作经营的SWOT要素优势度

（1）管理人员小组的WO策略选择。管理人员肯定了退耕区小规模林业合作经营的实践价值，并倾向于选择WO策略。其认为应加快推进退耕区乡村社会治理机制转变，以农民组织建设与基层民主建设为重心，有序嵌入专业合作社组织，形成多主体协同与协商性整合的新型治理结构，为退耕区小规模林业合作经营的市场化、组织化与契约化奠定组织基础。同时，在国家林业和草原局推进新型林业经营体系建设，培育林业示范合作组织的重要机遇下，通过扶持政策的引导促进，理顺林业合作经营的管理体制、推动林业合作组织的模式创新、拓展林业合作经营组织的融资渠道与服务职能，使得林业合作经营成为退耕区小规模林业发展的主要形式。因此，管理人员认为WO策略是退耕区小规模林业合作经营的适宜选择，应着力解决民族地区乡村治理结构松散问题，加快新型农业生产经营主体的培育示范，为退耕区小规模林业合作经营奠定组织基础与政策保障。

（2）研究人员小组的ST策略选择。研究人员同样鼓励退耕区小规模林业合作经营，但倾向于选择ST策略。其认为生态脆弱区是新一轮退耕还林工程的重要工程区，必将产生大量破碎化的小规模退耕林地；农户是退耕还林工程的具体执行者，应基于退耕农户的内在合作期望，由农户能动选择、自由参与、合理培育、有序创新林业合作经营组织，使合作经营成为退耕农户的适宜性决策而非被动性选择，以强化小规模林业合作经营的自主性、合作性与参与性。同时，加快制定符合林业经营特征的、专门服务于林业合作组织的相关法律，提升林业合作经营相关法律的操作性与实践性；并通过激活林业合作经营体制、提升林业合作经营收益、培育后续产业等来消除可能出现的复耕风险，使得合作经营成为退耕还林工程的重要运行模式，成为退耕还林工程有序、有效运行的重要保障。因此，研究人员认为应充分发挥退耕还林的优先区地位、全面尊重并激发退耕农户的内在合作期望，完善林业合作经营的法律、规避退耕补偿结束后的复耕风险，巩固退耕地小规模林业的合作经营基础。

4.2.4.2　结果讨论

（1）关于退耕区小规模林业合作经营的可行性。退耕区小规模林业合作经营在提升林地经营效率与产出效能、增强林业弱势产业竞争优势、实现林业经济产品与生态产品供给中具有显著优势，是解决退耕林地分散化、破碎化、小规模化问题的重要选择，这在管理人员与研究人员对小规模林业合作经营的积极因素与限制因素的评价中得以验证。从退耕农户来看，合作经营有助于解决退耕地小规模林业生产的投资收益、技术服务、市场谈判、兼业需要等多元化需求，且能够获取更多政府优惠扶持，小规模林业合作经营符合其内在期望，有助于提升其退耕还林收益。从政府来看，培育股份合作林场、林业专业协会或林业专业合作社等林业合作经营组织有助于推动农户多元增收与林业生态服务的协同供给，有助于实现退耕还林工程运行的有序性、有效性与持续性，有助于增强林业生态扶贫的贡献能力等。因此，退耕农户的积极预期、各级政府的合理推动、各类农民专业合作组织的示范推广，为退耕区小规模林业合作经营创造了积极条件，使得合作经营成为退耕区小规模林业生产发展的适宜性选择。

（2）关于退耕区小规模林业合作经营的策略。管理人员倾向于选择WO策略的原因：村委会自治性丧失、家族势力干扰、贫困面较大、农村权力腐败问题、乡村治理结构较为松散、少数民族群众对国家政策的认可度不高、农村经济发展活力低下、乡村集体经济薄弱、经济发展理念不足；自我组织能力较弱、文化程度偏低，农民对农业合作经营的形式与作用认识模糊。探索有效社会治理模式，既是社会经济发展的重要命题，也是退耕还林工程、退耕区小规模林业合作经营的重要外部环境。集体林权制度的改革明晰了林地使用权与林木所有权，调动了农民造林、护林、管林的积极性，完善了林业技术推广服务体系。同时，各退耕区应加快完善土地流转，建立专业大户、家庭农场、农民合作社、龙头企业等多元经营主体，推进新型农业生产经营主体的培育示范，初步形成了新型农业经营体系，为退耕区小规模林业的家庭林场、林业专业合作社等合作经营模式探索提供了经验借鉴。

研究人员倾向于选择ST策略的原因：研究人员认为退耕还林工程符合国家生态文明建设的整体部署与区域生态安全的内在需要，其优先区地位使其具有大量分散化、破碎化的退耕林地；在林业合作经营的示范效用下，农户对退耕林地的合作经营具有高度认同与合作期望，即使其并不充分地了解如何进行林地合作经营，这为退耕区小规模林业合作经营奠定了构建基础与群众基础。但由于林业合作经营相关法律缺位、政策缺失、行政干预过大、法律政策实践性较弱等现实问题，小规模林业合作经营缺乏积极的法律约束与政策指引，这是退耕区小规模林业合作经营亟待解决的重要问题。且由于退耕还林工程补偿的短期性，当补偿期结束后，退耕农户的兼业收入、非农就业收入、林业合作经营收益不足时，退耕农户可能选择复耕，进而危及退耕区小规模林业合作经营的稳定性与有序性。研究人员认为应着力解决退耕补偿结束后的复耕风险，避免小规模林业合作经营、退耕还林工程实施中的农户"小农理性"行为。

（3）关于专家小组的决策差异与决策选择。从退耕区小规模林业合作经营的SWOT-ANP分析结果来看，管理人员与研究人员小组的SWOT因素、要素集优势度判定结果存在一定差异，也影响其策略选择。究其原因，以林业系统从业人员为代表的管理人员小组具有较高政策优势与实践经验，其往往立足于国家政策的认可与扶持、基层乡村治理结构的配套与嵌入视角，更关注林业合作经营组织保障与政策支持等可行性与操作性，强调小规模林业合作经营应符合国家当前经济发展、社会稳定、行业培育的根本需要，具有更高的政治性与合规性。以农林经济管理专家为代表的研究人员小组具有较强理论优势与研究经历，其往往立足于退耕农户的内在合作期望、退耕补偿结束后的复耕风险等微观问题，更关注退耕区小规模林业经营的特殊性与持续性。因此，在策略选择中，应全面考虑管理人员与研究人员的视角差异、综合分析两个专家小组的策略应用性，形成退耕区小规模林业合作经营的适宜性策略，以提升经营策略的针对性、系统性与操作性等。

作为重要的退耕还林工程区，生态脆弱区退耕还林工程产生了大量分散化、破碎化、小规模的退耕林地；合作经营是提升经营效率、优化经营成本、增强市场优势的积极选择，应对退耕区小规模林业合作经营的可行性、合作经营策略选择进行分析。为加快退耕区小规模林业合作经营，提升小规模林业合作经营绩效，推动退耕还林工程的有效实施与持续运行，笔者认为：第一，应尊重退耕农户合作意愿，引导培育家庭合作林场、股份合作林场、林业专业合作社等小规模林业合作组织，形成基本涵盖森林管护抚育、林业病虫害防治、营林技术推广、林果生产加工、市场信息服务、产品销售服务、退耕政策咨询等环节的多元化组织职能；第二，应发挥农村精英人才、龙头企业、村两委的引动能力，优化农村治理结构、增强林业合作组织的农村嵌入能力，并积极完善林业合作结构的相关政策与法律法规；第三，应优化退耕还林工程的补偿机制、约束机制、监管机制与扶持机制，规范退耕区特色林果业与生态林业的退耕秩序，消除可能出现的复耕风险，推动退耕区小规模林业合作经营的有序、高效、持续运行。

4.3 退耕农户的退耕还林成果保持

4.3.1 理论分析

退耕还林工程是中国林业生态建设史上政策导向最强、投资规模最大、覆盖区域最广、群众参与度最高的生态补偿项目，旨在通过政府补偿以激励农户调整其瘠薄土地或陡坡耕地的利用方式，基于退耕农户的生态经济联合生产以实现生态脆弱区生态系统修复、生态环境保护、农村产业结构调整、贫困地区脱贫致富、农户生计能力提升等多元目标。自1999年退耕还林工程试点以来，工程资金总投入超5 000亿元、增加林地面积5.02亿亩、工程区森林覆盖率提升了4个多百分点、直接受益农户3 200万户、户均直接受益达9 800余元，退耕还林工程成为推动生态文明建设、改变农村生计方式的有效实践。新一轮退耕还林工程充分尊重农户主体意愿与林业生产规律、坚持政府引导与因地制宜，瞄准改善生态与农户生计双重目标，以全面提升退耕还林工程的生态产品供给能力、全面巩固退耕还林工程成果、全面强化减贫脱贫贡献。为达成"退得下、稳得住、不反弹、能致富"的要求，各退耕区持续推动退耕还林与夯实农业生产基础、培育区域后续产业、解决农户生计、增加农民收入的有机结合；但工程生态效益外显与经济效益内隐矛盾仍未得到根本性缓解，补偿期结束退耕农户因收入来源单一而复耕问题仍未得到根本性解决，巩固退耕还林成果与保障退耕农户长远生计成为新一轮退耕还林工程有效持续运行的关注焦点。农户是退耕还林工程的直接建设者与公共生态产品的主要供给者，其土地配置决策与生计行为将直接影响新一轮退耕还林工程运行的有效性与持续性，其持续参与行为将直接影响新一轮退耕还林工程成果巩固。退耕还林工程在一定程度上释放了农村劳动力，退耕农户可通过外出务工等非农就业以弥补耕地减少的收入损失。稳定的非农就业是促使退耕农户摆脱耕地依赖的关键要素，是消解退耕农户复耕意愿、推动退耕还林工程可持续运行的根本保证。退耕还林工程持续运行与退耕农户土地依赖、农户多元生计存在颇为复杂的关系，非农就业是否有助于降低退耕地复耕发生概率，如何认知退耕农户从事非农就业对增进其退耕成果保持意愿的处理效应。这是新一轮退耕还林工程可持续性运行亟待解决的关键问题，也将为完善新一轮退耕还林工程的配套政策提供决策参考。

新一轮退耕还林工程锚定生态安全、经济发展与农户增收多元目标，瞄准生态脆弱区、集中连片贫困区与生态区位重要区域，在保护生态、增进公平、提升效率、增强可持续性等方面取得积极进展。随着退耕还林工程的深入推进，工程重点已由初期的提升农户参与意愿转向增强农户退耕成果保持意愿、提高工程实施可持续性，进而全面巩固退耕还林工程成果。退耕还林工程可持续性源于农户的参与主动性与政府的推行积极性，政策转接机制与配套保障措施的持续性，农户经济目标与政府生态目标的激励相容、农户投资林业的持续激励，退耕农户货币性与非货币性收益、退耕农户收入结构转换与多元化生计路径拓展。农户是退耕还林工程实施的直接利益主体，退耕补偿结束后农户的退耕成果保持意愿是退耕还林工程持续有效运行的关键所在。农户的退耕成果保持意愿是综合因素制约下的复耕成本与收益的权衡过程，其直接源于退耕农户的未来收入预期、退耕后剩余劳动力转移就业效果、稳定的非农就业与农户的耕地弱依赖性，且退耕农户家庭人口与生计特征、退耕政策及执行情况等也将影响农户退耕成果维护意愿。因此，新一轮退耕还林工程持续运行应着力提升农户的退耕成果保持意愿，诱导退耕农户在实现自身效用最大化的持续退耕过程中实现退耕还林工程多重目标最优化。

巩固退耕还林成果、增强退耕还林可持续性应建立在促进农户非农就业、增加农户收入基础上。尽管退耕还林工程的增收效应存在较大分歧，但并不否认农户参与退耕还林的直接经济效应（退耕补贴）与间接经济效应（劳动再配置收入）。退耕还林将释放部分农村剩余劳动力，促进农户非农就业转移，以弥补退耕农户放弃传统农业生产经营的收入损失；且农业部门与工业部门的要素报酬差异、非农就业机会的不断增加等更是推动了农户退耕后的劳动力转移或生计转型，导致了退耕农户的大规模兼业化与生计策略多元化，进而降低了退耕地复耕发生概率。从当前来看，退耕农户可持续生计面临市场、技术、自然风险等严峻挑战，农户替代生计未能解决，非农就业就成为退耕农户摆脱耕地依赖、降低复耕意愿的重要保证。值得注意的是，非农就业将有效降低退耕农户对农地资源的依赖程度，或可通过非农就业转移收入而增加林业投资，促进退耕地可持续经营。同时，非农就业的劳动力"转移效应"可能减少退耕农户的营林生产投入，具有比较优势的非农收入也可能阻碍退耕农户的林地管护行为，进而影响到农户的退耕成果维持意愿。因此，非农就业对退耕农户的综合效应具有较大的不确定性，本研究立足于阐明非农就业与农户退耕成果保持意愿的关系，为增强新一轮退耕还林工程可持续性及其后续政策设计提供信息依据。

4.3.2　材料与方法

4.3.2.1　研究区概况

研究区位于天山山脉中段南麓、塔里木盆地北部，是国家优质商品棉生产基地与优质特色林果生产基地，全区总面积13.13万平方公里，辖7县2市、85个乡镇，总人口251万人，乡村人口占65.7%。全区受沙尘影响天气73天，平均气温10.7℃，年平均降水量92.2 mm，年蒸发量1 200～1 500 mm，是典型生态脆弱区与荒漠干旱区。截至2018年底，全区拥有国家级湿地公园2个、自然保护区9个、保护区面积占比12.64%，森林面积1 737.2万亩、森林覆盖率8.8%。为提升生态安全水平，研究区始终将林业生态建设作为生态文明建设、生态环境修复与生态环境保护的重要举措，全面推进退耕还林工程、百万亩生态绿化工程等重要生态工程。第一轮退耕还林工程（2000—2014年）累计投入资金8.61亿元，完成退耕还林造林面积145.37万亩（退耕地造林39.5万亩、荒山荒地造林87.47万亩、封沙育林18.4万亩），工程覆盖全区81个乡镇、1 212个村、退耕农民80 082户、户均受益达9 000余元。2015年，研究区启动新一轮退耕还林以推进环塔里木盆地防风固沙生态工程建设，2015—2018年退耕还林计划任务85.15万亩、已完成69.3万亩，工程总投资13.18亿元，到位资金8.54亿元、补贴资金兑付率72.6%，惠及退耕农户3.87万户，工程区森林覆盖率提升至6.8%、平原绿化覆盖率达到26.2%，退耕还林工程成为改善区域生态水平、提升农户生计能力的重要实践。为巩固退耕还林工程成果，研究区根据《巩固退耕还林成果专项规划》，对退耕农户开展就业创业转移技能培训（每人补助150元），促进退耕农户向第二、第三产业转移，实现劳动力转移就业10万人次，人均增收1 200余元，非农就业成为退耕农户重要的生计行为，成为巩固退耕还林成果的关键举措，成为推动退耕还林工程持续有效运行的重要途径。

4.3.2.2　数据来源

研究数据源于2019年退耕农户生产经营行为及生态状况问卷调查。调查区域为研究区新一轮退耕还林实施的重要工程区，涉及阿克苏市、温宿县、乌什县、新和县与沙雅县，2015—2018年退耕地造林任务安排分别为19.0万亩、19.75万亩、15.0万亩、7.8万亩与7.4万亩。调查对象为新一轮退耕还林工程的退耕农户，经问卷整理与数据筛选，共获取有效问卷1 132份。受访退耕农户平均年龄50.33岁，家庭劳动力数量2.478人，家庭年收入19 364.59元，户均退耕面积8.470亩。

4.3.2.3　研究方法

退耕农户具有显著的个体异质性，农户的退耕成果保持意愿并非随机产生，而是根据个体特征、家庭资源禀赋等选择的结果，不同农户选择维持退耕成果的概率存在差异。因此，简单地采用最小二乘法估计非农就业对农户退耕成果保持意愿的影响，忽视了普遍存在的农户个体异质性与自选择效应的内生性问题，引致了估计结果的统计性偏误。倾向得分匹配法是通过构建"反事实"框架以纠正处理效应估计偏差的一种重要工具，其思路是基于处理组与控制组在尽可能相似的条件下比较估计结果的差异。本研究应用倾向得分匹配法分析退耕农户非农就业对其退耕成果保持意愿的影响，以退耕农户是否从事非农就业作结果变量，尽可能选择影响结果变量与处理变量的相关协变量以满足可忽略性假设，利用Logit模型估计倾向得分值，如式（4–2）所示。

$$p\,(Z_i) = \mathrm{Prob}\,(\,C_i = 1 \mid Z_i\,) \tag{4–2}$$

式中：退耕农户是否从事非农就业用虚拟变量C_i定义，$C_i=1$为处理组，$C_i=0$

为控制组；$P(Z_i)$ 表示既定特征条件下农户选择从事非农就业的条件概率，即倾向得分值。

根据倾向得分值从控制组中筛选特征条件相同或尽可能相似的样本与处理组进行匹配，再将控制组与处理组进行对比估计样本平均处理效应，如式（4-3）。

$$\mathrm{ATT} = E\{Y_{1i} - Y_{0i} \mid C_i = 1\} = E\{E[Y_{1i} - Y_{0i} \mid C_i = 1, p(Z_i)]\} =$$

$$E\{E[Y_{1i} \mid C_i = 1, p(Z_i)] - E[Y_{0i} \mid C_i = 0, p(Z_i)] \mid C_i = 1\} \quad （4-3）$$

式中：Y_1、Y_0 分别表示处理组与控制组样本的退耕成果保持意愿；i 表示样本农户；ATT 表示匹配后样本的平均处理效应，可通过最近邻匹配、半径匹配、核匹配等方法估计，并使用自助法得到 ATT 的标准误。

为检验匹配质量，本研究讨论模型是否满足共同支撑假设与强可忽略性假设，并通过双重稳健估计、分类回归等进行模型稳健性检验。

4.3.3　变量选择与描述性统计

本研究选择户主年龄、户主文化程度，家庭劳动力数量、家庭年收入、农业经营收入占比、农村医疗保险、家庭生活压力，非农就业经历、非农工作技能、非农技能培训，退耕地主要树种、退耕规模作为匹配变量（见表4-7）。差异性检验结果显示，控制组（退耕后未从事非农就业的农户）与处理组（退耕后从事非农就业的农户）的退耕成果保持意愿在1%水平上存在显著性差异；家庭劳动力数量、农业经营收入占比、家庭生活压力、非农技能培训、退耕规模等变量也存在显著性差异，这也反映了退耕农户从事非农就业并非完全随机的，存在样本自选择问题，传统回归的直接比较将不可避免地引致估计偏误。

表4-7　变量描述性统计

变量	变量释义	全部样本（N=1 132）	控制组（N=667）	处理组（N=465）	差异性检验
退耕成果保持意愿	1=愿意保持退耕；0=不愿意	0.834	0.744	0.963	***
户主年龄	实际调查数据（岁）	50.332	50.228	50.482	–
户主文化程度	1=没上过学，2=小学，3=初中，4=高中/中专，5=大专及以上	2.578	2.553	2.613	–
家庭劳动力数量	实际调查数据（人）	2.478	2.415	2.568	**

续　表

变量	变量释义	全部样本 （N=1 132）	控制组 （N=667）	处理组 （N=465）	差异性 检验
家庭年收入	家庭年收入取自然对数	9.790	9.798	9.777	－
农业经营收入占比	家庭农业收入/总收入	3.865	3.816	3.935	*
农村医疗保险	1=购买；0=未购买	0.905	0.895	0.920	－
家庭生活压力	1=非常小；2=比较小；3=一般；4=比较大；5=非常大	0.902	0.835	0.998	***
非农就业经历	1=有；0=没有	0.217	0.205	0.234	－
非农工作技能	1=非常弱；2=比较弱；3=一般；4=比较好；5=非常好	2.690	2.666	2.725	－
非农技能培训	1=接受过；0=没有接受过	0.457	0.426	0.501	**
退耕地主要树种	1=生态林；0=经济林	0.402	0.384	0.428	－
退耕规模	实际调查数据（亩）	8.470	8.789	8.012	*

注：*、**、***分别表示变量在10%、5%、1%水平显著。

4.3.4　结果与讨论

4.3.4.1　非农就业对农户退耕成果保持意愿的处理效应

综合考虑稳健标准误与匹配数量，采用核匹配法估计退耕农户从事非农就业对其退耕成果保持意愿的处理效应，并通过一对一匹配法、K近邻匹配法、半径匹配法与局部线性回归匹配法验证估计结果的稳健性（见表4-8）。结果表明，退耕农户参与非农就业有助于提升其退耕成果保持意愿（30.88%）；其他匹配方法也获得相同结论，消除退耕农户的自选择与可预测异质性等显性偏差后，退耕农户从事非农就业比未从事非农就业的退耕成果保持意愿提升效应分别为25.82%、29.54%、31.00%与32.64%。匹配后，控制组退耕成果保持意愿的概率均不同程度降低，造成这个结果的原因就是选择性偏误的存在，使得传统回归结果上偏。

表4-8　非农就业对农户退耕成果保持意愿的处理效应

	匹配方法	控制组	处理组	ATT	稳健标准误	匹配数量
匹配前		0.743 6	0.963 4	0.219 8***	0.021 5	–
匹配后	核匹配	0.653 9	0.962 7	0.308 8***	0.026 1	1 106
	一对一匹配	0.704 6	0.962 8	0.258 2***	0.041 1	1 037
	K近邻匹配	0.667 4	0.962 8	0.295 4***	0.032 8	1 037
匹配后	半径匹配	0.652 6	0.962 6	0.310 0***	0.027 6	1 025
	局部线性回归匹配	0.636 6	0.963 0	0.326 4***	0.027 9	1 046

注：*表示10%水平显著，**表示5%水平显著，***表示1%水平显著。核匹配的带宽 =0.06，核函数 =2；K近邻匹配k=4、卡尺范围 =0.01；半径匹配的匹配半径 =0.01；匹配后标准误为异方差稳健性标准误（自助法标准误）。

4.3.4.2　匹配的稳健性检验

（1）强可忽略性假设。强可忽略性假设意味着倾向得分匹配模型已纳入了所有相关变量，不存在与被解释变量相关的遗漏变量。实践分析中强可忽略性假设检验较为困难，但平衡性检验与敏感性分析为强可忽略性假设验证提供可靠依据。

结果表明，匹配后 Pseudo R^2 值大幅降低为0.001、LR χ^2 降低为0.92，标准偏差均值与中位数大幅下降，B值仅为6.4。如表4-9所示，匹配后消除了处理组与控制组的显性偏差，年龄等户主个人特征变量、家庭年收入等家庭资源禀赋变量、非农就业经历等变量、退耕面积等退耕生产变量均没有显著性差异，各匹配变量的标准化均值差异（%bias）降低至10%以下，满足模型的平衡性假定。

表 4-9　平衡性检验结果

	Mean		%bias	%reduct bias	t-test	
	控制组	处理组			t	p>t
户主年龄	50.509	50.45	–0.8	76.7	–0.12	0.902
户主文化程度	2.599	2.603	0.4	93.7	0.06	0.949
家庭劳动力数量	2.512	2.566	4.9	65.0	0.75	0.452

续　表

	Mean		%bias	%reduct bias	t-test	
	控制组	处理组			t	p>t
家庭年收入	9.791	9.787	−0.9	80.4	−0.14	0.891
农业经营收入占比	3.952	3.936	−1.5	86.7	−0.24	0.814
农村医疗保险	0.919	0.919	0.1	99.3	0.01	0.992
家庭生活压力	0.998	0.998	0.0	100.0	0.00	1.000
非农就业经历	0.227	0.235	2.0	71.9	0.29	0.771
非农工作技能	2.712	2.717	0.7	91.8	0.11	0.916
非农技能培训	0.494	0.493	−0.1	99.0	−0.02	0.982
退耕地主要树种	0.412	0.421	1.9	78.9	0.28	0.776
退耕规模	7.874	7.993	1.4	84.7	0.23	0.821

当存在未观测到的遗漏变量时，倾向得分匹配不仅不能消除显性偏差，反而会带来新的隐藏偏误。本研究应用Rosenbaum边界分析法进行敏感性分析，评估结果在合理选择性偏差范围内的稳健程度，变化倍数 $\tau \in [1.00，2.00]$。结果表明，在[1.00，1.35]变化区间，未观测变量对估计的平均处理效应没有影响；在[1.40，2.00]变化区间，上界显著性水平出现略小上升且未超过0.01，未观测变量对估计的平均处理效应的影响仍不显著。因此，平均处理效应能够免除隐藏性偏差的影响，结果估计较为稳健。

（2）共同支撑域假定检验。匹配后，控制组与处理组26个样本农户未找到匹配对象，仅损失2.30%的观察值，意味着共同支撑假定不会对退耕农户从事非农就业的处理效应产生影响；且各匹配变量的标准化差异（见表4-9）、匹配后的密度函数分布图也验证了控制组与处理组基本完全重叠，满足共同支撑域假设。

（3）双重稳健估计与分类回归估计。应用核匹配法等多种方法估计非农就业对农户退耕成果保持意愿的平均处理效应，获取了一致有效的估计结果（见表4-8）。为消除隐藏偏差、提升估计精度，又应用双重稳健估计方法（Doubly-Robust Estimator）与分类回归方法（Sub-classification and regression）进行结果估计。根据双重稳健方法的分析特征，只要倾向得分匹配模型设定是稳健的，处理变量的平均处理效应估计结果就是一致的。如表4-10所示，双重稳健估计结果与倾向得分匹配结果一致，退耕农户从事非农就业将显著提升其退耕成果保持意愿，并在1%水平上显著；结果表明，倾向得分匹配模型设定是稳健的。

表 4-10　双重稳健方法估计结果

估计方法	PS值五分位数	系数	稳健标准误
双重稳健估计方法	—	0.249 5***	0.020 9
倾向得分五分位数的分类回归	1	−0.598 3***	0.137 2
	2	0.321 8	1.305 7
	3	−1.078 3	1.137 5
	4	0.907 2	1.311 3
	5	0.364 2	0.566 3

注：*表示10%水平显著，**表示5%水平显著，***表示1%水平显著。

基于倾向得分五分位数的分类回归有助于判断从事非农就业的退耕农户间是否存在差异。如表4-10所示，从事非农就业对第1个五分位数的农户退耕成果保持意愿有统计学意义，从事非农就业的退耕农户存在显著异质性。第1个五分位数退耕农户群体的特征是家庭劳动力数量2.17人、家庭年收入19 945.22元、退耕面积11.04亩，15.93%的农户退耕前具有非农从业经历、38.94%的退耕农户接受过非农就业培训、27.88%的农户选择退耕还生态林。

4.3.4.3　贫困尺度差异下非农就业对其退耕成果保持意愿的影响

为凸显退耕还林工程的多元效益与多重目标，各工程区推进退耕还林与精准扶贫紧密结合，促进退耕任务重点向贫困区、贫困村、贫困户倾斜，鼓励贫困农户探索林下经济、特色林果、乡村旅游、特色手工业、外出务工等生计路径，逐步形成生态环境修复与农户增收致富的良性格局。非农就业是增强退耕农户可持续生计能力、确保退耕农户不复耕、实现退耕还林工程益贫性目标的关键路径。本部分中考察了贫困尺度差异下非农就业对农户退耕成果保持意愿的影响，分组估算了非农就业对贫困农户与非贫困农户的退耕成果保持意愿的平均处理效应（见表4-11）。

表 4-11　贫困尺度差异下非农就业对农户退耕保持决策的处理效应

贫困尺度	匹配方法	控制组	处理组	ATT	稳健标准误
贫困农户	核匹配	0.659 1	0.973 2	0.314 1***	0.031 9
	一对一匹配	0.616 9	0.973 2	0.356 3***	0.059 0
	K 近邻匹配	0.623 6	0.973 2	0.349 6***	0.047 3
	半径匹配	0.640 7	0.973 0	0.332 3***	0.036 7
	局部线性回归匹配	0.648 7	0.973 2	0.324 5***	0.035 1
非贫困农户	核匹配	0.631 6	0.949 0	0.317 4***	0.047 4
	一对一匹配	0.642 1	0.952 6	0.310 5***	0.068 6
	K 近邻匹配	0.648 7	0.952 6	0.303 9***	0.056 4
	半径匹配	0.651 3	0.952 4	0.301 1***	0.052 0
	局部线性回归匹配	0.627 4	0.952 6	0.325 2***	0.046 1

注: *表示10%水平显著, **表示5%水平显著, ***表示1%水平显著。

对贫困农户而言，非农就业对农户退耕成果保持意愿的平均处理效应为 31.41% ~ 35.63%；对非贫困农户而言，非农就业对农户退耕成果保持意愿的平均处理效应为 30.11% ~ 32.52%。非农就业均显著提升贫困农户与非贫困农户退耕成果保持意愿的概率，且非农就业对贫困农户的退耕成果保持意愿的平均处理效应略高。贫困农户普遍存在生计路径单一、可持续生计能力不足、对退耕补贴的依赖度高等问题，退耕后从事非农就业有助于实现贫困农户的生计非农化、推动贫困农户的劳动力转移与收入结构转换、降低贫困农户的土地依赖。因此，各退耕区应重点关注贫困农户的非农就业机会创造与非农就业技能培训，进而增强其退耕成果保持意愿，提升新一轮退耕还林工程的持续性与有效性。

4.3.4.4　讨论

新一轮退耕还林工程不再限定生态林与经济林比例、不再设定统一补助标准与补偿期限、放宽林下经营限制、鼓励发展林下经济，农户退耕参与积极性与自主性显著增强。退耕补贴作为单一的经济激励方式往往难以激发退耕农户的持续参与意愿，退耕补偿结束后的农户生计压力及其引致的复耕风险成为巩固退耕还林工程成果的最大阻碍。农户退耕成果保持意愿是理性支配下的经济行为，是新一轮退耕还林工程持续有效运行的根本基础。非农就业是农户退耕后生计转型的重要路径，是退耕农户摆脱传统的土地依赖、优化家庭劳动力配置、谋求多元收入的重要行为。退耕农户从事非农就业将造成显著的家庭与退耕区劳动力"转移效应"、增加潜在收入与弥补农业经营收益损失的"收入效应"，使得非农就业成为农户退耕后的主要替代生计路径，有效降低农户生计对农林资源的高度依赖。巩固新一轮退耕还林工程成果、维持农户退耕农户成果保持意愿应建立在鼓励退耕农户从事非农就业、增强退耕农户可持续生计能力、提升退耕农户收入水平的基础上。但退耕农户的复耕意愿与土地依赖、生计转型存在颇为复杂的关系，单纯地追求非农就业等生计转型、片面地降低农户的土地收入依赖，可能阻碍农户的退耕林地管护行为与生产经营活力，进而影响其退耕成果保持意愿。同时，由于退耕农户人力资本较低、物质资本薄弱、金融资本不足，其非农就业往往是外务从事家政、环卫、建筑、打零工等低层次工作，工作强度大、收入低、环境差、不稳定，使得非农就业对退耕农户的收入效应具有较大的不确定性，也将影响其退耕成果保持意愿。因此，如何促使退耕农户实现稳定高质量的非农就业，维持并增强农户退耕成果保持意愿是巩固退耕还林工程成果的关键举措。同时，应通过退耕地有序流转以推动退耕林地规模化经营与高质量发展，消除退耕农户非农就业的劳动力转移负效应。

因此，为促使退耕农户从事非农就业、加快推进退耕农户生计转型、维持并提升农户退耕成果保持意愿，笔者认为：第一，各退耕区应着力加大退耕农户的就业指导与技能培训，拓宽退耕区劳务输出渠道、健全退耕区劳务服务体系，不断提升退耕农户的非农就业能力、不断拓宽退耕农户非农就业路径；第二，各退耕区应着力建立有序的退耕地流转市场、规范退耕地流转行为、提升退耕地流转活力，积极引导退耕农户通过转包、转让、出租、入股等方式，将退耕林地流转给林业专业合作社、专业大户、林业龙头企业等新型林业经营主体，切实增强退耕林地经营管理水平；第三，各退耕区应重点关注贫困农户的退耕后可持续生计问题，鼓励、引导、扶持贫困农户从事非农就业，以实现贫困农户脱贫增收与工程有序运行的双向促进，切实增强新一轮退耕还林工程的持续性与有效性。

4.4 退耕区后续产业发展与退耕农户持续参与

4.4.1 后续产业发展是激发农户参与意愿的重要因素

新一轮退耕还林工程是巩固退耕还林工程（1999—2013年）成果，推动退耕区生态修复、环境保护与社会经济良性发展的林业重点生态工程，是贯彻落实"五大发展理念"、推动"五位一体"现代化建设、推进生态文明建设的重要举措，是助推精准扶贫、调整农业产业结构、增加农民收入、发展区域特色产业的重要机遇。农户是新一轮退耕还林工程的微观主体，农户的积极响应与有效参与是新一轮退耕还林工程有效持续运行的根本基础。根据农户风险感知分析，退耕还林工程区应大力发展特色林果及果品精深加工、特色民族手工业、家庭作坊、农村现代服务业等后续产业，最大限度释放退耕区非农就业活力、最大限度挖掘退耕区非农就业岗位、最大限度增加退耕农户非农就业收入，进而降低可持续生计而引发的农户高风险感知，促使农户积极参与新一轮退耕还林工程。

退耕区后续产业发展布局的不断优化、后续产业发展活力的不断提升、后续产业发展效能的不断增强，将为农户提供积极的退耕后收益预期，不断提升退耕还林比较收益，增强新一轮退耕还林工程参与意愿。在生态经济理性逻辑下，农户意识到了新一轮退耕还林工程产生的最大生态效益，切实感受到了退耕还林工程在控制水土流失、风沙侵蚀、调节小气候等方面的显著作用，提升生态安全水平成为农户参与退耕还林工程的重要诱因。同时，作为理性经济主体，农户参与退耕更取决于退耕后可获得的退耕还林补贴、林木林果销售等直接收益、非农就业等间接收益。当前，退耕还林补贴是激励农户参与退耕的关键要素，甚至是唯一要素，农户倾向于获取短期的退耕补贴；随着农户认知的不断加深，越来越多的农户开始关注到其参与退耕后可获得的非农就业等长期持续收益。因此，退耕还林工程区的后续产业发展优惠扶持政策、后续产业发展的条件支撑、后续产业发展与退耕还林工程衔接、后续产业发展的可持续性与适宜性等一系列问题，将成为农户参与退耕的重要思考逻辑，成为增强农户参与退耕还林工程的信心、增强农户参与退耕还林工程意愿的重要因素。

4.4.2　后续产业发展是确保退耕还林工程持续运行的根本保证

自退耕还林工程实施以来，退耕补助成为农户收入的重要组成部分，在一定程度上保障了退耕农户的基本生活，并立足于把农村中的剩余劳动力从低质、低效的坡耕地中解放出来，促进农村剩余劳动力向第二、第三产业转移，促进农民收入的多元化、拓宽农户收入渠道。从退耕还林工程实施整体效果来看，退耕还林工程极大地调整了瘠薄土地利用方式，区域生态环境状况明显改善、生态安全水平明显提升、工程生态效益明显增强，但在调整农村产业结构、促进农户向非农就业转移、增加退耕农户收入方面的作用尚未完全显现，且退耕补助到期后农户生计问题成为巩固退耕还林工程成果的关键。据调查，10%左右的退耕农户可能因退耕补助到期而出现严重的生计问题，30%的退耕农户在退耕补助到期后将出现收入水平大幅下降的不利局面。退耕补助到期后，退耕农户特别是收入来源较为单一的退耕农户将缺乏持续参与退耕的必要的利益驱动与有效的激励机制，退耕农户不可避免地将降低退耕林地管护标准甚至放弃退耕地管护责任。更为严峻的是，部分退耕农户可能为维持其基本生计而选择复耕，进而极大地危害退耕还林工程的成果。退耕还林工程有效持续运行的关键是退耕农户的有效持续参与，进而退耕农户有效持续参与的前提是稳定的退耕后生产经营收益。后续产业发展有助于引导和协助退耕农户有效提升其自我发展能力，帮助退耕农户尽快找到稳定多元化的收入途径，后续产业的可持续发展成为退耕还林工程有效持续运行的重要保障与根本前提，成为推动退耕区社会经济发展的重要路径，成为加快调整农村产业结构、巩固退耕还林工程成果的重要选择。因此，退耕还林工程区应加快优化配置区域主导产业与一般专门化产业，不断增强退耕区后续产业发展活力。但从当前来看，退耕区各级地方政府普遍意识到了退耕后调整区域产业结构的重要性，但在后续产业培育上缺乏长远规划、在主导产业与优势产业选择上缺乏科学性，且区域产业结构同质化严重、规模不经济、精深加工不足等，使得退耕区后续产业发展较为滞后。各退耕区应加快推进扶持具有发展潜力的区域特色主导产业与特色优势产业，不断提升退耕区后续产业发展的收益率与回报率，逐步引导退耕农户转变其生产结构，实现国家"生态建设目标"与农户"收入提升目标"的协调统一，真正实现退耕还林工程"退得下、稳得住、保收入、不反弹"的根本目标，不断增强退耕还林工程的持续性与有效性。

4.5　本章小结

基于新疆生态脆弱区退耕农户的生计行为与退耕参与行为，剖析退耕农户的营林决策及其影响因素、退耕农户的成果保持意愿及非农就业作用机制、退耕农户小规模林业合作经营的重要价值等，为提升新疆新一轮退耕还林工程运行质量提供现实依据。

（1）基于1 132户退耕农户的生产经营行为及生计状况问卷数据，采用二元Probit模型和DEMATEL-ISM集成分析，系统剖析退耕农户营林决策的影响因素及其作用机制。结果表明：退耕补偿满意度与产权安全感知要素对农户营林决策具有直接的、最强的影响效用；非农就业技能与生态环境关注度等要素是影响退耕农户营林决策的根源性要素。

（2）应用SWOT-ANP分析法，分别设计管理人员与研究人员小组的小规模林业合作经营SWOT-ANP分析框架，分析退耕地小规模林业合作经营的优势因素、关键要素与主要策略，综合开展小规模林业合作经营研究。结果表明：管理人员关注民族地区乡村治理结构、林业合作经营的政策扶持要素的关键作用，倾向于选择WO策略；研究人员关注退耕农户内在合作期望、退耕补偿结束后复耕风险的关键作用，倾向于选择ST策略。退耕地合作经营是巩固新一轮退耕还林工程成果的有效支撑。

（3）应用倾向得分匹配方法进行平均处理效应分析，并剖析非农就业对不同个性特征与资源禀赋农户的退耕成果保持意愿的处理效应差异。结果表明：非农就业是增强退耕农户可持续生计能力，提升农户退耕成果保持意愿的关键要素。

5

新疆生态脆弱区退耕农户的后续产业发展路径

特色林果业是退耕区最具有发展基础与培育优势的后续产业，是统筹农民增收与生态环境修复双重目标的重要途径。林下经济是巩固退耕还林工程成果、延伸退耕农户收入渠道、提升退耕农户收入水平的重要实践，是退耕还林工程区最有效的后续产业发展业态。休闲农业是发展现代农业、增加农民收入、巩固退耕还林工程成果的重要举措，是退耕区发展新经济、拓展新领域、培育新动能的必然选择。非农就业是增进退耕农户持续参与意愿的重要选择，考虑到非农就业的系统性与一般性，本书不进行非农就业发展路径阐释。结合新疆资源禀赋、退耕区农户意愿等，重点对特色林果、林下经济、休闲农业发展路径进行深入剖析。

5.1　退耕农户特色林果业的发展路径

从退耕农户后续产业发展实践来看，特色林果业是巩固退耕还林工程成果、增强退耕还林工程综合效益、提升退耕农户比较收益的重要实践，是实现退耕还林工程健康、有序、可持续发展的重要后续产业。

5.1.1　发展环境

5.1.1.1　优势分析

（1）自然资源优势。新疆生态脆弱区具有丰富的光、土、热等自然资源，日照时间长、昼夜温差大、自然降水稀少，为特色林果业高质量发展提供了适宜生态条件，使得新疆等退耕区特色林果品质好、质量优、产量高，使其具有特色林果种植的自然垄断优势。从果品类型来看，退耕区具有丰富的果树种质资源与果类品种（红枣、苹果、香梨、核桃、杏、桃、巴旦木、葡萄、石榴、无花果等），为退耕区特色林果业培育发展提供了丰富的物种基础。

（2）产业基础优势。依托于丰富的种质资源与适宜的生态条件，新疆生态脆弱区经过多年探索与实践，初步形成了具有较高竞争优势与发展活力特色林果发展布局，初步形成一批发展前景好、加工增值能力强的林果精深加工企业，特色林果业逐渐成为调整优化农业产业结构、有效增加农户家庭收入、有序拓宽农户收入渠道的重要抓手。生态脆弱区特色林果的种植与加工实践取得了积极进展与发展实践，为退耕还林工程区特色林果业培育与发展奠定了良好的种植基础与产业基础，为加快推进特色林果业规模化发展与内涵式增长、为加快提升特色林果加工增值能力与市场竞争能力、为加快提升退耕农户的林果生产经营收益创造了积极条件。

（3）政策导向优势。在农业供给侧结构性改革的整体框架下，特色林果业成为农业现代化发展与农业高质量发展重点关注的问题。2017年中央一号文件提出，"做大做强优势特色产业，实施优势特色产业提质增效行动计划，促进蔬菜瓜果等产业提档升级"；2019年中央一号文件提出，"加快发展乡村特色产业，因地制宜发展多样性特色农业，倡导'一村一品'、'一县一业'"，积极发展特色林果业；各退耕区也出台了特色林果业发展规划与发展意见，确立了特色林果在促进区域经济可持续发展、调整农业产业结构、增加农户收入、推动集中连片地区精准脱贫中的重要作用，提出了具有较高针对性、适宜性与操作性的特色林果业培育发展的整体框架与促进措施，为退耕区特色林果的优势产业或主导产业培育提供了积极政策环境，为退耕区特色林果业的培育与发展奠定了积极的政策基础。

（4）地理区位优势。在"一带一路"倡议整体部署下，新疆是"丝绸之路经济带"的核心区与桥头堡，独立的地理区位、开放的经济环境、积极的贸易政策等使其具有广阔的发展空间与重要的发展机遇，为特色林果业高质量发展与特色优质林果出口提供了有效条件。作为面向中亚、西亚、南亚、东欧、西欧的市场前哨，新疆与其具有长期贸易关系的国家地区达118个，使其具有面向两个市场（国内市场与国际市场）的基础条件，为区域特色林果业出口贸易奠定了积极基础，在满足国内外高品质特色林果需求上具有显著的区位优势。

5.1.1.2 劣势分析

（1）林果产品有效供给不足。从供需结构来看，新疆生态脆弱区特色林果品呈现出显著的供需结构失衡，特色林果业供给侧结构性矛盾突出，突出表现为特色林果业有效供给不足、果品质量参差不齐等。长期以来，各地区高度关注特色林果业的经济增长与农户增收贡献度，快速推动特色林果业规模化种植而忽视了林果产品质量，形成了规模式扩张与内涵式增长的内在矛盾，优质、绿色林果品有效供给规模与供给效率明显不足，降低了各地区特色林果业的发展效能。各地区特色林果业科学化管理水平较低，林果生产成本偏高，特色林果生产全过程质量管理程度偏低；果农普遍缺乏农产品质量安全意识，滥用化肥、农药、生产调节剂，致使特色林果农药残留严重超标，无公害果品、绿色果品与有机果品供给难以满足市场需求，各地区特色林果在国际市场上的竞争优势明显不足，形成国内市场果品饱和、国际市场占有份额低下的不利格局，极大地迟滞了特色林果业的可持续发展。

（2）林果产业生产方式粗放。从当前来看，由于林果业生产经营机械适用度低、工作效率差，各地区林果生产多以传统人工种植、管控、采摘为主；加之果农整体素质低下、林果生产经营技能不足，特色林果业管理较为粗放，林果整形修剪与疏花疏果措施不当、林果病虫害绿色防控技术推广缓慢、林果水肥一体化施用效果不佳、林果采摘转运标准化不足，使得果品产量与质量难以满足市场需求。各地区特色林果业仍以农户分散种植为主，使得林果品种多而杂，林果品质参差不齐，林果生产标准化严重不足，难以产生积极的经济效益。同时，由于良种推广应用不足、果树更新速度缓慢、果农科学经营意识不足或市场需求预测能力弱化，使得各地区特色林果业的品种结构比例不当，突出地表现为鲜食、加工果品比例不当，早中晚熟果品品种比例不当等。

（3）林果产品加工深度不足。国务院办公厅印发的《国务院办公厅关于进一步促进农产品加工业发展的意见》（国办发〔2016〕93号）提出"加快农产品初加工发展"，以果品、菌类和中药材等为重点，支持农户和农民合作社改善储藏、保鲜、烘干、清选分级、包装等设施装备条件，促进商品化处理，提升农产品精深加工水平，推动农产品加工业从数量增长向质量提升转变，以提高林果业综合效益与竞争力，增加果农收入。由于加工设备与加工技术较为落后，各地区特色林果加工深度显著不足，林果业多以鲜食果品直接销售为主，苹果、香梨、葡萄等特色林果产品制浆加工生产残渣利用率严重不足，且果品质量问题也使得林果加工效益不足，严重制约了各地区特色林果产品加工业的可持续发展，严重限制了各地区特色林果业的提质增效。

（4）林果生产基础要素落后。特色林果业高质量发展依托于先进的经营管理技术与生产加工技术、完善的生产基础设施与物流配送设施、充足的发展资金投入等诸多基础性生产要素。但从当前来看，各地区对特色林果产业发展的支持力度依然不足，突出地表现为林果业绿色防控技术、水肥一体化技术、节水灌溉技术、自动化种植采摘加工技术、冷链物流技术等现代产业技术推广应用不足或技术研发深度不足，产业扶持发展资金倾斜力度不够，从业人员整体素质不强等问题，从而极大地影响了特色林果业高质量发展与内涵式增长，进而弱化了特色林果业对巩固退耕还林工程成果的促进作用。

5.1.1.3 机会分析

（1）有序实施新一轮退耕还林工程。2014年，中国重启新一轮退耕还林工程（2014—2020年），以巩固第一轮退耕还林工程成果、增强生态脆弱区生态安全水平、加快调整农村产业结构、持续提升农户收入水平、不断拓宽农户收入路径。新一轮退耕还林工程充分尊重农户退耕意愿，充分遵循林业发展自然规律与生态环境修复根本机理，不再限定生态林与经济林的比例，允许退耕农户在不损害退耕林及林地附着植被前提下自由进行林地生产经营，极大地提升了农户生产经营自主权与能动性，极大地提升了农户的退耕参与意愿与积极性。为充分挖掘退耕地经营比较收益，退耕农户积极营造核桃、苹果、红枣、梨、杏等特色经济林，为各退耕区发展特色林果业及特色林果加工业奠定了产业基础。因此，新一轮退耕还林工程是统筹协调国家生态目标与农户经济目标的重要探索，为各退耕区特色林果业规模化发展与内涵式增长创造了积极机遇。

（2）深入推进集体林权制度改革。集体林权制度改革是推动林业发展的动力源泉，是提高林产品供给能力的迫切需要，是促进农民就业增收的有效途径，是提升林业经济水平的必然选择。经过长期的探索与实践，中国集体林权制度改革已完成了明晰产权、承包到户的基本任务。集体林权制度改革进入了创新体制机制的新阶段。当前集体林权制度改革主要集中于探索推行集体林地三权分置（林地所有权、承包权、经营权），积极推进多种形式的适度规模经营，培育壮大家庭林场、专业大户、林业专业合作社、林业龙头企业等新型经营主体，推进特色林果、林下经济、森林旅游与休闲服务等绿色富民产业发展等。深化集体林权制度改革立足于通过落实集体所有权、稳定农户承包权、明确经营权权能，以适应农村土地流转、农村经营主体调整、农村生产发展现状的新形势，不断提升林业生产经营活力；通过适度规模经营与新型经营主体培育，提升集体林业的规模化水平、市场化能力与产业化优势，不断增强集体林业生产发展的经营效能；通过特色林果业等绿色富民产业发展，把增加林业生态产品供给与农民增收致富作为主要任务，把森林资源培育作为基础职能，把提升经济效益作为主攻方向。因此，深化集体林权制度改革为退耕区特色林果业高质量发展提供了重要机遇，切实有效地保障林果经营主体的生产经营收益，供给了产业扶持、财政支持、税收优惠、金融服务等优惠政策。

（3）加快培育新型林业经营体系。为深入贯彻落实《中共中央 国务院关于深入推进农业供给侧结构性改革 加快培育农业农村发展新动能的若干意见》（中发〔2017〕1号）、《国务院办公厅关于完善集体林权制度的意见》（国办发〔2016〕83号）和《国家林业局关于加快培育新型林业经营主体的指导意见》（林改发〔2017〕77号）精神，加快构建以家庭承包经营为基础，以林业专业大户、家庭林场、农民林业专业合作社、林业龙头企业和专业化服务组织为重点，集约化、专业化、组织化、社会化相结合的新型林业经营体系；加快培育新型林业经营主体有助于推动集体林业的适度规模经营，充分释放林业发展新动能，全面挖掘林业发展新潜能，进而实现林业增效、农村增绿、农民增收的多元目标。因此，加快培育新型林业经营体系为退耕农户特色林果业高效、健康、有序、稳固、可持续发展提供了重要机遇，也是退耕区特色林果业高质量发展的重要举措。

（4）有序推进农业供给侧结构性改革。《中共中央 国务院关于深入推进农业供给侧结构性改革 加快培育农业农村发展新动能的若干意见》提出，实施优势特色农业提质增效行动计划，促进蔬菜瓜果、茶叶、花卉、食用菌、中药材和特色养殖等产业提档升级，把地方土特产和小品种做成带动农民增收的大产业，制定特色农产品优势区建设规划，鼓励各地争创园艺产品、畜产品、水产品等特色农产品优势区。特色林果业是调整农业产业结构、推动农户增收致富的重要抓手，是农业供给侧结构性改革的重要区域。农业供给侧结构性改革的有序推进为调整特色林果业发展区域结构、培育特色林果业发展优势区、扶持特色林果业新型主体、培育特色林果发展新动能、促进特色林果业升级提出了工作主线与改革要求，为退耕区特色林果业高质量发展提供了重要机遇。

5.1.1.4 威胁分析

（1）国外优质果品的市场冲击。随着全球经济一体化格局的不断深入，国外新鲜果品等农产品纷纷瞄准中国市场，并以高品质、低价格、强品牌、高标准等直接冲击着中国特色林果市场。美国苹果、樱桃、橙子、莓类等新鲜水果在中国市场具有较强的竞争优势，极大地压缩了国内特色林果业的生存空间、极大地威胁着国内特色林果业的可持续发展。2018年，中国水果市场更是出现了苹果滞销（山西）、梨子滞销（安徽）、灰枣滞销（新疆）、香蕉滞销（海南）等消极局面，严重地损害了中国果农的经营收益与生产积极性，进而迟滞了中国特色林果业的可持续发展。特色林果业是退耕区最具优势与代表性的后续产业，是巩固退耕还林工程成果的最普遍的实践探索，是提升退耕农户收入水平与生活质量的最有力的抓手。与此同时，国外优质果品的市场冲击将也为退耕区特色林果业发展带来艰巨挑战，是当前退耕区特色林果业发展必须应对的威胁，也将倒逼退耕区特色林果业多措并举实现产业提质增效。

（2）中国特色林果产品的同质化竞争。从当前来看，中国特色林果市场同质化现象较为严重，极易陷入长期价格战的恶性竞争桎梏，使得果农、林果企业、林果销售商等相关利益主体难以有效实现多元化，进而危及中国特色林果业的可持续发展。中国特色林果产品的同质化竞争主要源于各区域果品种植品种的高度趋同化，多以低端果品、鲜食果品为主，且果品上市时间基本一致。此种高度同质化成为国内特色林果业发展的主要痛点。究其原因，各地区尚未培育出最具地方特色与发展优势的优势果品品种，尚未根据本地区自然条件与资源基础筛选出主导果品，尚未根据市场需求确定科学的林果业中长期发展规划，尚未结合产业发展趋向与消费市场特征而挖掘新的产业盈利点，加之各地区特色林果生产基地规模化发展与运动式推进。因此，中国特色林果产品的高度同质化竞争在一定程度上降低了退耕农户发展特色林果生产的积极性，进而降低了退耕区特色林果业的发展活力。

（3）农产品物流基础设施尚不完善。近年来，习近平总书记提出"发挥互联网在助推脱贫攻坚中的作用"，积极发展农村电子商务，推进精准扶贫、精准脱贫。各级地方政府也充分认识到了农村电商的技术优势、市场优势与供需对接优势，积极发展农村电商。2019年，商务部也提出将加快补齐农产品冷链物流基础设施短板。但从当前来看，特色林果等鲜食农产品物流发展所需的冷链物流基础设施建设仍显滞后，"产地仓+冷链专线"农产品物流发展模式培育缓慢，使得特色林果仓储难、配送难仍未得到根本性解决，果品流通过程中高损耗率问题未得到根本性缓解，县乡村三级物流配送体系的"最先一公里"问题未从根本上得以解决。因此，农产品物流基础设施尚不完善将在一定程度上阻碍了退耕区特色林果业的可持续发展。

（4）农产品品牌保护力度尚需增强。随着社会主义市场经济体系的建立健全和农业供给侧结构性改革的不断深入，一大批特色农产品区域品牌逐渐打响，一大批地理标志产品进入市场，消费者对优质农产品品牌的认可度与满意度不断增强。但由于部分农产品区域品牌被频繁冒名，农产品市场鱼龙混杂市场乱象较为严重，极大地降低了农产品品牌价值。从当前来看，"阿克苏苹果"等一大批地理标志产品品牌被无序地冒用、乱用、滥用，在一定程度上降低了消费者对特色农产品品牌的认可度与信任度。因此，农产品品牌保护力度不足、农产品质量可追溯体系"叫好不叫座"等问题在一定程度上扰乱了特色林果的良性竞争秩序，进而损害了果农的生产经营收益，抑制了退耕区特色林果业的发展活力与发展效能。

5.1.2　发展思路

新疆退耕还林工程区特色林果业发展应充分利用生态脆弱区新一轮退耕还林工程实施的重大机遇，充分尊重退耕农户的生计资本与发展需求，全面协调退耕还林工程的政府"生态目标"与农户"经济目标"，以退耕区自然资源、区位条件、产业布局、市场态势等为依托，以特色林果标准化生产基地建设、林果结构调整、林果品质优化、林果新型经营主体培育、林果精深加工等为核心，着力提高特色林果业发展质量，巩固特色林果业在促进农民增收与生态环境修复中的重要作用；着力优化特色林果业生产经营体系，增强特色林果业经营活力与经济效率；着力提升特色林果业科技创新能力，增强特色林果的产品品质与技术增值能力；着力优化各区域特色林果发展布局，提升特色林果业的综合生产能力与综合竞争能力；着力加快特色林果业绿色防控体系建设，快速推进无公害果品、绿色果品、有机果品标准化生产基地建设，增强优质特色林果的供给规模、供给质量与供给效率；着力建立健全特色林果业发展的长效机制，全面实现退耕区特色林果业提质增效，成为巩固退耕还林工程成果的重要后续产业。

5.1.2.1　加强统筹规划，引导特色林果业有序发展

为巩固退耕还林工程成果，强化特色林果业的经济贡献与产业优势，各退耕区应立足国内市场与国外市场，利用国内资源与国外资源，着眼于退耕还林工程的多维目标（生态环境修复、生态环境保护、农村产业结构调整、农户收入提升、精准扶贫等），紧密结合退耕区资源禀赋、区位特色、产业结构与经济基础等，全面加强分类指导与统筹规划发展，提出具有较高针对性、指导性、操作性与实践性的特色林果业发展的战略重点、实施规划与发展方向，努力建设全面协调可持续发展的特色林果业产业体系、生产体系与经营体系。各退耕区应充分发挥政府主体的引导作用与市场主体的资源配置作用，根据特色林果的市场需求趋向与市场供求态势，适应性地调整特色林果果品结构与发展

方式，通过税收优惠、产业扶持、信贷支持、主体培育、技术培训等不断加大特色林果业的发展活力，提升特色林果业的现代化、标准化、绿色化、优质化与市场化水平；通过农业科技推广、绿色生产要素投入、知识产权保护、行业标准制定、经营管理方式优化等，不断提升特色林果业的精深加工能力，不断增强特色林果业质量管理效率，不断延伸特色林果业的产业链条，以实现特色林果业的可持续发展。

5.1.2.2 加快技术创新，推进特色林果业提质增效

土地、劳动力、资本是产业发展的传统生产要素，是产业经济发展的根本性因素。随着社会发展进程不断加快，传统生产要素对产业经济发展的绝对贡献度不断降低，对推动产业经济可持续发展的促进作用与支撑能力不断放缓。科学技术是第一生产力，科技对世界各国农业发展的增长贡献不断增强，2017年我国农业科技进步贡献率达57.5%，农作物耕种收综合机械化水平达67%，农业科技成为保障国家粮食安全与食品安全、促进农业高质量发展、提升农产品国际竞争优势与加快推进农民增收致富的核心要素。特色林果业发展依赖于土地、劳动力、资金、农用机械、农用物资、智能设备、基础设施等生产要素。尽管我国面向世界农业科技前沿、面向国家重大发展需求、面向现代农业建设主战场开展农业科技工作，以期提升农业自主创新能力与科技成果转化水平，但从整体上来看，我国特色林果业等现代农业生产经营技术创新与推广应用仍处于发展阶段，林果业仍存在经营管理较为粗放、林果绿色生产防控技术应用不足、林果贮藏保鲜与冷链配送技术层次低、林果产业加工深度不足、林果产业化经营效率偏低、林果从业人员专业能力较弱等突出问题，使得各退耕区特色林果业发展的资源优势难以有效转化为市场优势。因此，为实现退耕区特色林果业高质量发展，各地区应着力提升林果业科技创新能力，以特色林果精深加工与绿色生产为切入点，加快推进特色林果业提质增效关键集成技术的创新、推广与应用；各地区应通过林果良种普及推广、林果树种品种调整更新、中低产果园改造与标准园建设、特色林果丰产栽培技术示范、林果病虫害绿色防治、果农生产经营技术培训等有效措施，不断提升特色林果业的科技进

步贡献率、土地产出率与劳动生产率，不断提高特色林果的技术增值能力与产业延伸水平，不断优化特色林果的区域结构与产业布局，不断增强各退耕区特色林果业的市场竞争优势与产业发展活力。

5.1.2.3 优化市场配置，推进特色林果产业集群

随着社会主义市场经济体系的建立健全，市场机制在资源配置中的作用越来越重要，在产业经济发展中的调节作用越来越显著。产业集群是市场机制主导推动下的产业经济发展战略，有助于有效降低交易成本、减少经营风险、增强企业经营活力，有助于了解并预测市场信息，加快企业产品创新与市场创新，根据市场需求变化新趋向提供高适应性产品；有助于集群内企业的专业化分工，增强集群内企业的技术联系、技术协同与技术扩散，推动整体产业集群的技术创新与技术进步。退耕还林工程为特色林果产业集群发展提供了集聚种植与规模化种植等关键因素。退耕区特色林果业规模化发展依赖并吸引一大批林果农资、农机、农艺、技术服务等生产服务性企业，且生产服务性企业与完善的产业配套设施又将强化各地区特色林果业的集聚效应。因此，各退耕区应积极完善财政扶持、技术支持、税收优惠、出口促进等优惠政策，积极优化资金、技术、政策、服务、体制机制等林果业发展服务体系与外部环境，加快推动、引导与扶持区域特色林果业的集群发展，为特色林果业集群发展奠定积极基础与良性支撑。同时，政府部门应强化政策引导与经济调控，促进各退耕区特色林果产业集群间形成耦合协调关系，实现各林果集群间相互影响、相互促进、同步发展，实现各区域特色林果业集约式规模化运行与高质量发展，切实增强各退耕区特色林果业的发展效能与产业贡献。

5.1.2.4 培育特色品牌，增强特色林果发展质量

农产品品牌价值不仅在一定程度上决定了农业产业发展水平与发展质量，更是直接决定了区域农业产业的市场竞争优势与可持续发展能力。各退耕区应以各级地方政府、林果企业、果农、相关社会组织为主体，加快推动创立、保护与发展特色林果品牌，充分体现特色林果的产业优势、特色优势与产品优

势，不断增强特色林果的品牌价值，不断增强特色林果业的整体收益。应加快推进特色林果品牌培育战略，整合创建区域特色品牌与地理标志品牌，以应对大规模国外林果产品对国内水果市场的巨大冲击，不断增强国内特色林果业的国内外市场竞争优势；应以特色林果业产业化经营纵深发展为动力，创出具有区域特色的果品品牌，培育具有区域特征与地域特色的品牌文化，不断延伸特色林果业的生存空间与发展空间，不断增强特色林果业的美誉度与满意度，不断增强特色林果业发展质量，进而提高特色林果业对退耕农户增收的直接贡献，以推动新一轮退耕还林工程的有效持续发展。

5.1.3　关键举措

5.1.3.1　加快推进退耕区林果标准化生产示范基地建设

林果标准化生产示范基地是提升特色林果标准化与优质化生产水平，推动特色林果产业提质增效的重要载体。新疆根据"突出大宗果品、优先特色树种、支持原产地重点县（市）、促进一二三产业融合"的原则，通过林地流转、入股分红、合作经营等方式，以南疆为重点推动建立特色林果标准化生活示范基地，以提升特色林果果品质量，增强特色林果业市场竞争优势与精准扶贫能力。因此，为提升特色林果业发展效能、切实巩固退耕还林工程成果，各退耕区应加快推进林果标准化生产示范基地建设，加快实施特色林果质量精准提升工程，加快推进退耕农户与特色林果产业的有效联结，使特色林果业成为退耕工程有效持续实施的产业支撑。

（1）持续提升优质特色林果的供给规模。随着消费者需求层次的不断提升、消费结构的不断调整、消费能力的不断提升，人们越来越关注林果的质量安全问题，越来越倾向于购买"三品一标"特色林果（无公害果品、绿色果品、有机果品与地理标志果品）。据调查，无公害果品的市场价格是同类普通果品的2～3倍，有机果品的市场价格是同类普通果品的5～10倍。优质果品生产对于促进特色林果外向型发展、提高特色林果果品质量、增强特色林果海外市场开拓能力与竞争优势、提升农业生态安全水平等具有重要价值。为适应林果市场发展需求与消费者消费行为新特征，各退耕区应把发展无公害果品、绿色果品、有机果品作为特色林果产业发展的重点领域，并通过政策引导、资金投入、企业带动、新型经营主体参与，加快无公害果品、绿色果品、有机果品生产示范基地建设，对特色林果育苗、种植、采摘、加工、流通、运输等环节进行全过程质量管理，全面推行特色林果业的无害化生产、标准化管理与科学化经营。同时，根据"调结构、转方式、上档次"的整体要求，深入推进特色林果业供给侧结构性改革，着力提升特色林果标准化生产水平与产业化经营能力，形成布局合理、结构科学、生产有序、果品标准、品质优良、产业发达的现代特色林果生产体系，不断提升优质特色林果的供给规模。

（2）持续完善林果标准化生产基地的基础设施。基础设施建设是林果标准化生产示范基地建设的重要环节，是提高特色林果生产经营条件、增强特色林果综合生产能力、提升特色林果业可持续发展能力的重要保障。为推进特色林果标准化生产基地建设，各退耕区应综合利用区域自然因素、经济因素与社会因素，切实加强特色林果生产基础设施建设，有效改善特色林果的生产条件与发展基础，从根本上提升基础设施对特色林果高质量发展的支撑作用与保障作用。应根据当前特色林果业发展布局与设施条件，加强统筹规划与资金投入，完善特色林果产前、产中、产后各环节的基础设施，为特色林果产业化发展提供完善的物质环境与服务环境。从产前环节来看，应建立健全林果生产要素供应基础设施建设，确保特色林果业的资金投入、技术支持、生产资料供应，满足特色林果可持续发展的生产要素供给需要。从产中环节来看，应加快推进土地整治、道路电力通信设施配套、农田水利基础设施建设，并加快提升退耕林果地的集中连片规模，有效增强特色林果的生产能力与生产质量。从产后环节来看，应加快推动特色林果精深加工、仓储中心、配送基地、运输条件、果品检验、果品分级与果品包装、果品批发与零售等基础设施建设，为特色林果加工、销售、流通提供重要支撑。同时，应持续完善特色林果生产的金融服务、技术推广、交通运输、能源电力、通信网络、检验检测等服务性设施建设，为退耕农户特色林果业发展奠定物质基础。

（3）调整、优化特色林果生产的区域结构与品种结构。为充分挖掘退耕区特色林果发展的资源优势与产业优势，退耕农户应以区域地理条件、水土环境、气候因子为基准，科学确定最适宜发展的林果品种、精准规划主栽品种的最佳栽培区，严格遵循特色林果种植的自然规律；同时，应根据区域协同发展的根本要求，逐步调减经济效益差、市场需求弱、产业化水平低的传统树种，着重发展市场需求大、适应性强、易于产业化的特色林果业，并加快推进周边地区林果产业统筹发展。各退耕区应不断完善特色林果业发展布局，鼓励退耕农户通过合作经营实现适度规模经营，并通过"一村一品""一县一业"运动推动优势主导树种向适宜地区有效集中，增强特色林果业的规模化、产业化与特色化经营优势。在品种结构中，退耕农户应适应市场发展需求与市场供求基本规律，适度开发品质好、产量好、效益高、抗逆性强、耐储运的名特优稀林果新品种，推进制干、鲜食、深加工等林果品种多元化发展，并根据市场需求合理确定制干果品、鲜食果品、深加工果品的生产比例；在鲜食果品生产中，应科学规划早、中、晚熟林果比例（早熟果品10%、中熟果品30%、晚熟果品60%），基本实现特色林果四季上市、全年供应，不断优化市场竞争思维，持续降低市场运营风险，全面增强产业发展适应性。各退耕区应加大特色林果良种繁育体系投资力度，不断完善林果种质资源培育、组培研究、苗木驯化、苗木快繁等基础设施建设，大力实现特色果木的繁育基地化、品种优质化、苗木标准化与供给系统化，加快实现退耕农户林果生产的标准化与优质化。

（4）加快推进特色林果的适度规模经营。鼓励林地有序流转、推进特色林果适度规模经营是特色林果标准化生产示范基地建设的根本保证，是实现特色林果规模化运行、提升特色林果业发展规模效益的重要基础，是发展现代林果业、提高特色林果生产技术效率与产出效率、增加农户收入的有效途径。各退耕区应加快推进集体林权改革，加快培育专业大户、家庭林场、林业专业合作社、林业龙头企业等新型经营主体，不断探索退耕地流转方式，不断优化退耕地流转市场秩序，不断完善土地流转交易平台，不断加大对新型农业经营主体的金融支持与政策扶持，以切实优化林果业生产要素组合配置，不断增强特色林果业的规模化经营水平。各退耕区应积极探索联合经营、大户经营、家庭林场经营、股份合作经营、集体合作经营、企业经营等适度规模经营模式，妥善处理退耕地流转与林果业适度规模经营之间的关系；积极引导退耕农户发展合作经营，大力推广"企业+合作组织+基地+林农"等多主体合作模式，不断完善特色林果业等林业合作经营的投融资服务、林业科技服务、林业保险服务、林权交易服务、林业公共服务等林业服务平台，建立健全相关利益主体的合作利益保障机制与合作行为调控机制。各退耕区应以林业新型经营主体为核心，加快培育发展一批经营特色化、管理规范化、产品品牌化、生产标准化、发展产业化的新型林业经营组织，不断推进经营组织的利益联结一体化与产供加销一体化，着力于打造一批技术增值效应显著、地域特色鲜明、经济效益明显、产业辐射效应大、农户带动力强的林业合作经营品牌，全面推进特色林果的适度规模经营水平与经济活力，不断增强特色林果标准化生产示范基地的建设效能，不断提升退耕农户特色林果业的发展水平与发展质量。

5.1.3.2 全面提升退耕农户特色林果业精深加工能力

长期以来，各地区特色林果业精深加工能力不足、果品技术附加值不高，果品多以鲜食产品或初级加工品进入市场，使得特色林果业资源优势难以有效地转化为市场优势。为推动特色林果业提质增效，各退耕区将特色林果精深加工作为主攻方向，加快林果精深加工技术设备升级改造，加快林果精深加工技术研发创新，加快培育林果精深加工龙头企业，加快推进林果精深加工体制机制创新，加大林果精深加工政策扶持，有效延长特色林果业产业链条，实现退耕农户特色林果业产业化发展。

（1）优化特色林果产业链条。林果精深加工是优化特色林果产业链网结构、增强特色林果产业竞争优势、提升特色林果产业整体效益的重要环节，是联结林果产业产前、产中、产后各环节的重要产业节点，是推动特色林果产业提质增效的关键领域。为切实提升特色林果业精深加工能力，各退耕区应加快推进特色林果产业化经营，优化特色林果产业各环节、各节点、各主体的空间结构与链网联结机制，为深度挖掘特色林果业技术增值能力、全面增强特色林果业经营绩效提供重要抓手与有效载体。具体而言，特色林果精深加工依赖于林果产业上游、中游、下游各环节的多维耦合与有效衔接。在特色林果产业上游环节，应加快推进林果育种、扩繁、推广、种植、绿色生产等各环节的产业化建设，从产前环节提升特色林果产品品质，为特色林果精深加工提供高品质原材料或初级加工品；在特色林果产业中游环节，应加快推进精深加工装备升级、技术改造、技术研发创新、包装加工、仓储配送等各环节的协同化发展与一体化运营，实现特色林果精深加工的技术增值最大化与加工品质最优化；在特色林果产业下游环节，应重点关注林果精深加工品的营销服务与营销创新、品牌培育与品牌推广，确保林果精深加工品有效占据市场份额，提升林果加工业的可持续发展能力，进而增强退耕农户特色林果业的发展效能。

为有效增强退耕区特色林果精深加工水平，应选择具有一定规模优势、区域优势、资源优势与产业特色的特色林果品进行精深加工，并确保特色林果产品具有较高的精深加工潜能、精深加工价值、市场需求规模、消费需求潜力与价值增值空间；应确立系统开发的产业化发展思路，加快推进特色林果深度开发以有效延长林果加工产业链条，提升林果加工品的增加值；还要关注林果加工衍生品或残渣的无害化处理与资源化利用，切实提升林果精深加工广度，提升林果加工的整体效益与绿色生产能力。同时，应建立有效的产业组织载体，实现林果生产、加工、销售各环节产业活动的有效对接，并健全各产业主体与产业活动的利益共享机制、风险共担机制、协调发展机制与行为规制机制，实现退耕区特色林果精深加工的健康、有序、稳固、可持续发展。

（2）培育引进特色林果精深加工龙头企业。农业龙头企业是将农产品的生产、加工、销售结合起来，将农户与市场相连，以农产品加工与贸易业务为主并达到一定规模的企业。从交易费用视角来看，农业龙头企业有助于克服农户分散经营的诸多弊端（分散经营的农产品交易成本偏高、农户生产风险应对能力弱、农户的市场对接能力与市场适应性差等）。2019年全国农业产业化工作座谈会明确了，"农业产业化是当前农业发展的主流趋势，是农业农村现代和全面乡村振兴的必要过程"；2019年中央一号文件[①]提出，"培育农业产业化龙头企业和联合体，推进现代农业产业园、农村产业融合发展示范园、农业产业

[①]《中共中央 国务院关于坚持农业农村优先发展做好"三农"工作的若干意见》。

强镇建设"。农业龙头企业是实现农业产业化发展的重要基石，是发展现代农业、推动乡村经济高质量发展的重要支撑。特色林果龙头企业以规模化种植、精深加工为主要业务，并逐渐延伸至林果产业链网各个环节；林果龙头企业具有开拓市场、引领发展、加工转化、营销服务等基本能力，是资金规模大、生产能力强、辐射效应强、引领能力大的重要产业主体，是特色林果业提质增效的重要抓手。

为提升特色林果业发展效能，各退耕区应着力把培育和引进龙头企业作为提升特色林果精深加工能力的突破口、推动特色林果产业化发展与市场化运营的关键点、提升退耕农户收入水平与退耕区经济活力的重要举措；应着力于营造宽松的投资环境，完善扶持政策，破解龙头企业融资难题，为龙头企业技术研发、技术创新、精深加工、营销服务提供有效资金支持，为林果龙头企业发展壮大创造积极条件。应鼓励林果龙头企业提升技术研发投入，增强技术创新活力，积极与高校、科研院所、埠内外技术企业等建立协同创新机制，不断提升龙头企业林果精深加工的深度与广度；各退耕区应推动林果龙头企业积极推广应用农业新技术，不断提升林果品种选择、苗木培育、种苗移植、林果生产、病虫害防治、节水灌溉、果品采摘、林果加工等各环节的技术应用质量与技术推广效率。应积极引导大规模龙头企业通过兼并、参股、联营、租赁等方式进行适度规模扩张，建立林果集团、林果技术联盟、林果大公司等规模化与优势化市场主体，有效提升特色林果精深加工规模与精深加工能力。应充分发挥林果龙头企业的辐射效应与带动作用，推动建立"龙头企业+农户""龙头企业+基地+农户""龙头企业+林果专业合作社+农户""龙头企业+集体经济组织+农户"等多元化生产模式，并持续优化龙头企业与退耕农户的利益联结机制，理顺特色林果产业中龙头企业、生产基地、合作社、农户等多元经营主体的利益关系，不断提升特色林果产业链的内部合力，不断增强特色林果产业各经营主体的发展活力，不断优化特色林果产业主体的制度安排，推动特色林果业的规模化、集约化、市场化与资本化发展。

（3）推进特色林果精深加工技术协同创新。特色林果精深加工依托于先进的加工技术、专业的加工设备、完备的加工流程与健全的质量控制体系等。为全面提升特色林果精深加工能力，应统筹科技创新资源，整合科技创新人才，完善科技创新体制机制，强化科技金融支持，健全科技创新服务体系，加快推进特色林果精深加工关键技术研发、先进实用技术推广，为特色林果精深加工提供强有力的技术支撑。各退耕区应加快创新特色林果精深加工工艺与精深加工产品，积极发展葡萄酒、石榴酒、杏酒、沙棘酒、枸杞酒、梨酒、枣酒、苹果酒等果酒加工业，积极发展杏、梨、枣、桃、苹果、核桃、石榴、小浆果等浓缩果汁、果酱、饮料、核桃乳等加工业，积极发展杏、红枣、葡萄、核桃等制干、制脯、杏仁油、杏仁粉、核桃粉、核桃油加工业，积极开发以果品为原料的高档保健品、药品、化妆品、食用色素、花粉、生物制品、活性炭等系列产品，不断提升特色林果精深加工深度，不断增强特色林果精深加工技术增值水平。

各退耕区应根据其区域特征、产业格局与经济现状，以发展具有区域特征、民族特色的林果精深加工为重点，积极整合和规范发展各类特色林果精深加工产业园区，加快实现特色林果加工的园区化、产业化与集聚化，最大限度地挖掘特色林果业增值潜力。应建立以龙头企业为主体，以主导为导向，产学研深度融合发展的林果技术创新体系，不断优化龙头企业的技术创新环境，不断巩固龙头企业技术创新的主体地位，不断加大企业技术创新的政策支持力度，不断激发龙头企业的技术创新内生动力，引导林果龙头企业积极开展林果精深加工关键技术研发与突破；应积极推动技术创新要素的优化配置、创新资源的高效利用，推动科技创新工作的开放共享，加强各类创新主体、创新要素和各个区域创新的协同，建立健全林果精深加工技术的协同创新机制，实现区域创新优势互补，形成区域创新发展合力，为特色林果业精深加工提供创新基础、创新氛围、创新环境、创新空间与创新路径，不断增强特色林果精深加工深度与广度，切实提升退耕农户特色林果技术增值能力。

5.1.3.3 有序加强退耕区特色林果业技术创新与技术推广

（1）加快推进特色林果科技体制机制改革。为切实提升特色林果共性关键技术研发效率，增强特色林果实用技术推广服务质量，提升特色林果高质量发展的技术支撑效用，各退耕区应坚持市场支持、市场导向、企业为主体、协同创新、统筹协调、遵循规律，创新驱动、服务发展的基本原则，加快推进特色林果科技体制机制改革，不断增强特色林果科技创新活力，为特色林果业高质量发展奠定技术基础。各退耕区应充分发挥林果加工龙头企业的规模优势、技术优势、资金优势与产业优势，确立龙头企业在林果技术创新、研发资金投入、技术成果转化中的主体作用；推动区域人才资源、技术要素等创新禀赋向龙头企业流动，引导林果龙头企业与科研机构、高等院校等建立技术创新联盟，协同开展特色林果核心关键技术研发与特色林果科技成果转化；鼓励各退耕区加大特色林果技术创新的支持力度，推进特色林果农科教、产学研紧密结合，有效整合区域科技创新资源，围绕林果质量安全、高效生产、科学管理、绿色发展等重点方向，构建适应高产、优质、高效、生态、安全发展的特色林果技术创新体系。应积极强化基层公益性农技推广服务，引导科技企业、科研机构积极开展农业技术服务，培育和支持新型农业社会化服务组织，推动农业技术服务组织经营性职能与公益性职能相分开，建立健全公益性服务与经营性服务有机结合的农业技术服务体系，形成网络化、标准化、规范化、社会化的农业公共服务平台。应积极探索以市场为导向、以效益为中心、以企业为核心的林果科技成果转化形式与利益分配机制，完善落实科技人员成果转化的股权、期权激励和奖励等收益分配政策，加快推动特色林果科技成果转化。应加强区内外、国内外林果技术创新合作，积极开展多方位、多层次、高水平的技术协同创新，鼓励林果加工龙头企业通过参股并购、联合研发、专利交叉许可等方式进行技术合作，加快林果技术开放合作，为区域林果技术创新提供有力保障。应培育、支持、引导科技中介服务机构，推动科技中介组织向服务专业化、功能社会化、组织网络化、运行规范化方向发展，为区域特色林果技术研发、成果转化、技术推广、技术应用等提供多元化服务支撑。

（2）加快推进特色林果共性关键技术研发。林果共性关键技术是提升林果生产经营标准化、规范化、集约化、科学化与优质化水平的重要保障，是提升特色林果果品质量、精深加工水平与营销服务能力的重要支撑，是构建良种苗木规范化繁育技术体系、果树标准化简约化栽培技术体系、果品质量检测与技术服务体系、果品采后商品化处理与加工技术体系、果品交易与信息服务体系的重要助力。为提升特色林果业发展效能，各退耕区应统筹协调生态环境修复与农户增收致富双重目标，加快优良林果品种引进，筛选引进一批适应退耕区自然条件的优良品种，充分挖掘具有高产优势、抗逆性强、宜加工等优良性状的遗传资源，积极培育生态防护功能显著、果品经济价值突出的优良品种；加快研发特色林果集约化经营与提质增效关键集成配套技术，引进创新特色林果丰产栽培、抗旱节水、机械化生产、农机农艺配套等经营技术，不断提升特色林果集约化、自动化、现代化经营管理水平；建立和完善林果灾害综合防控体系，加强抗寒、抗风、抗旱、抗虫、抗盐渍等高抗逆性林果品种的选育，积极研发生物防治、物理防治、化学防治等综合防治体系，不断提升特色林果的标准化与优质化水平；加大特色林果精加工、贮存保鲜、质量综合控制等关键技术的研发力度，建立健全林果产品贮存保鲜加工产业体系。

（3）加快推进特色林果先进实用技术推广。技术推广与技术服务是打通特色林果技术成果转化的"最后一公里"，是提升农户特色林果生产经营技能的重要途径，是提升林果先进实用技术应用深度与应用广度的重要措施，是实现特色林果标准化生产、高质量运营的重要保障。为切实提升特色林果技术推广效率与技术服务质量，各退耕区应着力解决技术推广模式不合理、技术推广队伍结构不合理、技术推广服务活力不足、技术推广基础设施薄弱、技术推广体系不健全、技术推广观念落后等问题，切实建立健全技术推广服务体系，不断增强特色林果技术推广质量。各退耕区特色林果技术推广应充分尊重农户需求，为农户提供最需要的、最有用的、最经济的特色林果先进实用技术；着力培养一支"懂农业、爱农村、爱农民"的专业化农技推广队伍，探索建立一支由农业科研机构、市场化服务组织、基层农技推广机构、农业乡土人才共同参与的农技推广服务联盟，不断增强技术成果的推广效率与服务质量；着力创新农业技术推广模式，以集中培训、专题讲座、现场教学、网络培训、宣传图册发放等方式为基础，探索开发农业技术推广手机 App，为订阅农户定期适时推送技术知识或视频知识，为农户提供更好的技术指导与技术培训，不断增强农业技术推广的信息化、网络化与实时化水平，不断增强农业技术培训的操作性、应用性与实践性，不断提升农业技术推广质量。

各退耕区应依托高质量的农业技术推广专业队伍、健全的农业技术推广基础设施、完善的农业技术推广服务体系、多元化的农业技术推广手段等，加快形成集引种、栽培、试验、示范、推广、生产于一体的林果技术推广平台，不断提升特色林果先进实用技术推广效能。各退耕区应着力加快主要特色林果转升级优良品种及其丰产栽培技术的推广，并重点推广林果简约化栽培、节水灌溉、水肥一体化、铺设反光膜、机械化整枝、自动化抚育、机械化采摘等综合配套新技术，全面提升特色林果基地建设的现代化与机械化水平；应加大退耕地低产经济果林改造，不断优化林果高效栽培模式与林果集约化科学经营，重点推广退耕地瘠薄土地肥力修复、盐渍化土地改造等生物化肥、复合肥、菌肥等，不断提升退耕林地果品产量与质量；应重点推广退耕林地测土配方施肥技术、节水灌溉技术、果实套袋技术、病虫害绿色防控技术、高效整形整枝技术、果实无害膨化技术、高效低毒农药喷施技术、林果生产专家决策支持系统、林果仿真生产决策支持技术等综合管理新技术，不断提升退耕地特色林果业发展效能。各退耕区应加快抵御自然灾害技术推广，针对低温冻害、大风沙尘灾害、林果有害生物等，推广抗逆性强的林果新品种，示范应用防止低温冻害专用材料，营造生产基地防风固沙林带，加强风沙和林果有害制约的监测预报，提升退耕地特色林果主产区抗御自然灾害的综合能力；应加快推广应用林果精深加工技术，集成推广果品采后预冷、衰老控制、贮藏保鲜、冷链保鲜、防腐运输等关键技术，有效延长特色林果产业链条。

（4）重点推进特色林果机械化。林果机械化是实现特色林果现代化经营、推动现代林果业高质量发展的重要路径，是提升特色林果劳动生产率、降低果农劳动强度的重要手段。各退耕区应根据区域林果主导产业发展整体布局，加快引进、研制、推广适合不同树种、不同栽培模式、不同果品的多功能通用型林果生产专用机械，实现特色林果栽培、生产、防控、管理、采摘、加工等全流程机械化与自动化，重点研发推广果树育苗、移栽、施肥、整枝、喷药等生产环节关键技术与设备的研发与推广，研发推广果品无伤采摘、自动分级、包装、贮运、加工等流通加工环节的机械化技术与设备，为特色林果健康、有序、高效、可持续发展提供技术设备支持。各退耕区应围绕林果集约化、标准化、规范化、绿色化、优质化的发展理念，重点研发推广有害生物防治、节水灌溉、田间标准化管理等新型机械，推进特色林果无公害、绿色、有机林果基地建设。各退耕区应以自主创新为基础，以"引进、消化、吸收、创新"为技术管理策略，积极借鉴引进适宜于特色林果机械化生产的技术设备，并通过生产机械的协同创新，尽快实现特色林果生产机械关键技术的创新与突破，解决制约林果机械化生产的关键技术问题。同时，各退耕区应以"农机农艺"配套为根本原则，在退耕地林果种植时选用适合于机械化种植、管理、采收、加工的果品良种，加快建立矮株密植、标准化栽培的特色林果生产机械化技术试验示范标准园，为特色林果机械化生产与技术推广创新有利条件，不断增强退耕农户特色林果生产的机械化水平。

5.1.3.4　建立健全退耕区特色林果营销服务体系

为破解特色林果销售分散化、无序化、低效化的根本问题，退耕区应建立健全特色林果营销服务体系，加快更新林果营销服务理念、推进林果营销策略创新、促进林果营销主体优化，切实提升退耕区特色林果的营销质量，切实解决退耕农户"卖果难、价格低"等现实问题。

（1）加快推进特色林果品牌管理。"品牌是一种名称、术语、标记、符号或图案，或它们的结合，用于识别某个消费者或某消费群的产品或服务，并使之与竞争对手的产品和服务相区别。"随着农业现代化建设与市场化进程的快速推进，产品质量、品牌、市场之间的相互关系更加密切。产品质量是培育产品品牌、提升品牌价值的根本保障。产品品牌管理是开拓国内外市场、维持消费者忠诚度的重要战略。为实现特色林果业可持续发展，各退耕区应树立品牌管理意识、转变发展思想观念，积极实施特色林果产品品牌战略，推进特色林果品牌认证管理制度，强化退耕农户、林果企业、林果专业合作社等经营主体的品牌管理意识，规范特色林果的果品质量标准体系。各林果生产加工主体应积极了解产业发展环境，确定自身的优势与劣势、面临的机会与威胁，以识别其核心竞争力；应在长期发展中形成明确的发展目标、完善的企业文化与适宜的发展愿景，通过名称、术语、标记、符号、图案及其结合体形成独特的识别系统，并确定产品的市场定位、价格定位、形象定位、地理定位、人群定位及渠道定位等品牌定位，使品牌成为产品与消费者连接的重要纽带；应将区域特色林果业发展所形成的科学技术、经营思想、生产方式、营销手段、产品品质、产业特色、主体特征等理念、内容与内涵融入产品品牌定位与品牌管理，加快提升特色林果的品牌价值。

各退耕区应推动特色林果产品品牌培育与品牌整合的有效统一，一方面着力推动各市场主体进行品牌培育，增强特色林果品牌管理意识。更重要的是，加快各区域杂乱果品品牌的多元整合，切实增强产品品牌的开拓市场、维持市场与延伸市场能力。应以林果龙头企业为主体，加大龙头企业品牌培育力度，将同一区域、同一品种的不同果品品牌进行兼并融合，形成名称统一、知名度高的林果大品牌，并对其进行提炼形成地理标志产品，以增强区域特色林果的市场竞争优势；实施一牌多品，品牌共享，统一标识、统一标准、统一包装、统一销售，增强林果品牌的推广、营销与保护，形成特色林果发展的品牌效应。另一方面，不断加大品牌商标等知识产权保护力度，鼓励各市场主体充分利用法律手段保护其商标品牌，营造保护知识产权的健康环境，引导特色林果各类生产加工主体做好商标注册工作；并有序开展特色林果原产地认证、网络认证工作，引导各市场主体应用先进技术手段，提升品牌商标的防伪度与辨识度，不断完善特色林果产品质量可追溯体系，不断提升特色林果品牌管理活力与质量管理能力。应根据产品发展现状与产业发展预测，建立相对积极的品牌延伸与品牌扩展策略，不断提升产品、品牌、市场的良性互动作用。

（2）加快完善特色林果营销网络。健全的营销网络是增强特色林果营销能力的根本基础，是提升特色林果产业可持续发展能力、推动退耕农户增收致富的重要抓手。各退耕区应建立健全特色林果营销组织体系，加快培育林果加工企业、物流企业、批发零售商、外贸企业、林果专业合作社等营销主体与营销服务组织，以市场机制为基础、以政府推动为助力、以营销企业为主体，形成立足于国内市场、面向国外市场的现代化果品销售网络。应建立健全特色林果市场信息系统，通过信息网络及时采集、整理、归纳、预测、发布国内外林果市场需求信息，实现区域与区域、区域与全国、区域与国外果品市场的有效对接，区内外、国内外果品营销信息的快速传递与实时共享，为退耕农户、林果生产企业、林果营销主体等提供准确市场信息，为特色林果各产业主体生产经营决策提供信息支持。同时，各营销主体等积极整合报纸、杂志、电台、电视、广播、网络、会展等传播媒介，综合应用广告、公关、促销、推销、节庆活动等传播沟通方式，不断提升区域特色林果知名度与美誉度，不断延伸特色林果市场空间。

各退耕区应加快完善营销网络基础设施建设，形成特色林果批发市场、连锁超市、果品专营市场、物流配送中心、展销会、推介会、网上交易平台等多主体共同参与的立体化销售网络；以果品批发市场为主体，以城乡集贸市场为集散地，以超市、专营市场、商场为网络节点的现代化林果产品流通体系，不断增强特色林果产品的市场覆盖能力与需求满足度，不断提升特色林果产品的配送效率。各退耕区应在传统林果营销渠道基础上，加快推进特色林果分销渠道创新，建议在大型中心城市建立林果物流配送基地，缩短营销渠道长度，强化与当地果品分销主体与消费者的联系；鼓励林果龙头企业设立直营窗口与直销经营，通过区域特色林果专营店销售本地特色林果产品及林果加工品，提升特色林果流通效率，塑造特色林果品牌形象、采集特色林果市场需求信息；积极扶持林果大户、家庭林场、林业专业合作社、林业专业协会、农民经纪人等市场主体，引导各类市场主体与市场营销组织建立积极联系，推动区域特色林果直接进超市、进商场等设立特色果品专柜，推动特色林果营销、产品宣传推介的有效统一。

（3）持续完善特色林果物流服务体系。从当前来看，鲜食果品仍是退耕区果品市场的主导产品。鲜食果品从田间到市场的安全低耗是产业可持续发展的根本保证，所以从田间到市场需要有一个完善的现代物流系统——特色林果冷链物流系统。随着我国经济社会发展和人民生活水平不断提升，特色林果消费规模与需求品质的不断提高，冷链物流业发展的市场空间在不断扩大，但由于我国冷链物流起步较晚、基础较为薄弱、设施较为落后、标准较不完善、监管较为滞后，难以有效满足各区域鲜食果品的市场流通需要。为切实提升特色林果产品质量，各退耕区应积极借鉴美国、荷兰、日本等发达国家农产品冷链物流发展经验，不断完善林果冷链物流基础设施，不断优化物流服务专业人才队伍，不断培育冷链物流市场主体，为特色林果流通加工提供有效支持。

为有效保障特色林果质量安全、有效降低林果流通耗损，各退耕区应加强横向协调与纵向联结，着力于构建"全链条、网络化、亚标准、可追溯、新模式、高效率"的现代化冷链物流体系，加快培育一批资本雄厚、技术先进、管理规范、运作科学、发展高效、核心竞争力强的专业化冷链物流企业，加快建立覆盖各林果主产区与消费地的冷链物流基础设施网络，加快推广先进的冷链装备、技术与管理理念，不断优化冷链物流流通组织，实现冷链物流由基础性流通服务向增值服务的有效延伸。应引导冷链物流企业转型升级，积极发展"互联网+"冷链物流，鼓励物流企业主体积极应用卫星定位、物联网、移动互联等先进信息技术，打造"林果产品+冷链设施（设备）+流通服务"的数字化信息平台，逐步实现配送监查、车辆温控、仓储管理、订单管理、运输管理等林果冷链物流全过程的信息化、数据化、透明化与可视化；并推动建立林果冷链物流信息共享与信息交互机制，逐步实现企业间、区域间、政企间的物流信息交换与沟通，推动市场需求与冷链资源的高效匹配、不同主体间物流资源的统筹协调、不同区域间物流服务的有效对接。

各退耕区应加快推动特色林果冷链物流技术装备的创新推广，鼓励物流企业加大科技创新投入力度，加快绿色防腐技术与产品、新型保鲜减震包装材料、降腐核心技术工艺、新型分级预冷装置、大容量冷却冷冻设备、节能环保多温层冷链运输设备等物流技术装备研发升级，积极推动冷链物流设备设施的标准化、冷藏运输车辆的专业化、蓄冷材料与保温材料的绿色化、大量温控设备的节能化发展，不断提升林果冷链物流的配送效率与服务质量。各退耕区应建立健全特色林果等鲜活农产品冷链物流业发展的政策支持体系，加大冷链物流理念与重要产业价值的宣传推广力度，不断提升特色林果冷链物流的市场覆盖度；应拓宽冷链物流企业发展的投融资渠道，引导银行等正规金融机构加大对冷链物流企业的资金支持力度，推动物流企业的规模化、专业化发展。

（4）加快提升退耕农户的组织化程度。退耕农户是特色林果的直接生产者、特色林果销售的直接受益者，也是特色林果产业链的分散化微观主体。农业行业协会、林果专业合作社、林果产销战略联盟等组织形式有助于增强退耕农户的组织化程度，推动分散化小农户与现代特色林果业的有效衔接。特色林果行业协会是介于政府与企业、商品生产者与经营者之间的民间非政府机构，是为相关主体提供服务、咨询、沟通、监督、协调的社会中介组织。为切实保障退耕果农的合法权益，各退耕区应加快建立规范的林果行业协会，充分发挥其在市场秩序约束、市场信息咨询服务、主体经营行为规范、国家及行业标准制定、行业价格协调、主体利益纠纷协调等中介服务作用，建立健全林果生产加工企业、中介服务组织、退耕农户的利益联结机制，切实规范各市场主体的生产经营行为。应充分认知到林果行业协会的中介服务效用，加大林果行业协会的资金、技术、人力、政策扶持，不断优化行业协会组织框架、不断完善行业协会业务职能、不断健全行业协会运行机制、不断拓宽行业协会业务范围；各林果行业协会应组织开展市场调研、技术培训、展览会、推介会、交易会、信息发布会等活动，为林果种植加工企业和退耕农户提供技术信息、市场需求信息、金融支持信息与扶持政策信息等中介服务，为区域特色林果产业链各环节、各节点、各主体提供服务支持，有效提升退耕农户的市场风险抵御能力、市场需求供给能力与农户组织化程度，有序增强特色林果业的产业化、规模化发展能力。应加快培育特色林果种植专业合作社、林果加工专业合作社、林果营销专业合作社，加快推广特色林果种植加工的新理念、新品种、新技术、新工艺与新模式，不断增强退耕农户的组织化程度，不断提升退耕农户对市场需求信息的分析能力与预测能力，有效降低退耕农户的市场交易成本，有效增强退耕农户的市场风险应对能力，有效提升分散化小农户与大市场的对接能力，有效保障退耕农户的特色林果销售收益。

5.1.3.5 持续完善退耕区特色林果全过程质量管理

为实现特色林果业的高质量发展，各退耕区应持续加强特色林果质量监管，建立健全特色林果的全过程质量管理体系，不断提升林果种植加工企业、退耕农户及其他相关主体的质量管理意识与质量管理能力，切实增强高品质特色林果的有效供给能力。

（1）建立健全特色林果质量追溯体系。质量追溯体系建设是采集记录产品生产、流通、消费等环节信息，实现来源可查、去向可追、责任可究，强化全过程质量安全管理与风险控制的有效措施。根据《国务院办公厅关于加快推进重要产品追溯体系建设的意见》（国办发〔2015〕95号）、《农业部关于加快推进农产品质量安全追溯体系建设的意见》的精神，各级地方政府应全面推进现代信息技术在农产品质量安全领域的应用，加快推进退耕区特色林果质量安全追溯体系建设，推进建立职责明确、协调联动、统一高效、运转有序的特色林果质量可追溯体系，确保实现特色林果生产源头可追溯、果品流向可跟踪、果品信息可查询、生产责任可追究。应根据《农产品质量安全信息化追溯管理办法（试行）》及相关配套制度，明确特色林果的追溯要求，统一特色林果追溯标识，规范特色林果追溯流程，健全特色林果管理规则，推动特色林果质量安全追溯与市场准入的有效衔接，不断完善各退耕区特色林果追溯管理的地方性法规，建立健全产业主体管理、包装标识、追溯赋码、信息采集、索证索票、市场准入等追溯管理基本制度，加快推进特色林果质量安全的全过程可追溯体系。应加快建立特色林果质量安全追溯管理平台，推动区域追溯系统与国家农产品可追溯管理平台的数据交换，有效对接与信息共享，并鼓励林果种植农户、企业与加工主体等发展应用信息化追溯手段，不断增强特色林果生产加工的信息化与可视化。

各退耕区应充分发挥特色林果区域追溯平台的决策分析功能，充分挖掘主体管理、产品流向、监管检测等大数据的资源价值，"用数据说话、用数据管理、用数据决策"，提升特色林果质量安全管理的信息化、精准化、科学化与可视化，切实提升各产业主体的经营决策科学性与市场风险防范能力；应加快推进特色林果质量追溯系统的应用推广，加强对各主体、各生产行为、各生产环节的信息采集与上传监控核查，提升特色林果生产加工全过程的透明度，解决特色林果生产加工经营信息不对称的问题，倒逼各生产经营主体强化质量安全意识，提升特色林果果品及加工品品质；应加强追溯管理基础设施设备建设投入力度，不断完善各产业主体、检测机构、监管部门的追溯设备，加大对特色林果生产加工主体追溯设施设备采购、信息采集录入与上传、追溯标识使用等的补贴力度,切实提升产业主体开展质量追溯管理的积极性与主动性,有效解决质量安全追溯管理"叫好不叫座"的问题;应加强农产品质量可追溯的宣传,向社会公众、农户、生产加工企业、销售企业等普及追溯知识、传播追溯理念,有效提升特色林果生产加工主体的质量安全责任意识与自律意识,有效增强社会公众对可追溯特色林果的认知度与认可度,形成全社会关心追溯、使用追溯、支持追溯的良好氛围,为特色林果质量安全追溯管理奠定积极环境支撑。

(2)加快推进绿色防控技术采纳与应用。绿色防控技术是以"公共植保、绿色植保"为基本理念,通过农业防治、物理防治、生物防治、生态调控、科学用药等综合防治手段与环境友好型措施,以有效控制病虫害,实现农业生产安全、农产品质量安全与农业生态环境安全。病虫害绿色防控是有效持续控制病虫灾害,保障特色林果业生产安全的重要手段。病虫害绿色防控技术有助于避免病虫害传统化学防治引发的病虫害抗药性上升、病虫害暴发概率增加与暴发强度增强等问题。其将通过生态调控、生物防治、物理防治、科学用药等绿色防控手段,以保护生物多样性,减少病虫害危害损失,实现病虫害可持续控制,进而保障高质量特色林果的有效供给。病虫害绿色防控是推动特色林果标准化生产,提升特色林果质量安全水平的重要手段。病虫害绿色防控将显著降低传统化学防治引发的化学农药用量超标问题,能够有效降低特色林果的农药残留量,有效提升特色林果质量安全,增强特色林果市场竞争优势与市场开拓能力,推动退耕区果农增收致富。病虫害绿色防控是降低农药使用风险,保护农田生态环境的有效途径。病虫害绿色防控通过科学用药、低毒高效农药使用等措施,显著减少了高毒、高残留农药的使用,有效避免了特色林果病虫害防治中的施药作业风险,更重要的是,显著降低了高毒化学农药施用产生的农业面源污染。

为提升特色林果产品品质、有效降低果品农药残留超标、切实提升特色林果质量安全水平,各退耕区应确立"以防为主、防治结合、统防统治、绿色防控、综合治理"的特色林果病虫害防控理念,建立健全生物防治、物理防治、化学防治、科学用药相结合的综合防治体系，不断增强病虫害绿色防控技术的应用推广规模。应推广使用特色林果生物防治技术的研发与推广，充分发挥林果病虫害天敌自然控制害虫的作用，通过多种方式培养、招引林果病虫害的天敌。应通过微生物源或植物源农药控制林果病虫害，通过仿生类农药、害虫生物抑制剂等诱杀成虫，或阻断林果害虫成长发育机制，以有效控制林果病虫害。应通过物理机械、人工防治等手段，把林果病虫害发生控制在最小范围内，充分利用涂抹黏虫胶、树干下部培沙堆、捆绑塑料裙等方式阻隔林果害虫传播扩散，充分利用性信息素诱捕器、灯光诱杀、糖醋液诱杀、麦草诱捕等方式诱杀林果害虫。应科学分析林果病虫害发生规模与发生机理，抓住病虫害暴发关键期，根据不同病虫害的发生特点与发展规模等进行科学生物药剂、化学药剂施用，合理用药、科学用药、交替用药，推广低毒、高效无残留农药；各退耕区应积极推广无人机飞防植保技术，充分发挥无人机作业效率高、安全系数大、喷施效果好、节水节药效果明显[①]等优势，不断提升农药有效利用率，不断降低农药的施用总量，有效提升退耕农户特色林果果品质量。

5.2 退耕农户林下经济的发展路径

根据《国务院办公厅关于加快林下经济发展的意见》（国办发〔2012〕42号）精神，鼓励"各地区大力发展以林下种植、林下养殖、相关产品采集加工和森林景观利用等为主要内容的林下经济"，以加快调整林业产业结构，巩固集体林权制度改革和生态建设成果，增加林农收入水平。林下种植、林下养殖、经济林产品采集加工、森林景观利用等林下经济发展将在一定程度上实现森林资源的多维开发与立体利用，以林菌、林药、林草、林花、林蜂、林禽、林畜等多产业结构替代退耕林地或瘠薄农地的单一生产模式，以不断提升林地

---

① 据统计，植保无人机喷洒系统采用离心雾化和超低容量变量喷洒技术，保证所有植株都能均匀覆盖，杜绝漏喷、重喷现象，至少节省90%的水和50%的农药，农药有效利用率在35%以上；农用植保无人机每小时作业量为40～60亩，作业效率是人工的30倍以上。

资源的综合利用率与综合产出率，同时也避免了农户退耕后的持续收益或远期收益受损问题，是实现退耕林地可持续经营、退耕还林工程可持续实施、退耕农户可持续参与的重要探索。因此，林下经济是协调退耕还林工程与经济发展的关系，推动社会经济发展目标与生态环境修复目标有效统一的重要途径；是巩固退耕还林工程成果，延伸退耕农户收入渠道，提升退耕农户收入水平的重要实践；是退耕还林工程区最有效的后续产业发展业态。

5.2.1 发展环境

5.2.1.1 优势分析

（1）林地资源优势。自1999年退耕还林工程实施以来，我国两轮退耕还林工程实施规模达5亿多亩。两轮退耕还林增加林地面积达5.02亿亩（其中新一轮退耕还林工程实施规模已扩大到8 000万亩），占人工林面积的42.5%。工程区森林覆盖率平均提高了超4个百分点，极大地推进了田土绿化进程。退耕还林工程总投入超过5 000亿元。退耕还林工程产生了大规模、分散化的退耕林地，为退耕区林下经济发展提供了丰富的林地资源，为林下经济发展提供了大量的经营空间与发展基础。因此，各退耕区可充分利用两轮退耕还林工程的林地资源优势，多元化发展林菌、林药、林草、林花、林蜂、林禽、林畜等林下经济，推动退耕林地资源优势转化为林业产业发展优势与林业经济市场优势，使林下经济成为退耕区重要的后续产业与支柱产业。

（2）人力资源优势。退耕还林工程推动了农地利用方式与利用格局的转变，使得严重沙化、盐渍化、荒漠化瘠薄土地转变为林地，使得原本从事传统农业生产经营的农户转化为从事退耕林地生产、非农就业或农村服务业等工作的兼业农户或非农户。退耕还林工程在一定程度上解放释放了农村劳动力，使得农村剩余劳动力能够从事林下种植、林下养殖、林下经济林产品采集等林下经济生产，为退耕区林下经济发展提供了大量劳动力，为实现林下经济规模化发展提供了人力支撑。因此，各退耕区可充分利用退耕还林工程带来的人力资源优势，鼓励退耕农户在不影响退耕林木正常生长的前提下，借助林地特有的生态环境，在林冠下开展林下经济，推动退耕还林生态环境修复与生态环境保护等生态目标与退耕农户增收致富、农业产业结构调整等经济目标的有序统一，使林下经济成为退耕还林工程健康、有序、可持续发展的重要举措，成为退耕农户收入水平提升的重要实践。

（3）实践经验优势。从生态脆弱区林业产业发展格局来看，林下经济成为缩短林业经济发展周期、调整优化林业产业结构、巩固集体林权制度改革成果、践行绿色发展与生态文明建设、提升林地产出率与综合利用率、增加农户收入的重要探索。近年来，各地区加快引导林下经济发展、加大林下经济发展资金投入与政策扶持，根据区域资源优势与产业布局探索林下经济发展模式与产业业态，并形成了林菌模式（林下种植黑木耳、平菇、鸡腿菇、香菇、滑子菇、松杉灵芝、北虫草等）、林果模式（林下种植蓝莓、红豆、蓝靛果等野生浆果，偃松子、榛子等野生坚果）、林下养殖模式（林下养殖冷水鱼、鹿、狐、貂、蜜蜂、林蛙、森林猪、森林鸭、森林鸡等水产品、畜禽产品）、林菜模式（林下种植老山芹、蕨菜、凤毛菊、东风菜、歪头菜、山牛蒡、山韭菜等山野菜）、林药模式（林下种植黄芪、五味子、桔梗、草苁蓉、防风、柴胡、龙胆草、黄芩）、林草模式（林下种植鲜花、苜蓿、黑麦草、玉米草、皇竹草、青贮等牧草）等。各地区林下经济发展模式的探索与实践为退耕还林工程区林下经济发展规划制定、林下经济发展模式培育、林下经济发展优惠扶持政策制定等提供了积极的经验借鉴，有助于推动退耕区林下经济的规模化、集约化与可持续发展，不断增强林下经济在巩固退耕还林工程成果中的重要作用。

（4）产业基础优势。自《国务院办公厅关于加快林下经济发展的意见》鼓励引导各地区加快发展林下经济以来，各地区不断完善林下经济经营模式，不断优化林下经济发展环境，不断调整林下经济发展方式，林下经济的产业促进性、经济贡献度、林农认可度、农户参与度持续增强，林下经济发展成为林业产业结构调整的重要方向，成为现代林业产业体系构建的重要内容。因此，各地区林下经济发展形成了广泛的农户认可、市场认知、产业活力与市场空间，为退耕区林下经济发展实践提供了积极的产业基础优势，为林下经济科学布局与高质量发展奠定了产业基础。

5.2.1.2 劣势分析

（1）经营管理略显粗放。尽管各地区林下经济发展活力不断提升、林下经济发展规模不断扩大，但林下经济发展仍处于较为传统、粗放、原始的初级阶段。林下经济多是单纯的林下种植、简单的林下养殖、初级林产品的单纯销售等。林下经济的技术增值能力略显不足，林下经济的科学经营管理略显弱化，林下经济产业链网结构略显简单，使得林下经济产业发展呈现出生产无序化、发展低效化、经营分散化、主体多元化、组织松散化等典型特征。同时，由于各地区林下经济发展规划不太科学，使得林下经济产业发展的整体布局、区域分布、模式选择、管理方式较为粗放；由于林下经济龙头企业、林下经济行业协会等主体培育较为滞后，林下经济发展的组织化程度较低，使得林下经济发展工作效率低、产品成本高、产品质量差、产品竞争力弱，不仅难以满足市场竞争需要，而且难以满足高质量林下经济产品的供给需求。

（2）技术支撑略显不足。科技资源是第一资源，是提升林下经济产品技术的增值能力、增强林下经济产品的有效供给能力、推动林下经济产业高质量发展的重要资源。从各地区林下经济发展现状来看，由于林业龙头企业培育滞后、林业技术推广效率效果较弱、林产品精深加工技术设备研发缓慢等客观问题，极大地弱化了林下经济发展的技术支撑能力，抑制了林下经济产业的可持续发展。同时，由于农户整体素质低下，其林下种植、林下养殖、经济林产品采集加工的专业技术采纳应用效果不佳，使得林下经济发展成本高、产出低、效益低；同时，由于农户普遍呈现出风险规避偏好，对林下经济新技术、新工艺、新装备的认可度与接受度不高，对新品种培育技术、绿色防控技术应用、畜禽疫病防治技术、高品质经营技术等掌握较少，在一定程度上增加了林下经济的市场风险，降低了林下经济的经营收益。

（3）规模优势尚未形成。尽管中央及各级地方政府鼓励林农通过合作经营推动林下经济适度规模发展，通过林业大户、家庭林场、林业专业合作社、林业专业协会、林业行业协会、林业龙头企业等新兴经营主体提升林下经济规模化经营优势与综合生产能力。但从当前来看，林下经济发展多以家庭经营为主，发展规模普遍偏小，林下经营缺乏统一规划，难以形成规模化生产优势；小规模的、较为粗放的分散经营对于林下经济标准化生产、林业科学技术推广、林下经济机械化与自动化生产等产生重要制约作用，使得林下经济生产成本较高、林下经济经营效益偏低。由于林下经济发展的规模优势尚未形成，各地区出现了大量规模较小的林下经济发展主体，形成了破碎化的林下经济发展局面，产生了繁、杂、乱的林下经济产品品牌，不利于推动林下经济的集约化、专业化、组织化与市场化发展，不利于增强林下经济产品的市场竞争优势，不利于提升林下经济主体的盈利能力。

（4）发展资金相对短缺。《国务院办公厅关于加快林下经济发展的意见》提出"逐步建立政府引导，农民、企业和社会为主体的多元化投入机制。充分发挥现代农业生产发展资金、林业科技推广示范资金等专项资金的作用，重点支持林下经济示范基地与综合生产能力建设，促进林下经济技术推广和农民林业专业合作组织发展"；"各银行业金融机构要积极开展林权抵押贷款、农民小额信用贷款和农民联保贷款等业务，加大对林下经济发展的有效信贷投入；充分发挥财政贴息政策的带动和引导作用，中央财政对符合条件的林下经济发展项目加大贴息扶持力度"。从各地区林下经济发展实践来看，尽管各地区加大了林下经济发展的投入力度与金融支持力度，为林下经济发展提供了有效的资金保障，但从总量上来看，各林下经济发展主体的资金瓶颈问题仍未得到有效解决，林下经济发展扶持资金的持续稳定投入机制尚未有效形成，使得各地区林下经济的精深加工、林下经济技术的研发与应用推广、林下经济产业链网结构优化等受到较大影响。

5.2.1.3 机会分析

（1）政策支持力度不断增强。《国务院办公厅关于加快林下经济发展的意见》提出："努力建成一批规模大、效益好、带动力强的林下经济示范基地，重点扶持一批龙头企业和农民林业专业合作社，逐步形成'一县一业，一村一品'的发展格局，增强农民持续增收能力，林下经济产值和农民林业综合收入实现稳定增长，林下经济产值占林业总产值的比重显著提高。"国家林业局

《林业发展"十三五"规划》提出，加快发展绿色富民产业，大力发展林下经济，推动农村经济社会发展和产业结构调整，促进农民增收致富；探索建立林下经济补助扶持机制，发展林菌、林药、林禽、林畜等林地立体复合经营，促进林下种植养殖业、采集与景观等资源共享、协调发展，增加生态资源和林地产出。《新一轮退耕还林还草总体方案》（发改西部〔2014〕1772号）提出，"在不破坏植被、造成新的水土流失前提下，允许退耕还林农民间种豆类等矮秆作物，发展林下经济，以耕促抚、以耕促管"。各地区根据国家关于林下经济发展的政策精神与指导意见，出台了一系列关于林下经济发展规划、产业政策扶持、资金扶持与金融支持、新型林业经营主体培育、林地有序流转、林权抵押贷款的相关政策，为确立林下经济发展的重要地位、明确林下经济的发展导向、优化林下经济的激励机制、增强林下经济发展活力、完善林下经济发展布局等起到了积极作用，在一定程度上推动了退耕区林下经济发展。

（2）现代林业体系建设不断深入。全面推进林业现代化建设是我国林业发展的重要任务，着力构建完善的林业生态体系、发达的林业产业体系与繁荣的生态体系，以充分挖掘和发挥林业的生态效益、经济效益与社会效益，不断推进林业专业化、现代化、特色化、标准化、规模化与多元化发展。现代林业产业体系是推进生态文明建设的重要举措，是推动林业供给侧结构性改革的重要内容，是实施林业生态扶贫战略的重要途径，是培育战略性新兴产业的重要领域。林下经济是现代林业产业体系建设的重要趋向，是增加林业产品有效供给能力、优化林业产业体系、拓宽林农就业增收途径、推动林业产业转型升级的重要业态，是实现"资源变资产、资金变股金、林农变股东"的重要实践，是全面践行"绿水青山就是金山银山"战略构想的重要探索。随着现代林业体系建设不断深入，各地区加快推进林业产业集约化、规模化、绿色化、信息化和品牌化发展，不断增强林下经济发展活力，不断提升林下经济发展规模，不断优化林下经济政策支持，不断提升林下经济发展质量与发展。因此，现代林业产业体系构建为林下经济发展提供了良好的产业基础，为林下经济发展提供资金支持与政策保障，积极推动了退耕区林下经济健康、有序、稳固、可持续发展。

（3）绿色消费动能不断增强。从当前来看，消费者的绿色消费理念不断增强，绿色产品需求不断提升，使得绿色消费为拉动林下经济等绿色产业发展提供了强劲动能，为加快培育林下经济新业态、新模式、新产品、新技术创造了积极条件。林果、林禽、林畜、林药等经济林产品具有绿色、天然、健康、营养、优质、低碳、可降解或可循环等显著优势，完全契合消费者的绿色消费理念与高品质消费需求，具有旺盛的消费需求与巨大的消费空间。具体而言，消费者追求健康食品，带动了森林食品、森林药材、特色林果、森林菌类、野生动植物繁育等林下种养殖行业的快速发展；消费者追求亲近自然，回归自然，带动了森林旅游、森林康养、休闲服务、生态文化产品等需求上升，促进了森林景观的多维开发与有序利用，促进了林下经济的高质量发展。因此，随着消费者绿色消费领域的不断延伸、绿色消费结构的不断优化、绿色消费水平的不断提升，各地区林下经济发展具有广阔的市场空间与积极的发展潜力。退耕区应全面增强林下经济发展动力与发展质量，不断增强林下经济产品的有效供给能力，不断创新林下经济的发展模式、不断优化林下经济的发展方式、不断优化林下经济的产业结构，切实增强林下经济的可持续发展能力。

（4）新型林业经营主体培育力度不断增强。《国家林业局关于加快培育新型林业经营主体的指导意见》（林改发〔2017〕77号）提出，加快构建以家庭承包经营为基础，以林业专业大户、家庭林场、农民林业专业合作社、林业龙头企业和专业化服务组织为重点，集约化、专业化、组织化、社会化相结合的新型林业经营体系。各地区积极扶持林业专业大户，大力发展家庭林场，规范发展农民林业专业合作社，鼓励发展股份合作社，培育壮大林业龙头企业，并积极落实林业职业经理人培养，创新新型职业林农培训机制，提高林业社会化服务水平，加大新型经营主体财税支持力度，优化新型经营主体金融保险扶持政策，强化林业新型经营主体的技术支撑，完善林地配套基础设施建设等惠林政策。随着新型林业经营主体培育力度不断增强，新型林业经营主体保障机制不断优化，各地区林业生产专业化程度、组织化水平、劳动生产率明显加大，为退耕区林下经济规模化发展、产业化运行、市场化管理提供了重要机遇，为退耕区林下经济可持续发展奠定了组织基础与主体支撑。

5.2.1.4 威胁分析

（1）法律法规不尽健全。林下经济是现代林业产业体系构建的新型业态，是涉及林业、农业、水产养殖、畜禽养殖、休闲服务等多行业、多部门、多主体的复合型产业。林下经济的稳定有序发展、经营主体的收益保障、林下经济的市场规范、林地环境保护等需要有健全的法律法规保护。从当前来看，国家及相关部门出台了林下经济发展、林业发展金融服务、林业经营主体培育、集体林权制度改革等一系列指导意见与管理办法，以统筹协调林下经济发展，增强林下经济发展活力、提升林下经济产业化与规模化发展水平，并为林下经济发展提供政策保障、资金支持与技术服务。尽管中央及各级地方政府制定了一系列发展政策，但也仅停留在指导意见、发展规划、实施办法等政策层面，对保障经营主体合法收益、规范林下经济市场秩序、约束林下资源开发行为、保护林地生态环境等缺乏强有力的法律支持，难以有效实现林下经济的适量化、适度化、合理化与科学化发展。因此，由于我国尚未出台关于林下经济发展的法律法规，使得林下经济发展缺乏有效的法律支撑。这将对退耕区林下经济可持续发展产生不容忽视的挑战。

（2）科技服务略显滞后。林下经济发展需要持续的科技扶持与技术服务，以增强产业技术增值水平与产业发展能力，所以应加快林下经济良种选育、病虫害防治、森林防火、林产品加工等先进实用技术转化推广，加强林下经济科技服务与技术培训，增强经营主体经营管理水平与市场风险抵御能力。但从当前来看，各地区林业科技项目与林业科技推广的财政投资略显不足，林业技术推广工作开展困难，难以为农户提供有效的技术咨询与技术服务；各地区林业科技服务人才数量不足且整体素质较差，林业信息化建设滞后，林业科技成果转化不足，林业技术服务体系不健全，所以技术服务工作往往难以满足农户的真实技术需要。同时，由于林业科技服务体系不健全、林业科技成果转化率低，难以充分发挥科技对林下经济发展的先导性、全局性与基础性作用，使得林下经济经营管理水平较低，无公害、绿色、有机林下经济产品的生产体系不健全，林下经济的标准化、规范化与优质化发展程度不足，林下经济发展方式仍较为传统。因此，退耕区应充分认识到林下经济发展的科技扶持、技术导向与技术支撑能力，着力于解决林业科技服务体系不健全与林业科技服务滞后等突出问题，有效增强退耕区林下经济发展质量。

（3）行业竞争较为激烈。《国务院办公厅关于加快林下经济发展的意见》《全国集体林地林下经济发展规划纲要（2014—2020年）》（林规发〔2014〕195号）、《国家林业局办公室关于在贫困地区开展国家林下经济及绿色特色产业示范基地推荐认定的通知》（2016年）、国家林业局发布的《林业发展"十三五"规划》、近年的中央一号文件及各地区林下经济发展促进意见等为促进林下经济发展提供了政策和资金保障；各地区充分认知到林下经济发展对充分利用森林资源、加强林业生态建设、促进农民增收致富、优化林业产业结构的重要作用，将林下经济发展作为生态林业、民生林业协同发展的有机载体。据估计，2020年各地区林下种植面积约1 800万公顷、实现林下经济总产值达1.5万亿元，林下经济发展规模与产业规模明显扩大，市场竞争形势日趋激烈。同时，各地区林下经济形成了林药、林菌、林草、林花、林粮、林菜、林油、林果、林茶等林下种植，林禽、林畜、林蛙、林蜂、林驯等林下养殖，野生药材、野生食用菌、山野菜、藤芒纺织等相关产品的采集加工，以及观光休闲、度假养生、生态体验等森林景观利用等多维产业模式。林下经济产品的趋同性较为明显，且林下经济产品多以低端、低附加值的初级林下经济产品为主，林下经济发展的资源优势难以有效转化为明显的市场优势与差异化优势，更是加剧了林下经济的行业竞争。因此，退耕区应充分认识到林下经济激烈的行业竞争形势，根据退耕区资源禀赋形成林下经济特色产品与特色模式，不断增强林下经济的竞争优势。

（4）市场组织化程度偏低。随着新型林业经营主体培育力度的不断加大，各地区林下经济龙头企业、专业合作社等新型主体快速发展，成为推动、引导、带动林下经济发展的重要力量，成为加大林下经济市场组织化程度的重要主体。当前，全国从事林下经济活动的林业专业合作社达1.6万家、林业龙头企业近2 000家、林下种养殖示范基地1.98万个，国家林下经济示范基地100余个。但由于"空壳社"的存在、龙头企业与农户利益联结机制不合理等问题，新型经营主体难以成为促进小农户与现代农业有机衔接，以及建立健全现代农业经营体系的重要支撑。这使得林下经济发展的组织化程度偏低，农户分散经营仍成为各地区林下经济发展的重要经营形式。因此，由于林下经济发展组织化程度低，林下经济生产的标准化、规范化、市场化、专业化水平弱化，林下经济产出效率、生产效率与综合生产率水平较差，难以推动林下经济健康、有序、稳固、可持续发展。各退耕区应建立完善的、以农民为主体的林下经济产业组织体系，推动林下经济小农户生产与现代市场经济的有机结合，不断增强林下经济发展的组织化与专业化水平。

5.2.2 发展思路

新疆退耕区林下经济发展应围绕"绿水青山就是金山银山"的基本理念，根据生态文明建设与美丽中国建设的总体要求，以强化森林资源保护、提升森林资源质量、促进农村发展、提高农民收入、巩固集体林权制度改革与退耕还林工程成果为目标，在保护生态环境前提下重点培育林下种植、林下养殖、相关产品采集加工、森林景观利用等林下经济发展模式，大力推进林业专业合作组织和市场流通体系建设，大力加强林下经济科技服务、政策扶持和监督管理，推动林下经济向集约化、规模化、标准化与产业化发展。为巩固退耕还林工程成果，应重点推进林下经济市场流通体系、林下经济标准化示范基地、林下经济新型经营主体、林下经济产品质量安全、林下经济社会化服务体系与基础设施建设，以切实增强退耕农户林下经济的发展活力、发展规模与发展质量。

5.2.2.1 着力建立健全林下经济市场流通体系

各退耕区应建立健全较为完整的区域性林下经济产品市场体系、较为高效的林下经济产品物流配送体系、较为密切的林下经济产品供产销关系，逐步形成畅通、高效、有序、完善的林下经济产品市场流通体系。在林下经济产品市场流通体系建设中，各退耕区应针对不同林下经济产品的生产、仓储和流通特性，重点支持建立分类仓储、分类流通林下经济产品市场流通体系，推进林下经济产品仓储中心、物流配送中心、批发市场与销售点网的升级改造，不断强化林下经济产品市场流通主体的产品集散能力、价格调控能力、信息传播能力、科技交流与会展贸易能力等，推动林下经济产品市场流通体系的现代化、市场化与信息化发展。应加强部门协作与主体协调，推动建立覆盖林下经济产品生产、流通、消费的农产品信息网络，增强林下经济产品信息网络的市场监测、市场预警、信息分享、信息发布功能，及时向经营主体发布林下经济产品供求信息、价格信息与质量信息，切实增强林下经济市场流通体系的行业发展贡献。应加快物流基础设施特别是冷链物流设备设施建设，有效降低林下经济产品的市场流通耗损，有效提升林下经济产品的配送质量，科学提高林下经济产品的配送效率；应积极培育林下经济产品流通主体，扶持发展多种类型的农民专业合作社，增强退耕农户的市场信息获取能力、市场谈判议价能力、竞争优势维持能力与市场发展趋向预测能力等，并鼓励退耕农户创办林下经济产品的专业化运销组织与民间经纪人队伍，推动林下经济产品个体运销户与农村经纪人向公司化、企业化、集体化等专业化方向发展。

5.2.2.2　着力加快林下经济新型经营主体培育

各退耕区应加快培育以林业专业合作社、林业龙头企业为主体，家庭林场、股份合作林场、林业行业协会等组织形式为补充的林下经济新型生产经营主体，完善退耕农户与林业专业合作社、林业龙头企业等新型经营主体的利益联结关系与利益协调机制，形成专业化、组织化、集约化、社会化的林下经济新型生产经营体系。在林下经济新型经营主体培育中，应加快培育引进一批林下经济重点龙头企业，鼓励各林业龙头企业根据区域资源禀赋、经济基础与产业特色，大力发展林下经济标准化生产基地，并不断提升林下经济加工增值的能力；应鼓励引导龙头企业通过兼并、重组、参股、联合等资本运作方式，积极整合产业资源要素与产业市场主体，发展成为集团化、规模化、市场化的林下经济龙头企业，不断增强龙头企业的产业辐射能力、产业带动效应与产业引领作用。应引导支持龙头企业与上下游企业形成战略联盟，切实增强林下经济产业链网主体间的纵向联系与横向耦合，推动产业主体优势互补与协同合作；

应鼓励龙头企业提高技术研发、技术引进与技术创新投入，不断增强林下经济产品的精深加工能力，推动林下经济产业链的多元延伸，切实增强林下经济产业链网结构的稳定性与适应性。应鼓励农户创办、兴办、参与林下经济家庭林场、林业协会、林业专业合作社、林业股份合作林场等新型林业经营主体，不断完善林业经济合作组织的管理体制与运行机制，增强林业经济合作组织发展的规范性、专业性与标准化，带动农户和促进区域林下经济发展。因此，各退耕区应重点扶持发展林业龙头企业与林业专业合作组织，加快培育专业化、市场化、组织化的林下经济现代经营体系，切实提升退耕农户林下经济发展活力。

5.2.2.3　着力完善林下经济产品质量安全体系

当前，我国正处于传统农业向现代农业转变的重要时期，但农产品质量安全隐患仍未得到根本性缓解，制约农产品质量安全的深层次矛盾仍未得到根本性解决，所以我国农产品质量安全形势十分严峻。《中华人民共和国农产品质量安全法》（2006年）的颁布实施，切实保障了农产品质量安全，维护了公众健康，促进了农业和农业经济发展。《国务院办公厅关于加强农产品质量安全监管工作的通知》（国办发〔2013〕106号）提出，加强农产品质量安全监管工作，以消除农产品质量安全隐患。为实现林下经济高质量发展，各退耕区应充分认识到林下经济产品质量安全的重要价值，加快建立健全林下经济产品质量安全体系建设，坚持"产出来"与"管出来"两手抓，以最严谨的标准、最严格的监管、最严厉的处罚、最严肃的问责，持续提升林下经济产品质量安全水平。在"产出来"环节，各地区应推进林下经济产品生产经营方式转变，切实加强林下经济生产的种苗畜种优良化、种植养殖环节标准化、病虫害防治与畜禽疫病防治绿色化、林下经济产品加工清洁化和无害化、林下经济产品流通安全化，从源头上保障林下经济产品质量安全。在"管出来"环节，应建立健全林下经济产品质量安全监管体系，不断完善林下经济产品的生产资料监管、生产过程控制、产品监测抽查、产品信息追溯、畜禽定点屠宰加工、质量安全投诉举报与责任追究等各全过程监管制度，不断完善林下经济产品质量安全监管工作机制。应加快推进以数据快速采集、信息即时查询、认证管理和技术信息服务为主要功能的林下经济产品质量管理信息系统与追溯管理信息平台建设，不断创新质量安全管理工具，不断优化质量安全管理手段，不断完善质量安全管理平台，重点推进"三品一标"林下经济产品（无公害林下产品、绿色林下产品、有机林下产品与地理标志产品）的质量安全追溯管理，鼓励林下经济专业合作社、龙头企业等新型经营主体率先开展林下经济产品质量安全认证与质量安全追溯体系建设，有效提升林下经济产品质量安全水平。

5.2.2.4 着力优化林下经济社会化服务体系

为实现林下经济产业有序稳固发展，各退耕区应充分发挥公共服务机构作用，以建设覆盖全程、综合配套、高效的林业社会化服务体系为目标，加快构建公益性服务与经营性服务相结合、专项服务与综合服务相协调的林下经济社会化服务体系，为林下经济生产经营主体提供完善、便捷、有效的社会化服务，以满足退耕农户对林下经济技术、信息、金融等多方面多层次的服务需求，不断提升退耕农户发展林下经济的积极性与主动性。应充分尊重退耕农户意愿，鼓励退耕农户组建或加入林业专业合作社，并支持符合条件的专业合作社开展林下经济科技推广、林下经济产品品牌培育、信息共享与市场预测、生产资料统一购买、产品统一加工、统一运输、统一贮藏、统一销售等服务，推进林下经济的经营规模化、集约化、专业化与标准化。应积极组建林下经济专业协会，形成县、乡、村一体化的互动互联的专业协会服务构建，充分发挥行业协会在林下经济发展的政策咨询、信息服务、科技推广与行业自律等功能；应加快建设农村林业发展融资体系，不断完善银行、保险、林业、财政等部门和单位的沟通协调机制，为退耕农户的林下经济发展提供融资支持，不断扩大林业贴息贷款、扶贫贴息贷款、小额提供贷款的覆盖面，不断创新林权抵押贷款、林农小额信用贷款、林农联保贷款等新产品新服务，不断完善退耕区林下经济发展金融支持体系。应切实加大林业科技推广的投入力度，建立健全覆盖县、乡、村的多级林业科技推广机构，积极推进优质种苗科技创新、良种选育推广、造林技术、林产品精深加工等技术成果的推广应用与教育培训，多渠道、多层次、多形式培育新型职业农民，切实加大林业科技对林业增效、林农增收的贡献率。同时，应加快培育农业经营性服务组织，引导经营性组织参与公益性服务，满足不同林下经济经营主体对社会化服务的需求，并大力发展主体多元、形式多样、竞争充分的社会化服务。

5.2.3　关键举措

5.2.3.1　持续优化退耕区林下经济发展布局

（1）林下经济产业结构优化。林下经济是现代林业产业体系的重要组成部分，是退耕区后续产业发展的重要业态，是巩固退耕还林工程成果、提升退耕农户收入水平的重要实践。为提升林下经济产业发展质量，各退耕区应科学确定林下经济发展整体规划、产业目标与重点建设任务，形成一批示范作用明显、带动作用突出、辐射作用显著的林下经济种植养殖项目，尽快形成退耕区林下经济示范项目集群；并不断优化林下经济产业结构和产业布局，推动林下经济与退耕区社会经济产业的协调发展。

各退耕区应有效增强"国家林下经济示范基地"的示范带动与辐射引领作用，根据"规模发展、集约经营、特色布局"的要求，结合区域产业基础、资源条件与市场需求，有序推进林下经济基地特色化建设，重点支持发展林下种植、林下养殖、休闲旅游与经济林产品采集等林下经济发展，持续加大林下种植养殖产业基地建设支持力度，并积极开展林下经济示范基地的推荐认定工作，不断增强林下经济示范基地的扶持规模与覆盖范围。各退耕区应实施林下生态种植工程，根据"长中短相结合、多品种搭配、适生地种植"的原则，重点推广林下优质中药材的生态种植，应根据退耕林地土壤瘠薄、易干旱、易荒草的特性，积极选择肉苁蓉、柴胡、金银花、五味子等耐瘠薄、耐干旱、耐荒草的粗生易长药材品种；积极选择一年种植多年受益的，以收获茎、叶、花、果等部分为主的，不必连年翻耕的，不破坏退耕地植被与退耕苗木根系的中药材；应根据区域资源优势与产业优势，推动林下中药材品种选择、种植布局、栽培技术、收获加工、包装储运等各环节的规模化、规范化、专业化、市场化与标准化,形成规模化发展与集约化运行、资源优势发挥与市场优势培育的有效统筹,切实增强退耕区林药产品品质。应稳步推进林下生态养殖工程,积极发展林间牧草种植,大力推广林下仿生态养殖鸡、猪、羊等模式,重点推进林下种养、旅游、加工多业态融合的循环经济模式,努力降低林下养殖对环境的负面影响;实施林下经济示范基地建设特色化工程,支持区内外科研院所、院校、企业及社会力量与国有林场开展"园(院、所)场共建"工作,积极推广"龙头企业+专业合作社+基地+农户"发展模式,重点在林药、林菌、林菜、林花等林下种植领域建立一批示范基地,在全区形成一批相对集中连片、类型较多、示范带动作用强、具有鲜明区域特色的林下经济示范乡镇、示范村、示范点,大幅度提升林下经济产品市场竞争力,更好地发挥示范基地的带动辐射作用。

(2)加强林下经济示范基地建设。《国务院办公厅关于加快林下经济发展的意见》(国办发〔2012〕42号)提出"积极引进和培育龙头企业,大力推广'龙头企业+专业合作组织+基地+农户'运作模式,因地制宜发展品牌产品,加大产品营销和品牌宣传力度,形成一批各具特色的林下经济示范基地";《国家林业局关于加强林下经济示范基地管理工作的通知》(林改发〔2017〕103号)要求,根据公开、公正、公平、择优的原则,继续开展"国家林下经济示范基地"创建工作,定期将林下经济规模大、管理水平高、产品质量优、带动能力强、扶贫效果好的地区及专业合作社或龙头企业等新型林业经营主体遴选命名为"国家林下经济示范基地",以充分发挥林下经济示范基地以点带面、以典型推动全局工作的重要作用,推动林下经济高质量发展。各退耕区应加快林下示范基地建设,加强对林下经济示范基地"生态保护、清洁生产、发展能力、科技支撑、内部控制、质量管理、品牌建设、利益联结机制"的规划指导,加大对林下经济示范基地科技推广、基础设施建设、品牌宣传、仓储物流的扶持力度,不断推进林下经济示范基地的规范化建设、标准化发展与市场化运营。

各退耕区应推动林下经济示范基地结合区域生态承载力、资源禀赋与环境特征,推动林下经济发展规模、发展布局与产业项目的适应性调整,不断推进林下经济发展与生态环境保护的统筹协调；鼓励林下经济示范基地推广使用清洁生产技术与资源循环利用模式，加大有机肥、菌肥的使用总量，加快使用生态调控、生物防治、理化诱控、科学用药等绿色防控技术，提高无抗绿色饲料使用规模，推进无公害林下经济产品、绿色林下经济产品、有机林下经济产品的有效供给规模，同时提升林下经济产品剩余物综合利用率与林下养殖粪污的无害化处理和资源化利用水平。应不断延伸拓宽种苗供应、生产加工、仓储物流、技术培训等林下经济产业链条，重点扶持林业专业合作社、林业龙头企业等新型经营主体建设林下经济示范基地，不断增强林下经济示范基地的产业带动能力与示范效用；鼓励林下经济示范基地加快推进技术升级改造，积极与林业科技推广机构、高校、科研院所、科技创新企业等形成协同创新的稳定合作关系，不断增强示范基地林下经济发展的技术支撑能力；鼓励以林业龙头企业为主体的林下经济示范基地建立健全内部控制制度，不断优化组织管理制度、财务管理制度、建设管理制度、物资管理制度、质量管理制度、利益分配制度等内部控制体系，不断增强林下经济示范基地的内部控制与微观治理能力；鼓励林下经济示范基地运营主体强化林下经济产品质量安全管理意识，实行统一供应生产资料、统一田间管理、统一产品检测、统一产品销售，持续优化林下经济产品质量可追溯系统与质量安全管理体系，建立健全林下经济质量管理信息化数据平台，实现林下经济产品"生产有记录、信息可查询、流向可跟踪、质量可追溯、责任可追究、产品可召回"的全过程监管。各退耕区应鼓励林下经济示范基地推进品牌培育与品牌管理，加大林下经济品牌的宣传广度与深度，不断增强林下经济品牌的知名度、美誉度与忠诚度，不断提升林下经济示范基地发展效能；积极探索"龙头企业+专业合作组织+基地+农户""龙头企业+基地+农户""专业合作组织+基地+农户"等林下经济经营模式，不断优化退耕农户与新型经营主体等林下经济示范基地的利益联结机制，确保退耕农户能够分享到增值收益。同时，充分发挥政府资金的引导作用，支持林下经济示范基地综合生产能力建设与林下经济科研与技术推广，不断增强林下经济示范基地发展效能，不断增强退耕农户林下经济的可持续发展能力。

5.2.3.2　持续加大林下经济发展的资金支持力度

（1）不断加大林下经济发展的公共财政支持力度。公共财政支持是调整林下经济产业结构与发展布局、提升农户发展林下经济的主动性与积极性、引导社会资金投资林下经济产业的重要工具。为提升退耕农户林下经济发展活力、优化林下经济发展结构，各退耕区应科学安排财政资金，鼓励、引导退耕农户从事林下经济生产，鼓励退耕农户组建或参与家庭林场、林业专业合作，鼓励退耕农户与林业专业合作社、林业龙头企业等新型经营主体建立合作经营机制，进而加快林业经济的规模化发展与内涵式运营。各级地方政府应统筹协调财政资金设立林下经济发展专项资金，根据各级地方政府财政规模、林下经济发展现状与发展趋势，对林下经济进行稳定持续的财政资金安排；对县（市）级财政较为充足的退耕区，可适当减少省级财政直接支持力度，由县（市）级财政安排专项资金支持林下经济发展，并确保县（市）级财政资金支持的稳定性与充足性；对县（市）级财政较为紧张的退耕区，应以省级财政扶持为主、县（市）级财政适当投入，从而不断提升财政资金配置效率。

为充分发挥财政资金的产业结构调整杠杆作用，各退耕区应根据区域经济基础、资源特色与退耕还林工程实施现状，重点扶持发展态势好、产业需求大、市场反响佳、促农增收效果显著的特色林下经济品种。各级地方财政应重点扶持黑木耳、灵芝、蘑菇等林菌，红嘴雁、鸡鸭等林禽，苜蓿、甜菜等林草，肉苁蓉、五味子等林药及林业旅游等林下经济，并不断加大中央财政专项资金倾斜力度。为不断提升财政支持效率，对于分散退耕农户和林业专业合作社开展的林下经济活动多以直接补助为主、奖励为辅；对于从事林下经济的林业企业多以奖励或贷款贴息为主，综合考虑林下经济发展特色与林下经济经营主体特点，采用不同的财政扶持方式，以切实提升林下经济财政专项资金投入的精准性与靶向性。

同时，加快落实林下经济发展的税收优惠政策，对退耕农户及其他林下经济生产经营主体在"发展林下经济过程中的农业机耕、排灌、病虫害防治、植物保护、农牧保险以及相关技术培训业务，家禽、牲畜、水生动物的配种和疾病防治项目，免征营业税；对农民生产的林下经济产品，免征增值税；对林业专业合作社销售给本合作社成员的农膜、种子、种苗、化肥、农药、农机等生产资料，免征增值税；对农民林业专业合作社与本社成员签订的农业产品和农业生产资料购销合同，免征印花税；对企事业单位从事种植、养殖和农林产品初加工所得，依法免征企业所得税"，切实增强退耕农户、林业专业合作社、林业龙头企业等从事林下经济的积极性与热情。

（2）不断优化林下经济发展的金融扶持机制。各退耕区应充分发挥市场在资源配置中的决定性作用，持续加大林下经济发展的金融支持力度，探索实践绿色信贷，创新金融产品或服务，建立健全林权融资、评估、流转和收储机制，重点推进林权抵押贷款工作。林权抵押贷款是指"以森林、林木的所有权（或使用权）、林地的使用权，作为抵押物向金融机构借款，使森林资源变成可抵押变现的资产"。各退耕区应积极借鉴福建"福林贷"模式与云南"林权IC卡"模式，不断创新林权抵押贷款管理模式，不断提高林权抵押贷款的整体规模与覆盖范围；应不断调整和优化林权抵押贷款结构，重点支持林下经济发展、林下经济产品精深加工、森林康养与森林旅游、林下经济新型经营主体发展等资金需求；重点开发适合区域林下经济发展的贷款品种，适度提高林权抵押率，积极推动贷款期限与林业生产、林业经济发展周期相适应，不断提升林权抵押贷款产品或服务的支持效用；探索与推广林权按揭贷款、林权直接抵押贷款、林权反担保抵押贷款、林权流转交易贷款、林权流转合同凭证贷款和"林权抵押+林权收储+森林保险"贷款等林权抵押贷款模式，引导降低综合信贷成本，在风险可控的前提下加大林下经济发展的金融支持力度。

退耕区各林业主管部门应加快推进林权类不动产登记和抵押登记工作，积极推进林权类不动产登记信息管理平台与林权管理服务信息平台的有效对接，切实加强抵押林权的监管，有效降低林权抵押贷款风险，全面优化林权信贷管理方式；积极培育业务强、质量好、信用优、收费适中的森林资源资产评估服务机构，加快建立布局优化、配置合理、适应需要的森林资源资产评估体系，为抵押林权进行科学的价值评估，为金融机构发放林权抵押贷款提供科学依据。为不断提升森林资源资产评估机制的科学性与适用性，各退耕区应委托林业主管部门、财政部门、资产评估协会、林业工程建设协会、专业金融机构等组织,研究制定符合退耕区资源属性、产业属性与金融特点的森林资源资产评估技术标准与技术规范,不断规范森林资源资产评估流程,不断优化森林资源资产评估方法,不断增强森林资源资产评估质量。各退耕区应鼓励引导金融机构合理拓宽林业抵押担保物范围,探索将林权证、林木蓄积量、林业企业厂房、林产品库存等作为有效抵质押担保物,创新开发"银行+林权(含林木蓄积量、增长量)所有人+企业+保险公司模式""库存质押+房产"模式等新型抵质押融资产品。同时,鼓励和支持以农民林业专业合作组织为主体的互助性担保体系建设与以林权抵押贷款担保为主要业务的担保机构发展,着力构建以林下经济担保机构为基础、以县(市)级再担保机构为支撑、以农户信用信息基础数据库和林权管理服务信息系统为平台,以林下经济行业协会为纽带的林下经济融资担保服务体系。

5.2.3.3 加快推进林下经济新型经营主体培育

新型经营主体是推动林下经济专业化、组织化、集约化与社会化发展的组织支撑,是实现林下经济适度规模经营、提升林下经济发展动能与发展质量的重要力量。为深入贯彻落实《中共中央 国务院关于深入推进农业供给侧结构性改革 加快培育农业农村发展新动能的若干意见》(中发〔2017〕1号)、《国务院办公厅关于完善集体林权制度的意见》(国办发〔2016〕83号)、《国家林业局关于加快培育新型林业经营主体的指导意见》(林改发〔2017〕77号)精神,各退耕区应以退耕农户分散经营主体为基础,以林业专业大户、家庭林场、农民林业专业合作社、林业龙头企业、林业专业化服务组织为重点,建立健全林下经济新型经营体系。林下经济新型经营主体培育应充分考虑区域农业土地规模与农业产业结构、农业产业化水平与农户职业素养等客观情况,充分尊重农户意愿,合理引导有意愿的农户进行农地流入或流出等自由流转;应鼓励引导金融机构创新新型农业经营主体金融产品或服务,不断简化新型农业经营主体贷款程序与贷款流程,为新型经营主体营造积极投、融资环境;应鼓励农民工、退伍军人、大学生等培育发展林业专业大户、家庭林场、农民林业专业合作社、林业龙头企业、林业专业化服务组织等新型林业经营主体，实现林下经济机械化生产、规模化发展与专业化运营，有效提升林下经济生产率与农户收入水平。

（1）林下经济专业大户培育。退耕区应鼓励退耕农户根据依法自愿有偿的原则，结合自身资金实力、技术水平、劳动力数量与发展韧性，适度流转退耕林地或集体林地经营权，稳步扩大经营规模并发展成为适度规模经营的林下经济专业大户，把小农生产引入林业现代化发展轨道。林下经济专业大户由于流入部分林地，林业生产运营规模较大，其林下经济生产成本、生产经营风险等远高于一般小农户。因此，专业大户应科学、谨慎地选择林下经济发展项目，尽可能选择市场需求大、市场前景好、盈利水平高的，具有名、特、优、稀、奇属性的林下经济项目，避免盲目扩大发展规模、盲目选择产业项目、盲目进行林下经济投资。从当前来看，专业大户普遍存在种植养殖传统经验丰富与现代科学经营理念不足、具有一定经济头脑与市场思维略显不足、致富愿望强烈与文化素质低下、种植规模较大与市场营销能力不足等矛盾。退耕区应帮助退耕农户进行林下发展项目选择，不断提升林下经济产业项目的应用性、实践性与发展性；应通过专题讲座、现场培训、视频教学、远程指导、农业科技特派员创新创业等，对林下经济专业大户进行技能培训、业务指导或服务咨询，定期组织专业大户到林业龙头企业、林业专业合作社、林业标准化生产示范基地进行参观学习，不断提升专业大户的林下经济经营管理水平与市场营销能力，不断增强林下经济专业大户的集约化水平与专业化经营能力。

（2）林下经济家庭林场培育。家庭林场是以家庭为基本经营单位，家庭成员为主要劳动力，利用承包或流转的林地从事林业生产经营，以经营林业为主要收入来源，具有一定规模化、集约化、商品化水平的新型林业经营主体。他们是发展林业适度规模经营、开展现代林业建设，实现林业增效、农村增绿、农民增收的有生力量。各退耕区应引导退耕农户、专业大户根据自身家庭劳动力数量、经营管理能力、技术装备水平、投融资能力发展适度规模经营，明确退耕区家庭林场的认定标准与发展条件，鼓励家庭林场以个体工商户、独资企业、合伙企业、有限公司等类型办理工商注册登记，逐步建成标准化生产、规范化管理、品牌化营销的现代企业。各退耕区应不断完善林下经济家庭林场的市场配套机制，建立林下经济自然灾害预警体系、林业有害生物预测与防治体系，并定期向家庭林场主反馈林下经济产品的市场供求信息与价格信息，有效增强家庭林场的自然风险与市场风险防范能力；应积极加大家庭林场主的品牌意识，对林下经济产品进行合理定位与品牌培育，不断增强林下经济产品的品牌的宣传与推广力度，有效增强林下经济产品的市场竞争力。

各退耕区应充分认识到普通退耕农户仍是林下经济生产经营的关键主体，林下经济家庭林场发展不应忽视普通农户的基础地位与作用；应充分认识到林下经济家庭林场与专业大户、林业专业合作社、林业龙头企业、林业社会化服务组织等经营主体是相辅相成的，家庭林场培育并不与其他生产经营主体培育相矛盾，加快形成林下经济经营、集体经营、合作经营与企业经营等多种经营形式并存的良性局面；应加大对家庭林场的政策扶持与财政倾斜力度，完善林下经济建设项目、财政补贴、税收优惠、信贷支持、抵押担保、农业保险、设施用地等扶持政策，重点支持林下经济家庭林场稳定经营规模、改善生产条件、提高技术水平、改进经营管理；应明确家庭林场认定标准，明晰家庭林场的经营者资格、劳动力结构、收入构成、经营规模、管理水平等具体要求，并推进示范家庭林场创建活动，鼓励退耕农户根据自身意愿与发展实际创建家庭林场；应引导林业企业通过林业标准化生产示范基地、订单农业等方式，与家庭林场建立稳定的利益联结机制，引导区域林下经济家庭林场组建林下经济行业协会，不断增强家庭林场的组织化程度。

（3）林下经济专业合作社培育。林业专业合作社是克服家庭小规模、分散化经营格局，推动小农户与大市场的有效对接，促进林业标准化、产业化、信息化、组织化与生态化发展，加快林业产业结构调整与现代林业产业体系构建的重要形式；是提升林业生产要素配置效率，提高林农经营能力、技术水平、竞争意识与合作精神，实现林农稳步增收的重要抓手。为解决林下经济发展的退耕农户分散化经营问题，各退耕区应鼓励引导农户组建林下经济专业合作社，为退耕农户提供林下经济苗木、生物化肥、生物农药、林业机具等生产资料采购供应服务，提供林下花卉、畜禽、经济林产品、药材、蜂蜜等林下产品的销售、加工、运输、贮藏服务，提供林下种植、林下养殖、相关林产品采集、森林旅游与休闲服务的政策咨询、信息共享、许可代理等信息服务；提供新技术、新品种、林业防火、病虫害防治、动物疫病防治等技术服务，以充分凸显林业专业合作社在辐射带动、市场导向、品牌建设、统一销售、产品认证、风险应对等方面的显著优势。

各退耕区应加大政策引领与金融支持，为林下经济合作社等林业专业合作社的税费征收、计划审批、生产运营、人员培训等提供财政、贷款、融资等支持与服务，对发展较好的林业专业合作社通过中央财政或各级地方财政专项资金进行补贴或为其提供贷款担保、贷款贴息等，并鼓励各金融机构积极开发金融产品与服务。应加大林下经济合作社理事长等管理人员的业务培训，加大管理人员对林业专业合作社相关政策、法律、法规的认知，对现代企业管理、市场营销、林业生产、林业技术、农产品物流等知识的了解，对森林资源监测、病虫害综合防治、林下经济绿色生产、节肥减药、节水灌溉等林业科技的掌握，不断增强林业专业合作社运营的规范性与标准化。

各退耕区应加快推动建立林业专业合作社现代管理制度，进一步规范林下经济合作社等林业专业合作社的立社审核登记、会计管理制度、财务管理和监督制度、内部利益分配机制、约束与监督机制，进一步健全林业专业合作社章程，明确林业专业合作社与社员的责权利关系与利益分配机制，不断增强林下经济专业合作社的内部治理能力，不断提升林下经济专业合作社的运营绩效。应鼓励林下经济专业合作社通过自上而下与自下而上相结合的方式组建林业专业合作社联合社或林业专业合作社发展联盟。通过林业合作社联社巩固合作社经营规模、延伸合作社业务职能、拓宽合作社营销渠道，不断增强林业专业合作社的品牌效应与风险抵御能力，不断降低林业专业合作社的交易费用与运营成本，不断提升林业专业合作社的市场适应能力与市场竞争优势。应鼓励各林下经济专业合作社探索"合作社+农户""合作社+龙头企业+农户""合作社+龙头企业+标准化生产基地+农户""合作社+龙头企业+农户+能人"等组织形式，有效增强林下经济专业合作社在联结退耕农户、林业龙头企业主体等方面的优势，切实优化林下经济专业合作社的业务职能与发展活力。

（4）林下经济龙头企业培育。林业龙头企业是对其他企业具有一定影响力与号召力，具有示范效用与引导作用的，管理科学、设备完善、资金雄厚、技术先进的现代企业主体，也是区域内林业产业加工的关键主体、林业产业市场的中心组织，还是提升林业产业核心竞争优势、优化林业产业链网结构、增强林业产业社会经济发展贡献的重要主体。为切实增强退耕区林下经济发展效能、延伸优化林业产业链、增强林下经济精深加工能力，应着力加快培育林下经济龙头企业，不断增强林下经济标准化基地建设，不断优化龙头企业财税优惠政策，不断提升林下经济产品品牌价值，不断增强林下经济科技创新活力，不断提升林下经济产品质量。

各退耕区应加快推进林下经济标准化生产示范基地建设，积极完善林下经济标准化生产示范基地的环境条件、基础设施、配套设备与生产标准，为林下经济龙头企业的培育与引进奠定良性支撑；应贯彻落实"一控、二减、三基本"，严格把控林下种植与林下养殖等林下经济生产的农药施用、化肥投入与饲料投放，加快推进林下经济生产的畜禽粪污、秸秆、残膜等无害化处理与资源化利用，实现林下经济发展的绿色化、优质化、生态化与标准化；应建立健全林下经济龙头企业与退耕农户的合作机制，形成风险共担、利益共享、信息共通的稳固合作关系，切实保障林下经济龙头企业与林下经济微观主体的合理收益，有效降低林下经济产业主体间的市场交易成本。

各退耕区应充分认知到林下经济龙头企业的关键地位与优势作用，充分认识到林下经济龙头企业对退耕农户增产增收、促进林下经济产业化与规模化发展的重要促进作用，持续优化林下经济龙头企业发展的财政扶持政策与税收优惠政策，鼓励林下经济龙头企业开展产品精深加工、技术创新、技术引进、资本重组与市场开拓，进而增强林下经济龙头企业的市场竞争优势与可持续发展能力。应围绕区域资源优势、市场环境与产业格局，打造一系列林下经济地理品牌标志，以提升林下经济龙头企业的美誉度、知名度与顾客满意度；鼓励林下经济龙头企业加大产品品牌宣传推广与品牌培育力度，不断增强林下经济产品品牌价值，适时申请林下经济产品的中国驰名商标，有效提升林下经济产品的附加值。应支持林下经济龙头企业增强科技创新能力与精深加工工艺水平，持续更新林下经济产品精深加工技术，持续改进林下经济产品精深加工工艺、持续优化林下经济产品结构，持续完善林下经济产品生态循环发展理念，为林下经济龙头企业的高附加值产品生产奠定技术支撑，有效增强林下经济龙头企业的生产经营收益。应建立健全林下经济龙头企业全过程质量管理机制，对龙头企业的林下经济种植养殖环节、产品生产加工环节、产品流通配送环节等进行全面质量管理，并加快建立林下经济产品质量安全追溯管理系统，促使龙头企业生产出符合国内外林下经济市场需求的高品质产品，提升林下经济龙头企业的产品有效供给能力，增强林下经济龙头企业的可持续发展能力，凸显林下经济龙头企业的辐射作用、引领效用与示范能力，为退耕区林下经济健康、有序、稳固、可持续发展奠定组织基础。

5.2.3.4 加快推进退耕区生态旅游业发展

退耕区根据"生态建设产业化、产业发展生态化"的发展思路，依托退耕区林业资源基础，以森林资源保护为前提，以林下资源立体化开发为重点，不断盘活林业资源，推动生态环境修复与林业产业发展、退耕农户森林资源管护行为与森林资源适度发展行为的相互促进、相互协调、相互统一，不断巩固退耕还林工程成果。

（1）开发多元化的生态旅游产品。森林旅游与休闲服务业是退耕区充分释放林业资源开发潜力、推动林业产业提质增效、调整优化林业产业结构、促进农户脱贫增收的重要产业业态。从当前来看，由于森林旅游资源整合力度不足、森林旅游项目创新性弱化、森林旅游产品重复性强且特色缺乏，森林旅游业普遍存在旅游产品吸引力不足的问题，难以满足消费者的高品质森林旅游需求。为推进森林旅游业的高质量发展，各退耕区应加快调整森林旅游产品结构，优化森林旅游业开发战略和产品结构，整合区域森林资源，重点开发森林观光、度假养生、森林文化、民俗风情、科研教育等多元化生态旅游产品，推动资源优势转化为经济优势，全面构建退耕区生态旅游发展新格局。各退耕区应以森林景观为基础，突出荒漠化景观、石漠化景观、重要水源地景观、陡坡地景观、原始地貌景观等，突出森林旅游资源的区域特色、季节特征与景观特质，并推动山水林田湖草荒漠等不同类型景观要素的综合开发，形成多元化的观赏型生态旅游产品。

各退耕区应深入挖掘生态旅游产品的休闲体验属性，不断增强生态旅游产品的体验价值与感知效用；应根据区域乡土文化、民俗风情与资源特色，通过农家乐、探险、狩猎、野炊、徒步、攀岩、美食节、节庆活动、祭祀活动等体验活动，不断增强生态旅游产品的参与性、体验性、文化性、休闲性与多样性，使旅游者在体验森林旅游时能够体验到独特的风土人情、民族风情、田园风光与传统文化，不断推进退耕区生态旅游产品的高质量发展。应充分挖掘森林资源的科研教育功能，使现代林业产业体系、现代林业生态体系与现代生态文化体系建设成为生态文明教育的重要载体，使退耕区居民与旅游者能够认知到退耕还林工程在森林资源修复与生态环境保护中的重要价值，能够意识到人类与森林的关系，能够推动森林资源开发向森林资源保护与可持续利用的转变，切实提升消费者的旅游感知，切实延伸森林旅游业的产业功能。因此，各退耕区应根据区位条件、旅游资源、景观类型、市场需求与资金规模，有针对性地开发观赏型、休闲体验型、科研教育型、生态度假型、文化感知型与项目参与型生态旅游产品或产品组合，不断提炼、升华、创新符合本土资源特色的生态旅游产品与休闲服务，不断增强生态旅游的消费者感知体验，切实增强退耕农户生态旅游与休闲服务业发展效能。

（2）不断优化生态旅游产品品牌形象。各退耕区应加强生态旅游产品的营销管理，通过信息网络、期刊、报纸、文化展板、推介会、旅行社等载体平台宣传推广区域旅游资源，综合运用公共关系、宣传广告、人员推广、业务促销等营销要素，充分利用软硬广告、节庆活动、新闻媒介、展览推销等营销形式，不断强化生态旅游产品品牌形象与效果，不断增强退耕农户生态旅游产品营销水平。同时，引导企业、农民专业合作社、退耕农户参与退耕区旅游开发，不断创新退耕区生态旅游开发模式。在当前个性旅游与大众旅游共存、理性消费与感性消费共存、旅游体验与服务考量共存等相互交织、相互影响的旅游市场趋势下，退耕区生态旅游应推动产品营销向品牌营销的转变，不断增强生态旅游产品的品牌文化与品牌内涵，通过优质品牌吸引消费者，通过品牌宣传推广拓宽旅游市场，通过品牌价值提升增强退耕农户生态旅游业的竞争优势；各退耕区应充分挖掘退耕区旅游品牌的文化内涵与精神内核，通过"培育品牌、传播品牌、缔造品牌"培育生态旅游产品的品牌支撑体系，不断增强生态旅游产品的影响力与创造力。各退耕区应强化消费者的生态旅游产品品牌形象感知，重点突出退耕区资源特色，积极整合退耕区旅游资源，全面凸显退耕区地方特质，形成统一的区域生态旅游形象；应通过简练精要、形象鲜明的语言、标识、色彩等呈现退耕区生态旅游的自然景观要素、人文要素与地区特色，并对退耕区旅游形象进行信息提炼与艺术加工，强化旅游品牌的独特性、唯一性与代表性；各退耕区生态旅游产品品牌形象设计应凸显退耕还林工程的多维效益，强化退耕还林工程的生态价值、突出生态旅游对巩固退耕还林工程的重要作用，切实增强生态旅游产品的品牌价值与品牌效用。

（3）强化生态旅游发展的政府支持与保障机制。各退耕区应树立创新、协调、绿色、开放、共享新发展理念，加快推进生态旅游业管理体制机制改革，推动生态旅游业的发展全域化、供给品质化、治理规范化、布局协同化与效益最优化，不断增强生态旅游业对各区域产业高质量发展的带动作用；应加大生态旅游招商引资力度，创新生态旅游业投融资机制，依托生态旅游产业发展基金、生态旅游投融资促进会与推介会等平台，拓宽生态旅游投融资渠道，推动生态旅游资源市场配置最优化；支持生态旅游龙头企业发展，鼓励企业通过资产重组、相互换股参股、资源整合、品牌输出等做大、做强退耕区生态旅游业；引导退耕区林业专业合作社、家庭林场、林业大户等新型林业经营主体积极参与生态旅游，扶持发展一批林业生态旅游经营主体，不断增强林业生态旅游业的发展活力。各退耕区应不断完善智慧旅游的顶层设计，搭建生态旅游服务、生态旅游监管、生态旅游政务系统平台，实现生态旅游业的全信息把控、全方位感知、全过程监管与全维度服务，并不断优化生态旅游运行监测平台、服务监管平台、舆情监管平台、突出情况应急处置平台、移动执法平台，实现退耕区生态旅游业的信息化、网络化与智能化。

各退耕区应加快生态旅游服务标准化建设，结合退耕区生态旅游资源禀赋与生态旅游发展态势，结合旅游服务业国际标准、国家标准与行业标准，形成具有较高适应性与针对性的旅游服务标准体系，并加快制定生态旅游、休闲农业等新兴产业业态的旅游服务标准。各地方政府应加快推进退耕区林业生态旅游示范区建设，通过财政专项资金优先支持发展生态旅游区域旅游品牌，并积极参与遴选国家级生态旅游示范基地等国家级生态旅游品牌，形成退耕区积极发展生态旅游的示范作用与引领效应；各地方政府应发起设立退耕区生态旅游产业发展基金，不断扩大退耕农户生态旅游发展投融资渠道，引导社会资本投入退耕区生态旅游建设，支持生态旅游龙头企业通过政府和社会资金合作（PPP）模式投资、建设、运营退耕区生态旅游项目，不断夯实退耕农户生态旅游业发展的资金基础。

5.3 退耕农户休闲农业的发展路径

休闲农业是指利用田园景观、自然生态及环境资源，结合农林牧渔生产、农业生产经营与农村文化生活等，发展观光、休闲、旅游的一种新型农业生产经营形态，是调整优化农业产业结构、推进农业供给侧结构性改革、深度开发农业资源潜能、加快改善农业生产条件、有效增加农民收入的新兴产业业态。《关于大力发展休闲农业的指导意见》（农加发〔2016〕3号）提出，"坚持农耕文化为魂，美丽田园为韵，生态农业为基，传统村落为形，创新创造为径，加强统筹规划，强化规范管理，创新工作机制，优化发展政策，加大公共服务，整合项目资源，推进农业与旅游、教育、文化、健康养老等产业深度融合，大力提升休闲农业发展水平，着力将休闲农业产业培育成为繁荣农村、富裕农民的新兴支柱产业"。《农业部关于推进农业供给侧结构性改革的实施意见》提出，"拓展农业多种功能，推进农业与休闲旅游、教育文化、健康养生等深度融合，发展观光农业、体验农业、创意农业等新产业新业态。实施休闲农业和乡村旅游提升工程，加强标准制定和宣传贯彻，继续开展示范县、美丽休闲乡村、特色魅力小镇、精品景点线路、重要农业文化遗产等宣传推介。鼓励农村集体经济组织创办乡村旅游合作社，或与社会资本联办乡村旅游企业"。《中共

中央 国务院关于实施乡村振兴战略的意见》（中发〔2018〕1号）提出构建农村一二三产业融合发展体系。大力开发农业多种功能，延长产业链、提升价值链、完善利益链；实施休闲农业和乡村旅游精品工程，建设一批设施完备、功能多样的休闲观光园区、森林人家、康养基地、乡村民宿、特色小镇。《中共中央 国务院关于坚持农业农村优先发展做好"三农"工作的若干意见》（中发〔2019〕1号）提出，"充分发挥乡村资源、生态和文化优势，发展适应城乡居民需要的休闲旅游、餐饮民宿、文化体验、健康养生、养老服务等产业。加强乡村旅游基础设施建设，改善卫生、交通、信息、邮政等公共服务设施"。休闲农业是发展现代农业、增加农民收入、巩固退耕还林工程成果的重要举措，是退耕区发展新经济、拓展新领域、培育新动能的必然选择。

5.3.1 发展环境

5.3.1.1 优势分析

（1）产业资源优势。退耕还林工程坚持封山绿化、水土保持、生态恢复与环境保护，是贯彻落实"绿水青山就是金山银山"理念的根本体现，是增加森林植被、再造秀美山川、维护国土生态安全，实现人与自然和谐共生的一项重大战略工程。两轮退耕还林工程真正改写了"越垦越穷、越穷越垦"的发展历史，取得了生态改善、农民增收、农业增效、农村发展的综合效益；退耕还林工程推动了土地利用格局的有效调整，退耕区水土流失情况大幅度减少，风沙灾害明显降低，生态面貌显著变化，生态安全水平明显提升。通过退耕地森林资源培育、封山育林与荒地造林，退耕区国土绿化进程不断加快，森林覆盖率显著提升，林业的调节气候、涵养水源、净化空气、保护生物多样性等生态功能不断强化。退耕还林工程对改善区域生态环境、维护国土生态安全发挥了重要作用。各退耕区能够依托田园风光、绿水青山与乡土文化，有规划地发展休闲农庄、农业主题公园、农事景观观光、休闲养生、农耕体验、农林产品采摘、教育展示等休闲农业产品业态，推动农业一二三产业融合发展。因此，退耕还林工程为休闲农业发展提供了资源要素，为拓宽休闲农业产品业态、优化休闲农业发展布局、提升休闲农业发展活力奠定了产业基础。

（2）基础设施优势。根据《关于大力发展休闲农业的指导意见》，休闲农业高质量发展依赖于完善的"道路、供水设施、宽带、停车场、厕所、垃圾污水处理、游客综合服务中心、餐饮住宿的洗涤消毒设施、农事景观观光道路、休闲辅助设施、乡村民俗展览馆和演艺场所等基础服务设施"，健全的"特色餐饮、特色民宿、购物、娱乐等配套服务设施"。近年来，中央及地方财政加大了农村农业标准化生产基地、水利、道路、水、电、通信等基础设施建设投入，退耕区现代农业发展条件不断优化，农村生产生活设施不断完善，后续产业发展基础设施不断健全，为退耕区休闲农业发展提供了有力支撑。

（3）人力资本优势。退耕还林工程实施以来，退耕农户生计方式将产生适应性调整，从传统农业生产经营为主转向退耕地生产经营、农业生产经营、农村社会服务业、农村家庭手工业、进城务工等多元化生计行为。退耕还林工程是调整农业产业结构、提升农户收入水平的重要实践，将为退耕区休闲农业发展提供充足的劳动力，且各退耕区也引导和支持退耕农户积极推动农耕文化传承、创意农业发展、乡村旅游、传统村落传统民居保护、精准扶贫、林下经济开发、森林旅游、水利风景区和古水利工程旅游、美丽乡村建设的有机融合，因地制宜、适度发展休闲农业，从而不断提升退耕农户休闲农业发展意识、发展活力与发展规模。因此，退耕还林工程的稳步实施将催生大规模退耕农户与多元化的农户生计路径，为退耕区休闲农业发展提供充足的人力支持。

5.3.1.2　劣势分析

（1）政府扶持力度不足。随着农业供给侧结构性改革不断深入，休闲农业成为调整农业产业结构、优化农业发展方式、推动农业产业提质增效、促进农户脱贫增收的重要举措，成为推动农业一二三产业融合发展、深度挖掘农业产业发展潜能、促进农业产业业态创新的重要实践。各级地方政府充分意识到休闲农业发展的重要价值，但由于地方财政资金紧张等客观因素而对休闲农业发展的资金扶持力度略显不足，且尚未形成完善的优惠扶持政策、财政补贴政策、税收减免政策、投融资支持政策等政策体系，所以难以满足退耕区休闲农业规模化、市场化与高质量发展的资金需要。这也使得资金短缺成为制约退耕区休闲农业发展的短板。同时,由于休闲农业产品业态丰富、产业类型多样,休闲农业监管难度较大,休闲农业产业项目管理的规范化不足、标准化滞后,将在一定程度损害退耕区休闲农业可持续发展能力。

(2)产业发展较为粗放。休闲农业是现代农业的新型产业形态和现代旅游的新型消费业态,是农村社会经济发展的新增长点,但休闲农业发展现状与爆发式增长的市场需求还不适应,休闲农业发展方式还较为粗放,休闲农业业态普遍存在"产品雷同、创意缺乏、精品不足、内涵缺失"等问题,出现了"一流资源、二流创新、三流产品"的休闲农业发展消极格局。由于退耕农户普遍缺乏"先规划后建设"的意识,且由于受教育程度、发展理念、市场思维、经营能力、资本规模的约束,退耕农户多根据退耕地林业资源、结合其他主体或退耕农户发展经验进行休闲农业发展,使得退耕区休闲农业缺乏科学的自身定位与合理的发展规划,不可避免地出现盲目开发。从根本上来看,退耕区休闲农业发展仍处于自发的松散经营状态,规模偏小、布局分散、结构失衡、项目单一、竞争无序,农家乐、小型观光农业成为退耕农户休闲农业的主要模式,高端精品休闲农业资源整合不足,休闲农业发展特色弱化,休闲农业代表性品牌缺乏,休闲农业市场竞争优势不足,休闲农业产品难以满足消费者的高端产品需求,难以推动退耕区休闲农业的可持续发展。

(3)营销策略稍显滞后。作为"现代农业+休闲旅游业"的新型产业业态,休闲农业是"以农耕文化为魂、以美丽田园为韵、以生态农业为基、以创新创造为径、以古朴村落为形",是与现代农业发展、美丽乡村建设、生态文明建设、文化产业发展、农业创新创业相互融合的高级业态。休闲农业以农业农村景观为基础,以农事活动体验为中心,对项目主题设计的文化内涵、产业经营主体的经营理念与发展思维、基础设施的完善程度、自然景观与农耕文化的融合程度,特别是经营者的整体素质提出了更高要求。从当前来看,退耕区休闲农业产业项目多以相对低端的农家乐为主,农业经营主体多以分散农户为主,休闲农业经营主体的市场竞争意识薄弱、营销管理观念不足、宣传推介力度不够,使得市场潜在消费者难以有效转化为休闲农业客户。退耕区休闲农业营销管理多以传统营销手段为主，网络营销、体验营销、播客营销、趣味营销、知识营销、节假日营销、精准营销等新型营销手段的应用性不足；且退耕农户休闲农业营销管理往往较为粗放，缺乏市场环境分析、消费心理分析、产品优势分析、营销方式和平台选择分析等系统的营销管理规划，缺乏对区域人文环境、经济环境、自然环境、技术环境、政治法律环境等宏观环境的深入分析，缺乏对区域消费群体、竞争者、社会公众、经营主体等微观因素的全面审视，使得休闲农业营销策略制定及营销管理缺乏操作性、实践性、针对性与有效性，难以满足退耕区休闲农业高质量发展的根本需求。

5.3.1.3 机会分析

（1）农业供给侧结构性改革持续推进。根据《中共中央 国务院关于深入推进农业供给侧结构性改革 加快培育农业农村发展新动能的若干意见》（中发〔2017〕1号）精神和《农业部关于推进农业供给侧结构性改革的实施意见》（农发〔2017〕1号）文件精神，各地区应积极发展休闲农业与乡村旅游业，以"拓展农业多种功能，推进农业与休闲旅游、教育文化、健康养生等深度融合，发展观光农业、体验农业、创意农业等新产业新业态；实施休闲农业和乡村旅游提升工程，加强标准制定和宣传贯彻，继续开展示范县、美丽休闲乡村、特色魅力小镇、精品景点线路、重要农业文化遗产等宣传推介；鼓励农村集体经济组织创办乡村旅游合作社，或与社会资本联办乡村旅游企业"，以优化休闲农业与生态服务供给质量、提升休闲农业产业发展效能、增加休闲农业经营主体收入水平，不断调整休闲农业产业结构、不断推进休闲农业产业体制机制改革、不断创新休闲农业产品业态、不断扶持培育休闲农业新型经营主体、不断增强休闲农业发展新动能。因此，农业供给侧结构性改革的持续推进为退耕区休闲农业的规模化发展、现代化建设、市场化运营与标准化管理创造了积极条件与良好机遇，使休闲农业发展成为巩固退耕还林工程成果的重要探索。

（2）乡村振兴战略有序实施。实施乡村振兴战略是解决人民日益增长的美好生活需要和不平衡不充分的发展之间矛盾的必然要求，是推动农业全面升级、农村全面进步、农民全面发展的重要举措。《中共中央 国务院关于实施乡村振兴战略的意见》（中发〔2018〕1号）提出，构建农村一二三产业融合发展体系，大力开发农业多种功能，延长产业链、提升价值链、完善利益链；实施休闲农业和乡村旅游精品工程，建设一批设施完备、功能多样的休闲观光园区、森林人家、康养基地、乡村民宿、特色小镇。正确处理开发与保护的关系，运用现代科技和管理手段，将乡村生态优势转化为发展生态经济的优势，提供更多更好的绿色生态产品和服务，促进生态和经济良性循环。加快发展森林草原旅游、河湖湿地观光、冰雪海上运动、野生动物驯养观赏等产业，积极开发观光农业、游憩休闲、健康养生、生态教育等服务。创建一批特色生态旅游示范村镇和精品线路，打造绿色生态环保的乡村生态旅游产业链。休闲农业是有效增加农业生产产品和休闲服务的供给能力，推动农业产业结构根本性改善与农业农村现代化建设的重要着力点，是乡村振兴战略有序实施的重要着眼点。乡村振兴战略为各地区休闲农业发展提供了战略指引与发展支撑，为退耕区休闲农业高质量发展提供了重要机遇。

（3）休闲农业市场需求不断旺盛。近年来，随着生活水平的不断提升、消费层次的不断升级、消费理念的不断优化，消费者更追求"回归自然、崇尚本真"的田园生活，使得休闲农业与乡村旅游需求更加旺盛，为休闲农业和乡村旅游业发展带来了积极发展机遇。休闲农业"以农耕文化为魂、以美丽田园为韵、以生态农业为基、以创新创造为径、以古朴村落为形"，是保护农村生态环境、建设美丽乡村的有效手段，是传承农耕文明、弘扬传统文化的重要举措。休闲农业产业业态顺应了创新、协调、绿色、开放、共享新发展理念，是新时代农业绿色发展、多功能建设的重要内容，符合绿色、低碳、环保、循环的时代发展潮流。近年来，消费者越来越注重田园生活与农农活动的亲身体验与亲身参与，更注重休闲旅游的文化内涵与养生功能，更强调旅游服务与绿色、环保、健康、科技、文化等主题的紧密结合，使休闲农业成为满足消费者多元旅游需求的重要路径。因此，日趋旺盛的休闲旅游需求为退耕区休闲农业产业业态创新、休闲农业产业结构优化、休闲产业布局调整奠定了市场基础，为退耕区休闲农业健康、有序、稳固、可持续发展提供了重要机遇。

5.3.1.4 威胁分析

（1）周边地区同业竞争较为激烈。近年来，随着国家对休闲农业发展的支持力度不断加大，各地区休闲农业呈"井喷式"增长态势，休闲农业产业规模不断扩大、产业业态类型不断丰富、产业内涵不断拓展。据统计，2018年全国休闲农业和乡村旅游接待超30亿人次，营业收入超过8 000亿元，休闲农业成为优化农业产业结构、挖掘农业增收潜力、提升农户经营收益的重要选择。同时，休闲民俗村、乡村度假村、农业主题公园、农村传统村落等休闲农业产品不断创新，各地区休闲农业产品的精品化、高端化、规范化、特色化与标准化程度不断提升，各地区休闲农业逐步从农家乐形式向观光、休闲、度假、康养、教育等复合型转变，休闲农业发展的多样化、融合化与个性化水平不断增强。从当前来看，各地区休闲和乡村旅游仍停留在以"农家乐"为主的低水平层次。仅2017年全国农家乐数量超220万家，占全国休闲农业与乡村旅游经营单位的75.86%，休闲农业仍有极大的产业发展空间。各地区普遍存在休闲农业产业层级较低、休闲农业整体规模偏大、休闲农业经营主体偏多、休闲农业产品类型趋同等突出问题，使得休闲农业发展呈现激烈的低水平的同业竞争格局，使得农家乐等休闲农业经营主体更倾向于通过耗费人力、物力、财力或产品服务质量的"价格战"来维持休闲农业发展生存，这将造成休闲农业竞争主体双方的损耗，极大地影响退耕区休闲农业规范化发展与高质量运营。

（2）休闲农业的人才约束较为突出。休闲农业的发展规划制定、产业经营管理、产品创新开发与产业营销服务等需要专业的技术人员、高素质的经营管理人员与持续的资金投入。从当前来看，退耕区休闲农业经营主体往往是依托于国家对休闲农业的政策支持与资金补助、借助退耕还林工程参与机遇而转向发展休闲农业，其往往缺乏休闲农业发展的从业经验甚至并不准确地了解"什么是休闲农业，如何发展休闲农业"，其往往缺乏"先规划后建设"的基本理念而盲目地发展投资休闲农业，其往往缺乏市场思维、发展理念、营销能力与服务意识，使得休闲农业发展效能不足。休闲农业经营管理人员与服务人员等知识层次普遍较低、发展观念相对传统、管理理念相对落后、专业能力相对薄弱，难以为休闲农业发展提供积极的智力支持与人力保障。因此，由于从业人员文化素质、专业能力、职业素养的硬性约束，退耕区休闲农业发展面临着极大的挑战，在一定程度上阻滞了休闲农业的高质量发展，弱化了休闲农业对巩固退耕还林工程成果的产业贡献。

（3）休闲农业发展对生态环境扰动较大。休闲农业的发展依赖于人文景观、自然景观等环境要素，是具有绿色、低碳、循环属性的新型产业业态。在休闲农业发展过程中，部分经营主体忽视了产业发展与生态环境统筹协调的根本基础，在商业化动机驱使下盲目对传统村落进行翻新改造、对农村自然景观进行人为干预或破坏、对休闲农业项目区进行过度建设，破坏了休闲农业的自然意境与文化内涵，甚至对当地生态环境产生了严重威胁。据调查，部分经营者以发展现代农业或休闲农业为由，在农业园区或耕地上直接违法违规建设私家庄园、在农业大棚内违法违规建房等，这些非农建设问题不符合中央土地管理基本国策与耕地保护基本制度。从当前来看，各退耕区由于缺乏统一的休闲农业发展规划、完善的休闲农业监管机制以及合理的休闲农业行业标准，使得部分休闲农业经营主体无视对生态环境的影响，甚至打国家休闲农业促进政策"擦边球"，对退耕区自然资源与人文资源进行盲目开发与非理性扩张，这无异于自挖休闲农业发展陷阱，不利于休闲农业的可持续发展。

5.3.2 发展思路

退耕区休闲农业发展应坚持退耕还林工程生态效益、经济效益、社会效益的多元目标协调统筹不动摇，围绕乡村振兴发展、农业供给侧结构性改革、现代农业体系构建、农民增收致富的经济目标，退耕区生态环境修复、生态环境保护、生态安全水平提升的生态目标，坚持农耕文化为魂、美丽田园为韵、生态农业为基、传统村落为形、创新创造为径，结合退耕区资源和环境承载力、产业资源禀赋、社会经济格局、产业基础设施、产业发展条件，推进现代农业与旅游、教育、文化、康养、休闲、娱乐、文化等产业深度融合，不断增强休闲农业发展活力，不断增强休闲农业发展质量，不断提升休闲农业经营收益，使休闲农业成为巩固退耕还林工程成果的重要探索，成为提升退耕农户收入水平与生活质量的重要实践，成为调整农业产业结构、推动农业产业提质增效、促进农业供给侧结构性改革、推进农村一二三产业融合发展的重要举措。为实现退耕区休闲农业高质量发展，应坚持退耕还林工程有效持续运行的根本前提，鼓励引导退耕农户积极投资发展休闲农业，整合区域休闲农业项目资源，加大休闲农业发展的优惠政策与资金补助力度，创新休闲农业管理体制机制，着力于将休闲农业培育成为退耕区重要的后续产业与退耕农户增收致富的新兴支柱产业。

5.3.2.1 着力完善休闲农业基础设施与公共服务设施

从本质上看，休闲农业是现代农业与乡村旅游业有效衔接的新型产业业态，基础设施的完善程度不仅直接决定了消费者的旅游体验与旅游感知，还直接决定了退耕区休闲农业发展质量。各退耕区应根据国家休闲农业行业标准与运行规范，明确规定休闲农业发展的从业资格、经营场地、接待设施与环境标准等内容，加快休闲农业经营场所的道路、水电、通信、安全防护、特色民宿、购物中心、娱乐中心等基础设施建设，完善休闲农业经营场所的路标指示牌、停车场、游客接待中心、公共卫生厕所、垃圾污水无害化处理等辅助设施，推进农事景观观光道路、乡村民俗展览馆、乡村文化演艺场所等休闲农业基础设施，为休闲农业发展的"休闲度假、农事体验、生态观光、传统文化、科普教育、康养服务"等职能发挥奠定物质基础。各退耕区应根据休闲农业发展规划与公共服务规划，加快推进休闲农业发展的交通运输设施、新型乡村旅游设施、卫生设施、休闲农业安全设施、休闲农业场所能源通信设施、休闲农业信息化设施建设，建立健全休闲农业发展的公共信息服务体系、旅游休闲网络、旅游安全保障服务体系、休闲农业交通体系等公共服务体系，并强化休闲农业基础设施的功能复合性、设施景观性、服务多群体性与承载弹性。

各退耕区应着力推进休闲农业发展要素在农业土地利用、景观结构、文化特色等各方面的完美契合，加快推进覆盖各景观节点、服务节点、休闲度假节点的休闲农业交通网络体系建设，加快推进休闲农业发展营地、风景道、观景台、体验区等地区卫生设施建设，加快推进休闲农业基础数据平台与大数据旅游体系建设,加快推进具有游客集散功能、导游导览功能、自驾服务功能、自行车服务功能、跑步赛道服务功能、自主性探索旅游服务功能、体验旅游服务功能的休闲农业公共服务中心建设。应不断创新休闲农业基础设施与公共服务设施的投融资模式优化,积极推进PPP投融资模式,以破解休闲农业基础设施与公共服务设施建设的周期长、投入大、持续维护、投资回收难等难点,积极探索"土地整理、基础设施建设、公共设施建设、物业项目开发、特许经营服务、产业发展服务、其他综合服务"的休闲农业项目建设模式。应不断完善休闲农业基础设施与公共服务设施,不断优化休闲农业交通捷服务体系、公共信息服务体系、惠民便民服务体系、产业安全保障体系、公共行政服务体系;同时支持各地区使用未利用地、废弃地、四荒地^①等开展休闲农业基础设施建设,不断盘活休闲农业农地资源,不断增强退耕区休闲农业可持续发展能力。

5.3.2.2 着力优化产业布局丰富产品业态

各退耕区应根据农村民俗风情与景观风貌、农业生产过程与种植行为、农民劳动生活与生产实践,遵循生产生活生态统一、农村一二三产业融合发展、休闲农业发展基本规律,因地制宜、循序渐进,科学推进休闲农业发展;应注意保持乡村风貌、保留乡土味道、保有田园乡愁,不断补齐休闲农业发展短板、不断彰显农村休闲农业发展优势,不断调整优化休闲农业产业结构、优化休闲农业产业布局,形成串点成线、连片成带、集群成圈的发展格局。各退耕区应充分挖掘农业文明,注重参与体验,突出文化特色,加大资源整合力度,形成集农业生产、农耕体验、文化娱乐、教育展示、水族观赏、休闲垂钓、产品加工销售于一体的休闲农业点(村、园),打造生产标准化、经营集约化、服务规范化、功能多样化的休闲农业产业带和产业群;积极推进"多规合一",注重休闲农业专项规划与当地经济社会发展规划、城乡规划、土地利用规划、异地扶贫搬迁规划等的有效衔接。

各退耕区应充分依托区域林业资源、绿水青山、田园风光、乡土文化等资

---

①具体为荒山、荒沟、荒丘、荒滩等未利用的土地。

源，有规划地开发休闲农庄、乡村酒店、特色民宿、自驾车房车营地、户外运动等乡村休闲度假产品，大力发展休闲度假、旅游观光、养生养老、创意农业、农耕体验、乡村手工艺等，促进休闲农业的多样化、个性化发展；鼓励退耕农民发展农家乐，积极扶持农民发展休闲农业合作社，鼓励发展以休闲农业为核心的一二三产业融合发展聚集村；加强乡村生态环境和文化遗存保护，发展具有历史记忆、地域特点、民族风情的特色小镇，建设"一村一品""一村一景""一村一韵"的美丽村庄和宜游宜养的森林景区；同时，引导和支持社会资本开发农民参与度高、受益面广的休闲旅游项目，鼓励各地探索农业主题公园、农业嘉年华、教育农园、摄影基地、特色小镇、渔人码头、运动垂钓示范基地等，提高产业融合的综合效益。

5.3.2.3 着力弘扬优秀农耕文化与产业项目文化内涵建设

党的十九大报告提出，"实施乡村振兴战略的发展路径是必须发展提升农耕文明，走乡村文化兴盛之路"。农耕文化我国长期农业生产积淀的宝贵财富，是中华民族优秀文化的重要组成部分，也是各地区休闲农业发展的灵魂。为增强休闲农业的发展活力、竞争优势与存续能力，各退耕区应积极梳理古代农学思想、精耕细作传统、农业技术文化、农业生产民俗、治水消化、物候与节气文化、农产品加工文化、饮食文化、酿酒文化、农业文化遗产，并推动农耕文化与休闲农业产业项目的有机契合，使消费者在休闲农业项目体验中感知传统农耕文明的生产方式、思想理念、价值观念、道德意识与思维方式，使其在休闲农业产业项目体验中了解好、保护好、传承好、利用好、发展好农耕文化。各退耕区应以弘扬传承优秀农耕文化为着力点，充分挖掘休闲农业的生产功能、居住功能、生态功能、文化功能，形成农旅结合、文旅结合的休闲农业发展基本模式，加快形成自然环境、生物资源、农业生态与社会民众的相互依存、相互结合、相互制约、相互影响的"生态—经济—社会"复合系统。

各退耕区应充分挖掘休闲农业的文化内涵，依托新一轮退耕还林工程等林业重点生态工程、绿色农业与生态农业的发展框架，不断培养增强休闲农业的地域特色与文化品位，通过"农耕文化节"等节庆活动不断加大农耕文化宣传展示力度，通过媒体、互联网等渠道不断创新农耕文化宣传途径，通过农耕文化专项研究不断延伸拓宽退耕区农耕文化内涵，进而有效增强退耕区休闲农业的文化内涵与文化品位，促进消费者形成"以农为本、以和为贵、以德为荣、以礼为重"的优秀品格，形成坚忍不拔、崇尚和谐、顺应自然、因地制宜、勇于创新的优良品质，切实增强退耕区休闲农业产业项目的文化高度与文化价值，切实提升退耕区休闲农业的竞争优势与可持续发展能力。

5.3.3 关键举措

5.3.3.1 持续增强休闲农业发展的政策扶持与规划指导

休闲农业的高质量发展需要市场的资源配置作用，更离不开政府部门的政策支持、规划引领、宏观调控与监督管理。各退耕区应基于农业供给侧结构性改革的整体框架与推动休闲农业高质量发展的整体部署，结合退耕还林工程实施进展与区域资源禀赋，充分发挥政府的顶层设计、宏观调控与市场规制作用，持续增强休闲农业发展的政策扶持与规划指导，不断提升休闲农业扶持政策的有效供给能力，切实提升休闲农业发展活力与发展效能。

（1）科学规划休闲农业发展布局。各退耕区应根据休闲农业发展指导意见与休闲农业发展总体规划，结合各地区资源禀赋、区位条件、地理特征、市场需求、乡风民俗、人文景观、历史遗迹等旅游资源状况，明确休闲农业的产业态势、发展目标、建设规模、项目类型、发展主题、细分市场与政策措施等，科学规划、合理定位、因地制宜、注重创意设计、充分挖掘文化内涵、着力于多功能衔接与特色互补，不断增强休闲农业产业项目的观赏性、体验性、娱乐性、教育性与独特性，以满足消费者个性化的休闲需求。应充分激发退耕农户的休闲农业发展热情，加大林业大户、家庭林场、林业专业合作社、林业龙头企业等新型林业经营主体的休闲农业发展活力，加快推进休闲农业由退耕农户分散经营向集约化、规模化、市场化、专业化经营转变，加快推进休闲农业由单一的休闲旅游功能向休闲、体验、教育、娱乐、文化等多功能一体化经营转变。

各退耕区应确立"先规划后建设"休闲农业发展理念，积极创新休闲农业规划理念，积极明确休闲农业发展方向，积极构筑休闲农业发展特色，积极培育休闲农业多元功能，积极优化休闲农业产业布局，坚持在区位优势突出、交通条件健全、生态环境友好、发展特色鲜明、市场需求旺盛的地区进行休闲农业发展，彻底解决休闲农业产业项目同质同构、休闲农业发展规划简单重复的不利局面，为增强休闲农业发展优势创造积极条件。在休闲农业规划中，城镇周边应以满足城镇居民生态产品消费需求为目标，以退耕地林下经济或设施农业为基础，规划建设集休闲观光、度假养生、科普教育、绿色农产品采摘、农事活动体验、优质农产品生产于一体的休闲农业产业带；各景区、自然保护区周边休闲农业发展应坚持功能衔接与特色互补，依托退耕区生态环境与自然资源，突出休闲农业的服务功能，强化休闲农业的体验功能、康养功能与娱乐功能，不断满足消费者的个性化休闲需求；少数民族聚居区周边应不断增强休闲农业文化内涵，挖掘退耕区特色民俗文化与民族风情，加快推进特色民族文化与休闲农业项目的有机契合，大力发展特色风情游与民俗村乡村游，不断提升休闲农业产业的文化品质与文化内涵；传统农耕区休闲农业发展应立足于稳定农业生产与保障重要农产品供给的根本前提，拓宽休闲农业多元功能，创新休闲农业产业项目，延伸休闲农业发展链条，挖掘休闲农业文化内涵，培育与增强退耕区休闲农业发展新动能。退耕区各级地方政府应制定休闲农业发展的长期发展规划，加大休闲农业发展的科学规划与引导，抓住休闲农业发展重点，突出休闲农业产业特色，发挥休闲农业多元功能，突显休闲农业整体优势，加快推进农户休闲农业资源优化配置，避免产业资源的浪费。

（2）适度加大休闲农业发展的资金支持力度。退耕区休闲农业规模化发展与高质量运行依赖于大量的资金投入。退耕区休闲农业往往位于经济状况较为薄弱的农村地区，需要政府部门给予适当的资金支持或税费优惠，以破解休闲农业可持续发展的资金瓶颈问题。各地区应鼓励退耕农户以退耕地土地使用权、农业景观、人文景观、固定资产、资金、技术、劳动力等参股开展或合作发展休闲农业，以互助联保方式实现休闲农业小额融资，鼓励引导退耕农户有计划地扩大休闲农业发展规模，提升休闲农业发展质量；应鼓励和支持家庭林场、林业专业合作社、林业大户、林业龙头企业等新型经营主体，通过股份合作等方式，发展一批主题明确、特色突出、设施完善、规模适度、技术领先、管理科学、经营有序的休闲农业产业项目，并在税收上给予一定优惠，合理减轻休闲农业经营主体的税费压力，推进退耕农户休闲农业的规模化、集约化、市场化与规范化发展。各退耕区应积极整合政策资源，推动现代农业示范区建设资金、设施农业、设施渔业、标准园建设和农村沼气项目资金、新农村建设资金、农业综合开发资金、各类农民就业培训资金、旅游发展资金、中小企业发展资金、"村村通"工程建设资金、扶贫开发资金等向休闲农业倾斜；建立行之有效的休闲农业财政专项补贴政策与休闲农业发展专项资金，对初创期休闲农业给予多样化资金补贴，促进休闲农业发展壮大；通过以奖代补等形式，对休闲农业人员培训、广告宣传、道路和环保设施等建设给予补助。同时，加大招商引资力度，鼓励引导民间资本、工商资本、旅游企业、龙头企业等，以参股、独资、合资、合作等方式投资开发休闲农业，支持休闲农业企业通过发行股票、企业债券和项目融资、资产重组、股权置换等方式筹集发展资金，加快培育出更有品质、更有竞争力、更有生命力的休闲农业。

（3）持续完善休闲农业扶持政策。为提升退耕区休闲农业发展活力、增强休闲农业发展整体效能，休闲农业主管部门应进一步细化休闲农业发展扶持政策，进一步提升休闲农业发展扶持政策执行效果，不断提升休闲农业扶持政策的精准性、指向性与实践性，实现休闲农业的产业业态多样化、产业集群化、主体多元化、设施现代化、服务规范化与发展生态化。各退耕区应加快推进农村产权制度与土地制度改革，建立完善的休闲农业用地政策，支持有条件的地区通过盘活农村闲置宅基地、集体建设用地、四荒地、林地、水域等资源资产有序发展休闲农业，鼓励退耕农户、集体经济组织等将退耕林地、集体经济建设用地等通过自办或入股等方式发展休闲农业，并争取将休闲农业建设用地纳入农村土地利用总体规划，增强休闲农业的用地保障能力。各退耕区应不断完善休闲农业发展的财政支持与金融扶持政策，积极整合各级财政资金支持休闲农业发展，探索以奖代补、先建后补、财政贴息、设立产业投资基金等财政支持方式，鼓励利用PPP模式、众筹模式、"互联网+模式"、发行私募债券等融资模式，引导各类社会资本发展休闲农业；支持搭建银企对接机制，鼓励担保机构加大对休闲农业的支持力度，帮助退耕农户、龙头企业等休闲农业经营主体解决融资难题，加大对休闲农业的信贷支持，撬动更多社会资本发展休闲农业，切实推动休闲农业规模化发展与高质量运行。

各退耕区应建立健全休闲农业公共服务政策体系，建立健全休闲农业发展的环境保护、食品安全、消防安全等标准，加快构建休闲农业网络营销、网络预订、网上支付等公共平台，加快推进休闲农业从业人员的从业技能、职业素养的长效培训机制，不断提升休闲农业服务质量。应不断完善休闲农业品牌培育扶持政策，以创建全国休闲农业和乡村旅游示范县（市、区）为着力点，重点培育开发区域休闲农业品牌，加快推进休闲农业品牌整合，积极探索休闲农业特色村镇、"星级户"、"农业嘉年华"等休闲农业品牌创建，不断提升退耕区休闲农业发展的知名度与美誉度。

（4）持续完善休闲农业基础设施。休闲农业可持续发展依赖于完善的基础设施与健康的配套系统，日趋完善的农村道路、水、电、通信等基础设施为退耕区休闲农业发展提供了积极保障与有力支持。各退耕区应加快完善退耕地水利基础设施，积极推广应用喷灌、滴灌、微灌等现代化节水灌溉技术，不断提升生产经营的现代化、生态化、集约化水平；应通过土地硬化、道路拓宽、停车场修建、自驾车营地建设、指示牌设置、交通路线规划、公共交通服务等，加快完善休闲农业发展场地的交通基础设施，不断增强消费者到达休闲农业旅游目的地的便捷性，不断提升消费者的休闲农业旅游体验。应充分考虑消费者的现代生活习惯，搭建休闲农业区网络通信设施，满足消费者在休闲农业区的通信需求与无线网络使用需要；应确保休闲农业民宿饮水、洗浴、卫生间等设施的安全卫生供应，为消费者提供绿色轻松、安全卫生、舒适整洁的旅游环境；应完善休闲农业区的娱乐、体验、游戏设施，并配备健身房、游泳池、戏水区、游息设施、露营区、教育农园、森林游乐区、体能锻炼区、自然教育馆、亲子互动体验馆、生态餐厅等基础设施，为消费者提供综合性休闲场所和休闲服务。休闲农业基础设施建设应对植物造景、游人活动、景观布局、娱乐设施、自然风貌等进行合理规划，不应影响林业生产经营与区域功能需求，促进农业、旅游业、民俗文化的相互融合，使基础设施成为休闲农业发展市场定位、主题培育、品牌营销、休闲娱乐与消费体验的直接依托，成为退耕区休闲农业健康、有序、稳固、可持续、高质量发展的根本保障。

5.3.3.2　加快推进退耕区休闲农业的产业化发展

（1）促进休闲农业的联合协作发展。随着休闲农业发展促进政策的持续推进、休闲农业发展资金补助与金融支持力度的不断增强、退耕还林工程巩固计划的有序实施，休闲农业产业业态不断丰富，退耕农户参与休闲农业的发展活力不断提升。退耕区休闲农业发展规模不断扩大。但从当前来看，休闲农业仍以小规模退耕农户为主要经营主体，休闲农业仍以低水平的"农家乐""林家乐""牧家乐""渔家乐"等为主要形态，休闲农业发展的整体产业化、市场化、资本化水平不足，在一定程度上抑制了退耕区休闲农业的可持续发展能力，弱化了休闲农业的退耕还林工程巩固效用。各退耕区应积极整合退耕农户自发开发的小规模休闲农业项目，深入推进"龙头企业＋林业专业合作社＋农户"等休闲农业产业化经营模式，加快培育有活力、有实力、有能力的休闲农业龙头企业，充分发挥休闲农业龙头企业的引领与示范作用；全面强化龙头企业的休闲农业产业链主导地位，围绕龙头企业不断延伸、拓展、调整休闲农业纵向一体化产业链，有效联结休闲农业畜禽种苗生产、农产品加工、休闲农业园区建设与服务、农产品流通与销售等休闲农业各产业节点，加快休闲农业产业环境与农业龙头企业资源的联动优化，形成信息共享、利益共享、风险共担的休闲农业产业链。应加快推进休闲农业龙头企业与家庭林场、林业大户、林业专业合作社、农林产品加工企业的合作经营或联合经营，充分利用休闲农业的技术、资金、人才、设施优势与品牌优势，形成多主体共同参与、共同受益的退耕区休闲农业发展布局。

（2）打造休闲农业特色品牌。各退耕区应加快培育一批具有地方特色和影响力的农产品品牌、经济林产品品牌、农家菜品牌、农事活动节庆品牌、农业企业品牌、人文景观与自然景观品牌等休闲农业品牌，不断提升休闲农业的品牌价值与市场竞争优势。各退耕区应积极培育林下中草药品牌、绿色畜禽产品品牌、林下果蔬品牌、特色林果品牌等休闲农产品品牌，通过林下农林产品绿色化、标准化与产业化发展，特色农林产品种植、采摘、初加工等农事活动体验，使农耕文化融入休闲农业的各个项目、各个环节，不断夯实退耕区休闲农业的发展基础，不断提升退耕区休闲农业的吸引力与发展力。

各退耕区应依托林业资源、林下资源、农村自然景观与人文景观，充分挖掘和创新休闲农业观赏要素，形成观赏果树、盆栽、花卉、山石、河溪等丰富多彩的休闲农业观赏性状，形成绿门、绿廊、花亭、果厅、果廊、亭台、动物模拟形状、几何体等特型花木、多色多果苗木等景观性状，使消费者能够充分感受自然之美，有效满足消费者"赏"的需要与"美"的体验。各退耕区应提升休闲农业项目的参与性、趣味性与娱乐性，将采摘作为休闲农业发展的必备项目，加快培育特色显著的休闲农业采摘品牌，积极开发草莓、果蔬、药材、禽蛋、蜂蜜、花卉等采摘项目，并针对儿童、情侣、中老年人等不同人群打造不同的采摘环境、采摘项目，使采摘成为休闲农业吸引消费者的重要抓手，成为提升休闲农业盈利水平的重要方式。

各退耕区应充分发掘地方特色、民族特色饮食文化，积极开发特色菜品，打造绿色有机蔬菜、农家菜、野菜、散养畜禽、乡村酱腌菜、食用菌、药膳等农家菜品牌，不断融入并丰富红色文化、草原文化、林区文化、生态文化、民族文化、历史文化等农家菜文化内涵，不断创新农家菜的食材、调料、做法、容器、饮食环境等，有效满足消费者对健康乡村饮食的体验。各退耕区应积极加快休闲农业农耕文明传承载体建设，通过亲子小菜园、农耕劳动体验、农耕博物馆、民俗展览体验馆等多元形式，使消费者在休闲农业体验中传承、弘扬、创新农耕文化，推动休闲农业旅游体验与传统农耕文化的有机契合，不断提升休闲农业发展的文化内涵与科普教育功能。同时，应积极开展休闲农业星级企业和星级农家乐创新活动，建设一批规模较大、特色突出、形象良好、发展潜力大的休闲农业企业，形成国家级、省级、市（县）级休闲农业示范体系，形成一大批辐射作用强、引领效用大、带动能力强的休闲农业企业品牌，不断增强退耕区休闲农业发展活力与发展质量。

（3）建立健全休闲农业信息服务平台。为推进退耕区休闲农业标准化、规范化、高效化发展，各退耕区应以农业信息网络资源为依托，建立健全休闲农业信息化服务平台，设计休闲农业信息服务网站、休闲农业龙头企业信息服务网站等，实现休闲农业政策法规、国内外休闲农业发展状况、休闲农业企业（园区）介绍、特色农家餐饮推荐、精品休闲线路推介、民俗民居及农耕文化展示、农特旅游商品展示、信息查询和电子商务等功能，为旅游、营销、投资、管理提供及时便捷服务。各退耕区应充分发挥电视、报纸、杂志等传统媒体的信息服务功能，通过开辟休闲农业发展专栏、投放休闲农业宣传广告、解释休闲农业发展重大决策部署与优惠促进政策、展示休闲农业发展经验与先进典型，为休闲农业发展营造良性发展环境与发展氛围；应充分利用新媒体受众广、传播快、交互强的显著优势，通过微信、网络、手机 App 等新媒体平台，及时向消费者发布农事节庆、节会、博览会、创意大赛等休闲农业热点信息，向消费者提供休闲产品、景区门票、特色餐饮、客栈民宿、休闲服务、位置导航等信息搜索、实时预订、电子支付等服务，不断提升休闲农业发展的影响力、传播力与引导能力，引导消费者健康消费；应建立休闲农业发展的重要地域宣传机制，充分利用车站、高速沿线、铁路沿线等重要地域的电子屏、宣传栏等宣传阵地，展现休闲农业与乡村旅游信息，不断提升宣传效果。

（4）积极发展休闲农业旅游商品。各退耕区应鼓励和引导休闲农业经营主体充分利用本地的优势特色农产品和野生资源进行农产品精细化加工和深加工，突出"乡土风味、地方特色、天然绿色、健康养生"的产品特点，开发五谷杂粮、特色蔬菜、绿色果茶、水产畜禽、鞋帽编织等土特产品；休闲食品和美容保健品要打造具有绿色生态、营养健康、易于存储与携带的深加工农副产品；纪念型商品要充分利用竹木藤草石土布等本土材料，依靠传承和发展民间工艺、手艺、绝活儿等，并利用创意思维和现代工艺技术进行加工制作；要注重包装设计和生产，富有"土"味、"农"味和科技含量、创意特色，并与产品有机结合，让农特产品变为精深加工品，让一般商品变成旅游商品，大幅提高农产品附加值。同时，休闲农业企业或园区要建设购物商店或购物区，销售自己生产和加工的旅游商品以及周边农户的产品；要与乡村集市、景区商店、超市等合作销售；通过与商品批发商、旅行社合作扩宽渠道，增加市场占有率；还可以在城市商业区、旅游景区附近开设特色休闲农业旅游商品专卖店，积极开发会展销售渠道；推动休闲农业经营收入从目前主要依靠农家餐饮和门票，转变到依靠农家餐饮、门票和农特产品销售并重上来，让休闲农业淡季不淡，实现可持续发展。

5.3.3.3 有序开展休闲农业经营模式创新

（1）休闲农业合作经营模式。为增强休闲农业经营效能，各退耕区应培育发展休闲农业服务中心、休闲农业行业协会、休闲农业集体经济组织、休闲农业合作联社等合作经营模式。各退耕区应推动建立乡镇、乡村休闲农业服务中心（站）。乡镇休闲农业服务中心工作经费由乡镇财政专项经费拨付；乡村休闲农业服务中心经费由集体经费积累、休闲农业客源提留、集体资产经营收益提留等构成。休闲农业服务中心将退耕区分散的休闲农业经营农户捆绑起来，实行以服务中心带动的休闲农业"四统一"管理模式，即统一接待、统一标准、统一价格、统一促销。休闲农业服务中心承担"农家乐"服务资格认定、农家乐服务质量监督、农家乐资质年检等职能，并接受休闲农业行业主管部门的监督与考核。各退耕区应引导成立休闲农业行业协会，主要开展休闲农业从业人员技术培训、休闲农业发展宣传、休闲农业经营主体星级评定、休闲农业典型经验交流等业务，代表会员共同利益，维护会员合法权益，为政府单位、经营主体、市场架起沟通桥梁；遵守国家有关发展休闲农业方面的法律法规和方针政策，研究休闲农业发展中的各种问题，提升区域休闲农业发展和管理水平，促进退耕区休闲农业可持续发展。

各退耕区应引导集体经济组织设立发展旅游服务公司。"农家乐"等休闲农业经营农户挂靠在旅游服务公司下，以家庭为单位开展经营活动。旅游服务公司通过企业规章制度约束规范挂靠农户的经营行为，通过对休闲农业旅游资源和游客信息采用集中管理、统一分配的办法，对休闲农业经营实行"统一接待、统一登记、统一分配、统一结算"，从而不断提升退耕区休闲农业的标准化与规范化发展水平。各退耕区应引导农户成立休闲农业专业合作社、休闲农业发展联合社等合作经济组织，由合作社开展信息供给、技术服务、特色农业栽培、农耕体验、农家菜运营、乡村旅游、特色农产品销售等服务，并通过"一致规划布局、一致形象标识、一致宣传营销、一致招待服务、一致管理训练"，通过制度化、条例化进行生产、销售、管理与服务，不断提升休闲农业合作经营水平、不断提升社员收入水平。

（2）加快推进休闲农业"政府+龙头企业+农户"发展模式。特色化、规范化、规模化与品牌化是休闲农业产业化发展的重要方向。"政府+龙头企业+农户"模式是退耕区休闲农业产业化发展的重要探索。"政府+龙头企业+农户"模式是充分发挥政府、企业、农户等各利益主体协同优势，通过合理分享产业收益、积极创新利益联结方式，把政府、市场、分散农户连接起来，形成产供销一体化的休闲农业利益综合体，为休闲农业可持续发展奠定组织基础、提供发展保障。在该模式中，政府主体是休闲农业发展的主管单位，负责休闲农业发展规划、基础设施建设和产业发展环境优化等，是调控休闲农业发展方向、规范休闲农业发展行为、优化休闲农业发展基础的重要主体。龙头企业是退耕区休闲农业发展的关键主体，负责休闲农业的直接经营管理与商业化运作，负责组织地方节庆活动、地方戏曲表演、产品制造与销售、住宿餐饮服务、设施维护与修缮、导游讲解、市场拓展、客源组织等各项具体经营管理活动。该模式有助于充分发挥龙头企业在资金、技术、管理、信息、营销、品牌运营等方面的优势，增强龙头企业在推进休闲农业产业链整合、提升休闲农业价值链等方面的动力，将休闲农业产业发展产前、生产、加工、销售等环节整合成连贯一致的整体，不断延伸休闲农业产业链，不断提升休闲农业价值链，不断释放休闲农业发展的协同效应。

（3）积极探索休闲农业股份制合作经营模式。首先，为合理开发退耕区旅游资源，保护休闲农业经营区生态环境，可以根据资源产权，将休闲农业资源界定为国家产权、集体产权、村民小组产权、农民个人产权等。在休闲农业发展时，可推动国家、集体、农民资源的多维合作，把旅游资源、技术、劳动等转化为股本，收益按股分红与按劳分工相结合，进行股份合作制经营。其次，可以通过土地、技术、劳动等形式参与休闲农业发展。企业通过盈余公积的积累完成扩大再生产和乡村生态保护与恢复，以及相应休闲农业旅游设施的建设与维护；通过公益金的形式投入到乡村的休闲农业导游培训、旅行社经营、旅游管理等公益事业，以及维护社区居民参与机制的运行等。最后，通过股金分红支付股东股利，可推动国家、集体和个人资源变资产，资金变股金，实现休闲农业社区参与的深层次转变，引导退耕农户自觉参与休闲农业发展与生态资源保护，不断提升休闲农业可持续发展能力等。

5.3.3.4　加快推进退耕区休闲农业人才队伍建设

（1）加大休闲农业从业人员技术培训。休闲农业从业人员的工作技能、职业素养、管理理念、发展思维、市场逻辑等整体素质直接决定了休闲农业的发展水平与存续能力，直接决定了休闲农业的社会经济贡献与农户收入水平，直接决定了休闲农业对巩固退耕还林工程成果的重要效用。各退耕区应制定休闲农业人才队伍发展专项规划，加强休闲农业规划设计人才、经营管理人才、接待服务人才的技术培训，不断提升休闲农业从业人员的整体素质。各退耕区应依托具备休闲农业教研力量的高校与科研院所承担休闲农业项目研究、休闲农业发展规划、休闲农业景观设计、农业多功能拓展、农事体验创意设计等方面的人才培训与技术咨询，不断增强休闲农业规划设计人员的整体素质，推动休闲农业与生态、教育、经济、科技、文化等多元素融合，有效提升休闲农业发展规划的创新性、实用性、科学性与操作性。各退耕区应组织开展休闲农业创办人员、经营主员、乡村干部、合作社负责人、企业管理人员的技术培训，不断丰富休闲农业经营管理人员的从业经验与实践技术；可利用高校专业师资力量与专业课程，培训一批休闲农业经营管理、营销服务、品牌发展等专业人才，全面提升休闲农业经营管理人才的理论水平、管理能力、经营技能，使其具备组织管理、创业经营、市场谈判、服务营销、风险防范、文化建设等方面能力，不断增强休闲农业经营管理人才的职业化、综合化与专业化。

各退耕区应加大与行业协会、旅游企业的长效沟通，积极举办休闲农业接待服务人才培训班，坚持理论与实践相结合、课堂讲授与现场实训相结合、线上培训与线下培训相结合，通过专家授课、案例讨论、商务模拟、企业家沙龙、实践交流等多种形式，不断创新和丰富休闲农业从业人员培训方式方法；

同时，充分利用互联网等现代信息技术手段，为休闲农业从业人员提供灵活便捷、智能高效的在线培训和移动互联服务。各退耕区应建立休闲农业从业人员培训的资源共享机制，坚持立足产业、政府主导、多方参与、注重实效的原则，应用政府购买服务、专项资金支持、市场化运作的主要方式，广泛整合各类培训资源，充分发挥和调动科研院所、龙头企业、行业协会的积极性与主动性，逐步形成政府主导、企业主体、科研院所与行业协会广泛参与的休闲农业人才培养机制。

（2）加大退耕农户的休闲农业从业能力培训。农户是休闲农业发展的重要主体。农民休闲农业从业技能直接决定了休闲农业发展质量。各退耕区应支持开展多层次、多渠道、多形式的休闲农业从业技能培训，为休闲农业发展提供强有力的智力支持与人才保障。从当前来看，退耕农户往往受教育程度较低，缺乏职业技能、从业经验、市场逻辑、经营理念与发展思维，休闲农业发展层级较低且多以农家乐为主，难以推动休闲农业高质量发展与休闲农业提质增效。各退耕区应不断丰富技能培训活动，通过"走出去"与"请进来"相结合，有针对性地组织退耕农户到周边地区、休闲农业示范区（点）进行观摩学习，选派退耕农户到职业院校进行休闲农业管理的系统学习与培训，不断提升退耕农户发展休闲农业的从业技能，不断重构退耕农户发展休闲农业的管理理念，不断拓宽退耕农户的发展思路；有针对性地邀请旅游业、服务业、农林产业、营销方面的专家等对农户进行农村旅游、营销管理、客户服务、产业发展、景观规划等专题培训，并对休闲农业经营农户进行现场指导、现场授课；在培训中根据农户兴趣特点、知识盲点、关注热点等，科学设计培训内容、科学选用培训教材，采用农户一听就懂、一看就会、一用就灵的乡土教材，让农户听得懂、学得会、用得上，切实提升从业能力培训的针对性与实用性。各退耕区应切实加强培训管理，不断完善休闲农业技术培训的教学管理与档案管理，不断加强培训师资队伍建设，形成一支懂农业、爱农村、爱农民、教学能力突出、实践经验丰富的休闲农业培训师资队伍，形成一套符合农户真实需要的教育计划与教学内容，为退耕农户从事休闲农业发展提供良性支撑。

5.4　本章小结

本章提出了退耕农户特色林果业、林下经济、休闲农业的发展环境、发展思路与关键举措。其中，特色林果业是退耕区最具有发展基础与培育优势的后续产业，是统筹农民增收与生态环境修复双重目标的重要途径；林下经济是巩固退耕还林工程成果、延伸退耕农户收入渠道、提升退耕农户收入水平的重要实践，是退耕还林工程区最有效的后续产业发展业态；休闲农业是发展现代农业、增加农民收入、巩固退耕还林工程成果的重要举措，是退耕区发展新经济、拓展新领域、培育新动能的必然选择。退耕农户后续产业发展是退耕还林工程有效持续运行的重要保障与根本前提，是推动退耕区社会经济发展的重要路径，是加快调整农村产业结构、巩固退耕还林工程成果的重要选择。

6

新疆生态脆弱区退耕农户的发展激励机制

为激发农户的退耕参与意愿、促发农户的参与响应行为，结合农户退耕参与风险感知、多视角的农户退耕参与响应行为及影响因素分析结果，本研究提出了新一轮退耕还林工程农户参与响应的激励机制，包括退耕补偿标准优化等内生性激励、拓宽非农就业渠道等保障性激励、强化退耕行为监管等外部性激励。

6.1 退耕政策的内生性激励

6.1.1 着力退耕政策宣传引导

新一轮退耕还林工程是国家重大生态战略与重大民生工程，是新时代生态文明建设的重要举措，是一项政策性强、覆盖面广、群众关注度高的林业重点生态工程。新一轮退耕还林政策的补助标准、补助方式、运行方式、组织形式、工程规划等与第一轮退耕还林工程相比具有较大变化，使得政策宣传成为新一轮退耕还林工程有序实施的首要环节，成为农户了解并认知新一轮退耕还林政策内容的重要基础。

退耕还林主管部门与各级地方政府应充分认识退耕还林政策宣传的重要作用，将政策宣传作为退耕还林工程实施的重要内容，并将政策宣传融入工程实施的全过程，不断丰富政策宣传形式，不断优化政策宣传载体，不断强化政策宣传力度，不断提高政策宣传的质量。应紧紧围绕新一轮退耕还林总体方案，结合工程区社会经济发展现状与资源环境现状、农户退耕参与积极性等，制订切实可行的宣传方案；顺应信息时代的基本要求与发展格局，充分利用网络、手机、微信、微博、电视、广播、报刊、宣传栏等平台，广泛宣传新一轮退耕还林工程的政策框架、退耕综合效益、树种选择、退耕价值、补助标准、补助兑现程度、补助方式、退耕地经营模式、退耕期满后发展方式、退耕典型成功案例等信息，并在退耕规模较大、退耕综合效益显著、交通条件便捷的退耕还林工程区，建设固定的、内容丰富的宣传碑牌，加大退耕还林宣传力度，形成全方位、互动式、立体化、宽领域、多形式的退耕还林宣传平台。应积极编制《新一轮退耕还林总体方案》《退耕还林条例》《造林技术手册》《林木种子与育苗技术手册》《新一轮退耕还林工程管理办法》《新一轮退耕还林工程林木种苗管理办法》等政策材料，注重宣传新一轮退耕还林工程对经济社会发展的重要贡献与重要价值，宣传报道新一轮退耕还林的政策亮点与成绩要点，引导农户解决退耕还林参与过程中的问题与困难；应在营造新一轮退耕还林参与氛围的基础上，注重对已退耕农户典型示范的宣传推广，使潜在退耕农户在看得见、摸得着的退耕事例中受到引导教育，激励其自愿参与新一轮退耕还林工程、巩固退耕还林成果的积极性；应通过专业大户、专业合作的退耕示范带动作用，尽快形成一批可推广、可复制的典型经验，营造社会资本参与退耕还林工程的社会环境与舆论氛围，形成全民动员、各界参与的良性局面。

同时，应提升退耕还林信息宣传队伍的整体素质，对退耕还林政策宣传人员进行集中培训，全面解读新一轮退耕还林工程的建设程序、管理流程、技术手段、监管体系与质量控制机制，切实提升退耕还林工程政策宣传人员的业务能力，有效增强新一轮退耕还林工程的信息宣传工作质量。

6.1.2　着力退耕补偿标准优化

退耕还林工程是生态产品与经济产品协同供给的林业重点生态工作，是公共生态产品私人供给的积极尝试。通过退耕还林工程实施，政府主体期望实现区域生态环境的有效修复、生态安全水平不断提升、生态产品供给能力不断增强，微观农户期望实现自身生计能力不断提高、家庭收入水平不断提升、家庭生活状况不断改善；政府主体与微观主体的退耕还林工程目标具有显著背离性，但农户有效参与退耕实现了政府主体与微观农户目标的并轨。农户退耕参与是退耕还林政策激励相容的基础，退耕补助成为农户退耕参与的重要因素，甚至是唯一要素。因此，合理的退耕补偿标准是确保新一轮退耕还林政策的长期激励相容，实现新一轮退耕还林工程长期维持与有效实施的根本基础。与第一轮退耕还林政策的补偿标准与补偿方式相比，新一轮退耕还林工程在此方面有了改变。补偿方式为分3次将退耕补贴下达给省级政府，每亩第一年800元（其中种苗造林费300元）、第三年300元、第五年400元，补偿标准为1 500元/亩，同时省级政府可根据实际情况自主确定兑现标准与分次数额，鼓励地方政府给予退耕配套补贴。

新一轮退耕还林补贴标准比第一轮退耕还林略有下降，补贴方式更为灵活，但补偿机制较为单一，对微观农户的退耕激励效应略显不足。为优化新一轮退耕还林工程的补贴机制，应动态调整退耕补贴标准，以直接补偿为主、以间接补偿为辅，建立多元化的退耕还林补偿机制。具体为：直接补贴即中央财政下达给省级政府的财政经费，即1 500元/亩的退耕补偿标准；直接补贴应根据物价水平、社会经济发展状况、农用生产物资与劳动力市场价格、农业综合补贴增长情况等进行动态调整，使退耕补贴满足农户的收益预期，真正凸显退耕补贴的激励效用。同时，各级地方政府也可根据地方财政状况，给予适度退耕专项补贴，以强化退耕生态补偿的激励性、提升潜在农户的退耕参与积极性。由于退耕还林工程区社会经济状况差异大、土地生产力水平差异明显、退耕农户涉及面广等客观因素，单纯地依靠中央财政与各级地方财政的直接退耕补贴，以及单纯地提升退耕直接补贴等可能均难以达到农户的退耕参与需要，间接补偿方式成为解决退耕直接补贴不充分问题的可行性思路。可以通过优惠贷款、就业指导与培训、经营技术培训、新产业扶持与培育、产业发展政策倾斜等间接退耕补偿，多次、分期补偿农户退耕参与的可能性损失。直接补贴与间接补贴相结合的多元化退耕还林补偿机制将成为新一轮退耕还林工程健康、有效、稳固实施的重要基础，成为农户退耕参与的关键要素。新一轮退耕还林工程应以直接退耕补偿的动态调增为前提，增强直接补偿的激励效用，以间接退耕补偿的不断完善与增加为补充，强化间接补偿的弥补与支持作用，形成退耕地林业生产与退耕后后续产业发展、农户兼业与非农就业的多元化生计策略，即通过直接退耕补贴的直接激励、间接退耕补贴的间接激励，有效增加农户退耕后收益预期，有效提升潜在农户的新一轮退耕还林工程参与与响应意愿。

6.1.3　着力退耕配套政策完善

新一轮退耕还林工程具有生态环境修复、精准扶贫开发、农村产业结构调整、农户持续增收等多维效用，其应与国土绿化行动整体部署、精准扶贫开发战略、乡村振兴战略等政策形成有效搭配与有序融合，将新一轮退耕还林工程作为大规模国土绿化行动的重要抓手、作为精准扶贫开发战略的重要手段、作为乡村振兴战略的重要平台，使新一轮退耕还林工程政策和国土绿化行动整体部署、精准扶贫开发战略、乡村振兴战略等政策，真正赢得微观农户的认可，真正激发微观农户的参与意愿，真正发挥其在全面建成小康社会与解决"三农"问题中的重要作用。此外，新一轮退耕还林工程应不断完善有关的配套政策。

6.1.3.1　推动生态移民与退耕还林政策的多元协调

新一轮退耕还林工程应强化对不具备生存条件退耕农户的生态移民工作，对有生态移民意愿的退耕农户给予退耕还林专项资金支持，在退出耕地进行全面植树造林与封山育林，并统筹解决退耕移民的生产与生活问题。新一轮退耕还林工程应与扶贫移民、生态移民、高山移民工作协调统一，达到既发展经济，又改善和保护生态环境的目标；应鼓励退耕农户依托新型城镇化建设、社会主义新农村建设等，根据"搬得出、留得住、能就业、有保障"的基本要求，积极发展商贸、加工等非农就业，促进生态建设与经济林果产业发展，实现生态效益、经济效益与社会效益多赢，促进区域人口、资源与环境协调发展。

6.1.3.2　推动精准扶贫与退耕还林政策的有序契合

林业产业扶贫应准确把握林业发展的新形势与新任务，以生态协同圈、生态保育区、生态屏障区、生态修复区、生态防护带、生态涵养带与防护减灾带等生态安全布局为契机，以林业重点生态工程、国家储备林等国土绿化行动为基础，以现代林业生态体系、现代林业产业体系及现代生态文化体系建设为内涵，着力优化林业产业结构、增强林业经济发展活力、提升林业的精准扶贫贡献。为强化林业产业精准扶贫项目的契合度，应以扶弱逻辑为底线思维，充分发挥贫困县（乡）基层政府的主体功能与利益诉求，充分发展村集体及其他农民合作组织的基层治理能力，充分尊重贫困农户的内在需求与发展期望，使林业产业扶贫项目契合利益主体的博弈均衡格局；应以乡土逻辑为核心思维，以贫困区资源禀赋、产业基础、经济现状与社会文化为基础，有针对性地选择林业产业发展项目、确定林业产业扶贫模式、优化林业产业扶贫方式，使林扶贫项目契合于集中连片贫困地区的社会经济格局；应以市场逻辑为基础思维，充分尊重社会主义市场经济运行规律，结合市场现实需求、产业整体规模、市场发展愿景等，推动林业产业的适度规模经营，提升林业产业的发展质量，增进林业产业的市场竞争优势，使林业产业扶贫项目契合于市场经济发展布局。因此，林业产业精准扶贫应不断优化制度安排，使扶贫项目契合于贫困农户需求、区域资源禀赋与市场运行机理，以提升林业产业精准扶贫工作的运作秩序与运行质量。

林业产业精准扶贫应有效整合多部门、多主体、多模块，构建政府—市场—社会—社区—农户"五位一体"的贫困治理机制与利益联结机制，确保各部门相互促进、各主体协同合作、各模块耦合协调、各制度有序衔接。林业产业扶贫应立足于"精准识别、精准扶持、精准管理与精准考核"的政府工作机制，制定科学的林业扶贫开发规划，健全扶贫开发制度与配套政策，引导林业产业发展与生态修复同轨运行，强化扶贫项目运行与扶贫主体行为的监管，确保林业产业扶贫的顶层设计科学合理，扶贫行为有序公平，扶贫实践高质、高效。林业产业扶贫应立足于扶贫资源的市场配置效用，促发市场在林业产业项目投融资、林业产业技术开发、林业生产基础设施、林产品市场拓展、林产品有效供给中的主体行为，凸显林业龙头企业、林业专业合作社等市场主体在贫困地区林业产业发展中的引领、辐射与带动作用，提升林业产业扶贫的市场运行活力与资源配置效率。林业产业扶贫应充分发挥社会组织自身资源丰富、组织结构灵活、运作模式专业的优势，为社会组织参与林业产业扶贫提供良性氛围，以实现扶贫资源有序衔接、扶贫效能持续提升。林业产业扶贫应充分发挥社区的桥梁纽带作用，激励社区及时反馈农户的贫困现状、致贫因子、发展意愿与发展基础，引导社区成员建立主动脱贫、互济互助、共同致富的反贫困机制，并通过林业新技术咨询服务、典型脱贫案例宣传、生产生活困难帮扶、社区扶贫资源支持等，形成林业产业扶贫的社区治理支持机制。林业产业扶贫应鼓励贫困农户表达其真实发展偏好，确立贫困群体在扶贫实施规划制定与扶贫项目选择中的主体地位，增强贫困农户的自我发展能力和主动参与动力，使贫困农户真正成为林业产业扶贫的参与主体与受益对象。

　　林业产业扶贫应规范扶贫项目筛选、扶贫项目申请、扶贫项目运行、扶贫项目维持各环节的运行秩序，确保林业产业扶贫目标精准、扶贫项目适宜、扶贫实践有序、扶贫结果有效。在扶贫项目筛选环节，应坚持林业产业项目的技术安排、发展基础、社会嵌入与主体需求，使扶贫项目符合市场发展规律、符合贫困地区经济状况与社会文化积淀、符合贫困农户的发展期望，消除扶贫项目确定与扶贫资源配置的政府垄断行为。在扶贫项目申请环节，应坚持因地制宜、因村因户施策，建立全面扶贫、精准识别、公平优先、重点关注、适度倾斜的扶贫工作机制，降低扶贫项目参与的门槛效应，避免因地方政绩最大化或权力主导产生的"选择性平衡"或"精英俘获"行为，避免因"利益捆绑""责任连带"或"机会主义思维"而产生的"弱者吸纳"行为。在扶贫项目运行环节，应充分尊重农户个体差异与发展意愿，形成贫困农户的独立灵活林业经营、林业合作社或集体经济组织合作经营、林业龙头企业或经济精英带动经营等多元化生产经营模式，形成林下经济、特色经济林种植、经济林产品生产等多样化林业发展项目，避免政府主导下的盲目规模化扩张或官僚技术决策。在扶贫项目维持环节，应坚持前馈控制与反馈控制、直接控制与间接控制、过程控制与质量控制相结合，建立资金投入数量与扶贫项目运行质量、林业产业发展与精准扶贫贡献的综合考量机制，并根据全过程控制与监测机制对林业产业扶贫项目进行动态管理；通过林业经营技术培训、农户扶贫效用感知、农户减贫脱贫进度监测、林业产业扶贫配套政策支持、林业产业扶贫资金监管等，强化林业产业发展的持续动力与林业产业扶贫的贡献能力，切实强化退耕还林政策的扶贫减贫效用。

6.1.3.3 推动产业扶持政策与退耕还林政策的多元融合

退耕还林工程区应结合区域经济发展整体规划、产业布局与市场需求，按照专业化、标准化、集约化、社会化与现代化要求，充分开发利用退耕还林资源的利用与开发；应立足于工程区林业资源禀赋、林业基础设施现状与林业市场格局，稳固发展经济林产品种植、林下种植养殖、特色经济林种植等林业第一产业，加快推进经济林产品的"三品一标"认证与标准化生产示范基地建设，加快培育新型林业生产经营主体，全面巩固林业第一产业；应依托农产品产地初加工补助政策，为农户提供特色林产品烘干、分级、加工、包装等生产装备与技术服务，增强退耕农户的市场参与能力与特色林产品的价值增值水平；应加大完善特色林产品技术开发与技术改造支持力度，以"农户+生产基地+加工企业""农户+龙头企业""农户+合作社+加工企业"等模式为主体，积极生产市场适销对路的特色林产加工品，保障退耕农户的林业生产收益；应深度挖掘林业景观资源潜力，积极整合精品旅游资源，加快开发精品旅游产品，加快构建绿色旅游品牌，使生态旅游与休闲服务成为林业产业发展的重要动力与新型业态，并完善林业技术服务、林业公共管理、林业管理服务等产品项目，为林业三产融合提供服务支持。产业扶持政策与退耕还林政策的多元融合，为退耕农户的林业产业发展与林业生产经营奠定了基础，在一定程度上降低了农户的退耕参与风险感知水平，同时增强了农户的退耕参与意愿。

6.2 非农就业的保障性激励

非农就业渠道拓宽、非农就业能力提升是退耕农户生计策略调整、收入水平提升、农村产业结构优化的重要机制，是新一轮退耕还林工程健康、有序、稳固、可持续运行的关键举措。

6.2.1 着力拓宽非农就业渠道

非农就业收入是退耕后农户收入提升的重要途径，但由于农村农户获取市场信息的能力有限、与市场对接能力不足、农村市场经济发展活力低下等现实问题，拓宽退耕农户非农就业渠道成为保障退耕农户收入水平的基础。退耕还林工程区应以布局区域化、经营规模化、生产专业化、销售市场化为原则，重要培育与发展龙头企业，形成以林业龙头企业为支撑、大中小型企业配套、产权联结、各具特色的林产品加工产业体系，使林产品生产加工企业成为吸纳退耕农户非农就业的重要途径；应加快农村城镇化建设，不断完善农村生产性、生活性、社会性基础设施，加快普及互联网络等信息工具，将特色乡镇、生态农村建设与第二、第三产业发展结合起来，充分发挥自身优势，鼓励退耕农户因地制宜地发展家庭手工业、农产品加工等劳动密集型产业，逐步形成产业发展、人口聚集、市场延伸的良性互动机制，实现农村城镇化与退耕农户非农转变有序结合。

为拓宽非农就业渠道，退耕还林工程区各级地方政府应为退耕农户营造良好的非农就业环境，不断完善第三方劳动力就业市场的信息服务功能，构建非农工作信息的分享发布平台，将非农就业转移政策和用工招聘信息传递至每一个退耕农户家庭，为退耕农户提供非农就业的信息服务，降低退耕农户的非农工作搜寻成本，增加退耕农户的非农就业机会；应加大对退耕农户的非农就业宣传力度，建立全方位、多层次、宽领域的非农就业先进典型宣传机制，在退耕农户中建立非农转移就业的浓厚氛围，积极转变退耕农户的生计观念，使其能够充分利用退耕资源、家庭资源、社会资源等进行非农就业；应加强对退耕区乡镇企业发展规划、投资决策与管理运营的咨询服务，帮助乡镇企业建立现代企业管理制度，加大乡镇企业的技术改造与技术革新，扩大延伸乡镇企业生产规模，有效提升乡镇企业的就业岗位，为退耕农户提供充足的非农就业岗位；应充分发挥政府政策引导能力，培育开发劳动协管、防护林管护、养老休闲、家政服务、社区保洁保全等就业项目，全面挖掘退耕农户就业岗位；应建立政府推动、市场主导、多元办学的教育培训体系，对退耕农户进行订单式或储备式非农就业能力培训，切实强化退耕农户的非农就业能力，拓宽退耕农户的非农就业渠道。拓宽非农就业渠道有助于提升退耕区农户的收入水平，降低潜在退耕农户的退耕参与风险感知水平，缓解农户退耕后的生计风险，切实提升农户退耕参与响应意愿。

6.2.2 着力提升非农就业能力

非农就业能力是降低农户退耕参与风险感知水平、提升农户退耕参与响应意愿的重要指标，也是农户退耕后从事非农就业与农村产业结构调整的重要基础。从当前来看，农户受教育程度普遍较低，人力资本存量水平较差，非农就业能力普遍弱化，严重地抑制了退耕农户的非农就业能力，严重地影响了退耕农户的退耕后可持续生计。

为提升农户非农就业能力、激发农户的退耕参与意愿，应以现代农村职业教育为依托，加快开展农村劳动力转移培训、职业农户创业培训等，不断完善农业职业教育体系，不断优化农村职业教育基础设施；应根据区域社会经济现状与退耕农户的内在需要，充分利用各种教育资源、教育模式、教育手段，不断延伸退耕区职业教育的覆盖面，不断提升退耕区职业教育的深度，多措并举全面开发退耕区人力资源，全面提升退耕农户的非农就业能力。为提升农户非农就业能力，各级地方政府应从实际出发，积极开展形式多样的非农就业培训宣传，使农户特别是有退耕意愿的农户意识到非农就业能力培训的必要性与重要性，使农户了解到退耕还林工程与农户非农就业的内在关联，提升农户对非农就业能力培训的认可度与认知度，增强农户的非农就业培训参与意愿，提升农户的非农就业能力。

为提高农户非农就业的能力，应针对不同农户需要，依据不同行业、不同岗位、不同领域对农户进行从业技能培训，科学安排非农就业能力培训内容、统筹安排非农就业能力培训课程，形成理论知识与操作技能相互补充的课程体系，并不断强化从业操作技能的培训力度；应不断创新非农就业能力培训方式，建立定点培训、订单式培训、定向式培训等多元化的培训模式，促进非农就业能力培训与职业技术鉴定、非农就业派遣的有机结合，引导和鼓励农民职业能力培训机构与大型企业联合培养，不断提升农民非农就业能力培训的合格率、就业输出率与就业适应力；应围绕退耕区社会经济发展现状、区域产业经济发展特色与企业实际用人需求，有针对性地设置培训课程与培训内容，加强农户非农就业能力。

6.3 退耕还林的外部性激励

6.3.1 着力林业生产技能培训

新一轮退耕还林工程通过农户还生态林或还特色经济林以实现生态环境修复与农户生产经营增收。林业生产经营技能是农户有序开展退耕地林业生产经营的根本保障。从当前来看，农户林业生产技能偏低、劳动者整体素质较低，林果林木生产粗放、科技含量低，林果产品贮藏加工能力弱，林木病虫害防治水平较差，极大地削弱了农户退耕后的林业生产经营收益预期，在一定程度上也降低了农户退耕参与积极性。因此，为增强退耕农户的林业生产技能、提升农户退耕参与意愿，应加快农户林业生产技能培训。

首先，退耕区地方政府应结合自身实际，建立常态化、制度化、高效化、多层面、全方位的林业生产经营与技术管理培训体系。确保退耕优先区与主要工程区每区配备林业高级技术人员、每千亩退耕林地配备中级技术人员、每百亩退耕林地配备初级技术人员、每村都有农民林业技术员，形成县、乡、村（队）三级林业生产经营技术示范、推广、培训基地与信息网络服务体系，为退耕农户林业生产技能培训提供人员基础与知识储备。退耕区地方政府充分整合区域林业科技力量，有规划、分层次地对退耕农户进行林业生产经营能力培训，围绕林果产业链的培育、建设和延伸，开展林果品种选择、良种苗木培育、丰产栽培、节水灌溉、整形修剪抹芽、疏花疏果、果实套袋嫁接改造、水肥管理、有害生物防治、绿色及有机果品的培育、果品保鲜贮藏、果品加工运输等方面的技术培训。同时，根据市场经济发展的需要，开展树种结构调整、市场营销知识、标准化生产、质量认证等管理方面的培训。

其次，退耕区地方政府应加强退耕农户林下种养殖技术培训。通过专家集中授课、现场学习观摩、知识读本发放、网络课程自主学习等方式，使退耕农户具备林下食用菌类、林下中药材种植、森林食品认证、特色猪/鸡及疾病防疫、养蜂技术及病害防治等林下种养殖技能；邀请林业科技示范户、村级技术员与科技特派员、农民专业合作社带头人、林业大户、退耕典型示范户等通过手把手、面对面的现场实训，重点提升退耕农户的林下经济生产技能与生产素质；应积极搭建林下经济科技服务平台，广泛开展林下经济发展技术培训与技术推广普及，并认真总结林下经济产业发展实践经验，向退耕农户传递最高效的林下经济发展模式与林下经济技术手段，不断提升退耕农户的林业经营水平，有效激发潜在退耕农户的退耕参与响应意愿。

6.3.2　着力完善退耕农户风险管理体系

退耕还林工程是一项长期的系统工程，涉及多个部门、多个主体、多个环节，需要中央政府、地方政府、基层组织、退耕农户的共同协作，需要生态产品供给与经济产品供给的耦合协调，需要兼顾农村产业结构调整、集中连片贫困区精准扶贫与农户脱贫增收、区域生态环境修复等多重目标。退耕还林政策复合目标实现依赖于中央政府的科学规划、地方政府的有效推进、基层单位的有序组织、农户的主动参与、退耕农户的合理经营。农户主动参与是新一轮退耕还林工程稳固实施的根本前提，是退耕还林政策目标实现的微观主体。从当前来看，农户参与退耕不可避免地面临自然风险、技术风险、资金风险与市场风险等，极大地抑制了农户的退耕参与意愿，损害了退耕农户的退耕后可持续生计。具体表现为：由于林业自然生产周期较长，农户外出务工、农林业生产经营、养殖业发展等退耕后收入不稳定，参与退耕农户的生活风险较大；由于退耕政策激励机制缺陷、退耕政策执行行为偏差等产生的退耕政策执行风险；退耕地林产品市场销售困难等市场风险；农户退耕地经营缺乏有效技术支持等技术风险。因此，建立退耕农户风险管理体系，强化退耕农户风险管理水平，是新一轮退耕还林工程健康、有序、稳固、可持续发展的重要保障。

新一轮退耕还林工程应建立农户收入增长长效机制，全面降低退耕农户生计风险。即进一步搜寻与发展退耕还林后续产业与特色产业，不断挖掘后续产业与林业特色产业的经济贡献，为退耕农户提供稳固的经济收入来源，增强其可持续生计能力；应不断强化退耕农户的非农就业培训力度，不断创新退耕农户非农就业培训内容，不断完善退耕农户非农就业培训模式，不断提高退耕农户非农就业培训质量，有效增强退耕农户的非农就业能力，有效加快退耕农户的非农就业转移，有效拓宽退耕农户的收入渠道。新一轮退耕还林工程应强化中央政府对各级地方政府与农户的经济激励，适度提升中央政府的退耕补偿标准，充分调动农户的退耕参与热情；适度补贴地方政府的政策执行与工程监管成本，有效减轻各级地方政府的财政负担；适度增加退耕种苗补助费，探索差异化的退耕种苗补偿标准与退耕地林木管护费，充分调动退耕农户的林业生产与林木管护积极性。新一轮退耕还林工程应鼓励地方政府出台退耕还林工程配套政策与配套资金，推动退耕还林政策与精准扶贫政策、农业保险支持政策、产业结构调整政策、大规模国土绿化行动整体部署、乡村振兴战略整体规划相互契合，健全退耕还林工程的政策体系；应健全林权制度、林权抵押贷款制度等，促进退耕地林权有序流转与林权抵押担保贷款的合理发放；应建立有效的退耕政策监督管理机制，强化新一轮退耕还林工程的监管力度，避免地方政府擅自挪用、少发、延发，甚至克扣不发补偿金等行为，完善新一轮退耕还林工程补偿资金的公示制度。新一轮退耕还林工程应加大政府技术支持，引导农户根据工程区环境条件、立地条件等，宜林则林，宜灌则灌，宜草则草，乔灌草结合，不断提升退耕地林木存活率，最大限度地凸显退耕还林生态效益；应建立健全林业市场信息服务体系，通过行业协会、专业合作社、林业龙头企业等向农户提供有效、及时、全面的林产品市场信息与非农就业信息，弱化退耕后特色产业与非农就业的市场风险，增强农户对林业产业的收益预期，有序稳固新一轮退耕还林工程成果。

6.3.3　着力强化政府技术与资金支持

新一轮退耕还林工程是农户生计策略调整的重要选择。受教育水平低、传统农业生产经营路径依赖、整体林业生产经营技能低下等现实背景限制，退耕区农户对于现代林业、林下经济、生态林与经济林的接受度较低，难以掌握退耕地林业生产经营的技术手段与市场特点，甚至缺乏足够的生产资金以从事退耕地造林。多数农户尚未完全掌握的退耕还林工程涉及造林的树种选择、营林模式设计、林灌草结合技术、特色经济林栽培技术、林粮间作或林下经济经营技术、特色林产品运销与管理技术等，使得退耕还林工程的农户参与风险感知水平较高，难以有效激发农户的退耕参与意愿。因此，强化政府的退耕技术与资金扶持，是有效降低农户退耕参与风险感知水平，提高农户退耕参与积极性的重要保障。

为强化政府退耕技术与资金支持，应以政府为基本主体，加大对农户退耕还林工程有关的技术培训与资金支持；引导农户由盲目还林向科学营林的积极转变，强化退耕农户种植技术指导、合理安排林种和树种结构，坚持乔、灌、草、带、片、网相结合，充分利用乡土经济林或生态林，提升退耕地造林地成活率与保存率；应积极推广林业科学技术，引进与开发林木新品种，实现苗木生产基地化、标准化、规范化与规模化，积极创新、推广苗木抗旱造林新技术；积极推广使用保水剂、吸水剂、生根粉等实用营造林技术，科学管护、科学营林，做到退耕地保栽、保活、保成林，实现退耕还林由数量向质量的转变。为破解农户退耕生产经营的资金困境，应建立健全退耕还林工程的农户资金支持体系，不断优化退耕还林工程的农业资金支持投入结构，完善退耕农户的金融支持与财政支持；中央政府与各级地方政府应建立专项投资基金、证券市场等多元化的资金支持方式，合理调动社会资金，为退耕农户发展资金提供积极的资金支持；应不断完善退耕农户资金支持环境，探索简化退耕农户银行贷款申请流程，适度提升退耕农户银行贷款金额，增强退耕农户发展资金支持的政策性、专用性、社会性与补贴性，解决退耕农户林业生产经营资金不足难题。

6.3.4 着力构建退耕地林业合作经营体制

新疆退耕区呈现单户分散经营、合作统一经营、林业托管经营与其他适度规模经营等小规模林业经营形式。退耕还林工程景观管理一体化与林业经营破碎化的矛盾、林业发展产业化与退耕农户分散化的矛盾、林业市场规模化与退耕主体微小化的矛盾,将影响农户参与新一轮退耕还林工程的收益预期,影响其退耕参与的风险感知水平,进而影响农户的退耕参与响应行为。退耕地林业合作经营在提升林地经营效率与产出效能、增强林业弱势产业竞争优势、实现林业经济产品与生态产品供给中具有显著优势,是解决退耕林地分散化、破碎化、小规模化问题的重要选择(张坤,2016)。从退耕农户来看,合作经营有助于解决退耕地小规模林业生产的投资收益、技术服务、市场谈判、兼业需要等多元化需求,且能够获取更多政府优惠扶持;林业合作经营符合其内在期望,有助于提升其退耕还林收益。从政府来看,培育股份合作林场、林业专业协会或林业专业合作社等林业合作经营组织有助于推动农户多元增收与林业生态服务的协同供给,有助于实现退耕还林工程运行的有序性、有效性与持续性,有助于增强林业生态扶贫的贡献能力等。退耕农户的积极预期、各级政府的合理推动、各类农民专业合作组织的示范推广,为退耕区林业合作经营创造了积极条件,使得合作经营成为退耕区林业生产发展的适宜性选择。

为提升农户参与退耕的收益预期,增进农户退耕参与响应决策,加快退耕区林业合作经营,提升退耕地林业合作经营绩效,推动新疆退耕还林工程的有效实施与持续运行,应充分尊重退耕农户合作意愿,引导培育家庭合作林场、股份合作林场、林业专业合作社等小规模林业合作组织,形成基本涵盖森林管护抚育、林业病虫害防治、营林技术推广、林果生产加工、市场信息服务、产品销售服务、退耕政策咨询等环节的多元化组织职能;应发挥农村精英人才、龙头企业、村"两委"的引动能力,优化农村治理结构、增强林业合作组织的农村嵌入能力,并积极完善林业合作结构的相关政策与法律法规;应优化退耕还林工程的补偿机制、约束机制、监管机制与扶持机制,规范新疆民族地区特色林果业与生态林业的退耕秩序,推动退耕区小规模林业合作经营的有序、高效、持续运行。因此,退耕地林业合作经营提升了农户参与退耕的整体收益,在一定程度上降低了潜在退耕农户的风险感知水平,削弱了农户参与退耕的可能性风险,是推动农户有序响应新一轮退耕还林工程的重要举措。

6.4   本章小结

为激发农户的退耕参与意愿、促发农户的参与响应行为，本节基于农户退耕参与风险感知、农户退耕响应的一般性分析、贫困尺度差异分析与生计资本尺度分析，提出应建立退耕政策宣传引导、退耕补偿标准优化、退耕配套政策完善等内生性激励机制，应建立拓宽非农就业渠道、提升非农就业能力等保障性激励机制，应加快林业生产技能培训、完善退耕农户风险管理体系、强化政府技术与资金支持、构建退耕地林业合作经营体制等外部性激励，切实提升农户的退耕参与积极性，促进新一轮退耕还林工程的健康、有序、稳固、可持续发展。

结　论

　　退耕还林工程是党中央、国务院站在国家和民族长远发展的高度，着眼于经济和社会可持续发展全局，面向21世纪做出的重大战略决策，是优化生态文明建设布局、构建区域生态安全屏障、释放林业精准扶贫潜能、加快调整农村产业结构的有效途径；是增加森林资源有效供给能力、促进生态林业与民生林业健康发展、应对全球气候变化、实现碳达峰及碳中和战略目标的重要举措。

　　习近平总书记在考察新疆时对新疆生态环境保护、林业发展等提出明确要求，指出要深入实施林业生态工程和生态治理修复工程，加大防沙治沙力度，并提出要努力谱写美丽中国的新疆篇章。新疆新一轮退耕还林工程实施是以"发展现代林业、建设生态文明、推动科学发展、保障生态安全、改善生态民生、实现美丽中国"为总体要求，以《中共中央 国务院关于加快推进生态文明建设的意见》为行动纲领，以建设生态文明、大美新疆为总目标，以发展生态林业、民生林业为核心，实现生态改善和农民增收双赢的林业重点生态工程。农户是新一轮退耕还林工程运行的微观主体，也是新疆生态脆弱区新一轮退耕还林工程有序稳固高质量发展的根本主体。为激发农户响应意愿、优化农户参与行为、拓宽农户增收路径，本书围绕新疆生态脆弱区农户退耕的响应追踪和发展激励开展研究。具体如下：

　　第一，基于新疆退耕还林优先工程区农户调查，多视角分析了新一轮退耕还林工程的农户风险感知及其影响因素、农户参与退耕的"经济理性"与"生态理性"逻辑、农户生计资本与退耕参与决策生成机制、农户退耕响应的贫困尺度差异等，全面追踪工程区农户的新一轮退耕还林工程参与意愿及其影响机制。退耕政策认知水平、退耕还林直接成本、林产品市场销售损失等是影响农户参与退耕风险感知水平的关键变量，也是降低农户退耕风险感知水平的关注重点。农户退耕参与决策受其生计资本水平的约束与调节，生计资源禀赋分化将影响退耕区农户的生计策略选择。"经济理性"是农户参与退耕的本能逻辑；

"生态理性逻辑"在一定程度上诱发了农户的退耕参与意愿。"生态经济理性"更符合农户参与新一轮退耕还林工程的逻辑假定。

第二，基于新疆生态脆弱区退耕农户调查，剖析了退耕农户的营林决策及其影响因素、退耕农户的成果保持意愿及非农就业作用机制、退耕农户小规模林业合作经营的重要价值等，为提升新疆新一轮退耕还林工程运行质量提供了现实依据。退耕补偿满意度与产权安全感知要素对农户营林决策具有直接的、最强的影响效用；非农就业技能与生态环境关注度等要素是影响退耕农户营林决策的根源性要素。退耕地合作经营是巩固新一轮退耕还林工程成果的有效支撑。非农就业是增强退耕农户可持续生计能力、提升农户退耕成果保持意愿的关键要素。退耕农户后续产业发展是确保退耕还林工程持续运行的根本保证。

第三，特色林果业是退耕区最具有发展基础与培育优势的后续产业，是统筹农民增收与生态环境修复双重目标的重要途径。林下经济是巩固退耕还林工程成果、延伸退耕农户收入渠道、提升退耕农户收入水平的重要实践，是退耕还林工程区最有效的后续产业发展业态。休闲农业是发展现代农业、增加农民收入、巩固退耕还林工程成果的重要举措，是退耕区发展新经济、拓展新领域、培育新动能的必然选择。

第四，新疆生态脆弱区农户参与退耕、退耕农户成果保持是复杂的政策性、技术性与经济性问题，应建立退耕政策宣传引导、退耕补偿标准优化、退耕配套政策完善等内生性激励机制，建立拓宽非农就业渠道、提升非农就业能力等保障性激励机制，加快林业生产技能培训、完善退耕农户风险管理体系、强化政府技术与资金支持、构建退耕地林业合作经营体制等外部性激励，以提升农户主动参与意愿，增强退耕农户可持续生计能力，实现新一轮退耕还林工程高质量运行。

本书为合理激发新疆生态脆弱区农户的退耕参与意愿、推动农户能动理性地制定退耕参与响应决策、调整优化新一轮退耕还林工程政策等提供了信息依据与决策参考。但由于全区域调研覆盖度不足等现实问题，本书对退耕农户成果保持、退耕农户可持续生计能力提升、退耕农户后续产业发展更倾向于理论性阐释与产业规划，尤其是对退耕农户如何通过特色林果业、林下经济、休闲农业等后续产业发展维持其生计能力的研究不够深入。后续研究将根据新疆退耕农户持续追踪结果，全面透视退耕农户的退耕还经济林、退耕还生态林经营决策与管理成效，全面透视退耕农户发展非农就业的路径选择，全面透视退耕农户特色林果、林下经济与休闲农业的发展路径，为新一轮退耕还林工程健康、有序、稳固、可持续、高质量发展提供关键支撑。

参考文献

[1] 谢晨，王佳男，彭伟，等. 新一轮退耕还林还草工程：政策改进与执行智慧：基于2015年退耕还林社会经济效益监测结果的分析[J]. 林业经济，2016，38（3）：43-51，81.

[2] 张坤，谢晨，彭伟，等. 新一轮退耕还林政策实施中存在的问题及其政策建议[J]. 林业经济，2016，38（3）：52-58.

[3] 韦惠兰，白雪. 退耕还林影响农户生计策略的表现与机制[J]. 生态经济，2019，35（9）：121-127.

[4] 孙贵艳，王传胜. 退耕还林（草）工程对农户生计的影响研究：以甘肃秦巴山区为例[J]. 林业经济问题，2017，37（5）：54-58，106.

[5] 余吉安，刘会，和雅娴. 干旱区发展特色林果业的动因及策略研究：以甘肃省民勤县为例[J]. 资源开发与市场，2017，33（9）：1095-1099，1146.

[6] 石春娜，高洁，苏兵，等. 基于成本—效益分析的退耕还林区域选择研究：以黄土高原区为例[J]. 林业经济问题，2017，37（4）：18-22，99.

[7] 吕文广. 生态安全屏障建设中的生态补偿政策效益评价：以甘肃省退耕还林还草为例[J]. 甘肃行政学院学报，2017（4）：105-116.

[8] 王一超，郝海广，翟瑞雪，等. 农户退耕还林生态补偿预期及其影响因素：以哈巴湖自然保护区和六盘山自然保护区为例[J]. 干旱区资源与环境，2017，31（8）：69-75.

[9] 秦聪，贾俊雪. 退耕还林工程：生态恢复与收入增长[J]. 中国软科学，2017（7）：126-138.

[10] 丁屹红，姚顺波. 退耕还林工程对农户福祉影响比较分析：基于6个省951户农户调查为例[J]. 干旱区资源与环境，2017，31（5）：45-50.

[11] 刘浩，陈思熜，张敏新，等. 退耕还林工程对农户收入不平等影响的测度

与分析：基于总收入决定方程的 Shapley 值分解[J]. 林业科学，2017，53（5）：125-133.

[12] 徐建英，孔明，刘新新，等. 生计资本对农户再参与退耕还林意愿的影响：以卧龙自然保护区为例[J]. 生态学报，2017，37（18）：6205-6215.

[13] 王庶，岳希明. 退耕还林、非农就业与农民增收：基于21省面板数据的双重差分分析[J]. 经济研究，2017，52（4）：106-119.

[14] 陈晓丽，陈彤. 特色林果产品消费者行为分析：以新疆为例[J]. 农村经济，2017（3）：55-60.

[15] 张兴，张炜，赵敏娟. 退耕还林生态补偿机制的激励有效性：基于异质性农户视角[J]. 林业经济问题，2017，37（1）：31-36，102.

[16] 陈相凝，武照亮，李心斐，等. 退耕还林背景下生计资本对生计策略选择的影响分析：以西藏7县为例[J]. 林业经济问题，2017，37（1）：56-62，106.

[17] 张伟燕，师庆东，张毓涛，等. 新疆南部特色林果的生态系统服务功能价值评估[J]. 干旱区研究，2017，34（1）：215-222.

[18] 张寒，常兴，姚顺波. 基于双差分法的退耕还林工程对农户生计资本影响评价：以宁夏为例[J]. 林业经济，2016，38（12）：16-20.

[19] 郭娟. 特色林果网络营销的现状及对策分析：以四川省凉山彝族自治州为例[J]. 改革与战略，2017，33（1）：85-89.

[20] 佚名. 黄土高原退耕还林可持续性研究取得进展[J]. 人民黄河，2016，38（9）：151.

[21] 李婷. 新疆南疆特色林果业发展与粮食安全耦合效应研究[J]. 新疆社会科学，2016（4）：51-56.

[22] 高凤杰，侯大伟，马泉来，等. 退耕还林背景下寒地山区土地生态安全演变研究[J]. 干旱区地理，2016，39（4）：800-808.

[23] 李敏，姚顺波. 退耕还林工程综合效益评价[J]. 西北农林科技大学学报

（社会科学版），2016，16（3）：118-124.

[24] 张笃川. 以休闲农业推进三产融合研究综述[J]. 中国农业资源与区划，2019，40（8）：226-231.

[25] 吴恒，朱丽艳，王海亮，等. 新时期林下经济的内涵和发展模式思考[J]. 林业经济，2019，41（7）：78-81.

[26] 张璇，郭轲，王立群. 基于农户意愿的退耕还林后续补偿问题研究：以河北省张北县和易县为例[J]. 林业经济，2016，38（3）：59-65.

[27] 支玲，阮萍. 西部退耕还林工程政策体系的协调性：以鹤庆县、织金县、安定区、宜川县为例[J]. 财经科学，2015（12）：126-136.

[28] 支玲，郭小年，刘燕，等. 退耕还林工程政策体系协调性评价指标体系研究：以西部为例[J]. 林业经济，2015，37（9）：66-73.

[29] 朱长宁，王树进. 退耕还林背景下西部地区农户收入的影响因素分析：基于分位数回归模型[J]. 湖北民族学院学报（哲学社会科学版），2015，33（4）：45-49，74.

[30] 蔡志坚，蒋瞻，杜丽永，等. 退耕还林政策的有效性与有效政策搭配的存在性[J]. 中国人口·资源与环境，2015，25（9）：60-69.

[31] 陈晓明. 中美林果出口国际竞争力比较及对中国的启示[J]. 林业经济，2015，37（7）：67-72，93.

[32] 韩秀华. 退耕还林工程对农户收入影响实证分析：以陕西安康为例[J]. 林业经济，2015，37（6）：40-43.

[33] 陈佳，高洁玉，赫郑飞. 公共政策执行中的"激励"研究：以W县退耕还林为例[J]. 中国行政管理，2015（6）：113-118.

[34] 曹卫华，王家忠，黄凰，等. 林果业生产机械化水平评价与实证研究[J]. 系统工程理论与实践，2015，35（11）：2857-2865.

[35] 李国平，石涵予. 退耕还林生态补偿标准、农户行为选择及损益[J]. 中国人口·资源与环境，2015，25（5）：152-161.

[36] 喻永红. 基于CVM法的农户保持退耕还林的接受意愿研究: 以重庆万州为例 [J]. 干旱区资源与环境, 2015, 29 (4): 65-70.

[37] 朱长宁, 王树进. 退耕还林对西部地区农户收入的影响分析 [J]. 农业技术经济, 2014 (10): 58-66.

[38] 陈玲, 翟印礼. 农户参与退耕还林行为影响因素的实证分析: 基于朝阳市和彰武县地区的调查 [J]. 林业经济问题, 2014, 34 (4): 350-356.

[39] 韩洪云, 喻永红. 退耕还林生态补偿研究: 成本基础、接受意愿抑或生态价值标准 [J]. 农业经济问题, 2014, 35 (4): 64-72, 112.

[40] 何家理, 马治虎, 陈绪敖. 秦巴山区退耕还林后续产业发展实证研究: 基于陕、川、渝三省 (市) 后续产业现状调查 [J]. 政治经济学评论, 2014, 5 (2): 211-224.

[41] 刘会静, 姜志德, 王继军. 黄土高原退耕区农业后续产业发展影响因素的多层线性分析 [J]. 经济地理, 2014, 34 (2): 125-130.

[42] 祁世梅, 关志强. 新疆特色林果产品区域品牌建设研究: 以库尔勒香梨为例 [J]. 经济研究参考, 2014 (11): 59-61.

[43] 李博, 李桦. 农户退耕还林可持续性路径分析: 以全国退耕还林示范县 (吴起县) 为例 [J]. 林业经济问题, 2014, 34 (1): 12-18.

[44] 马福婷, 岳崇山. 张北县退耕还林后农业主导产业选择研究 [J]. 福建林业科技, 2013, 40 (4): 126-130.

[45] 王武林. 贵州省退耕还林发展问题研究: 基于退耕农户的实证分析 [J]. 广东农业科学, 2013, 40 (20): 223-226.

[46] 冯晓雪, 李桦. 基于农户异质性视角的退耕还林农户收入研究: 以陕西省吴起县为例 [J]. 湖北农业科学, 2013, 52 (17): 4300-4303.

[47] 田华, 蒋平安, 武红旗, 刘汉坤, 李彪, 王金晶. 新疆特色林果产品溯源系统的设计与实现 [J]. 广东农业科学, 2013, 40 (16): 182-185.

[48] 陈海, 郗静, 梁小英, 等. 农户土地利用行为对退耕还林政策的响应模

拟：以陕西省米脂县高渠乡为例 [J]. 地理科学进展，2013，32（8）：1246-1256.

[49] 李鹏，张俊飚. 农业科研团队协同创新绩效测度的实证研究：基于三阶段 DEA 模型的林果业科研团队 [J]. 软科学，2013，27（4）：88-93.

[50] 散鋆龙，牛长河，乔圆圆，等. 林果机械化收获研究现状、进展与发展方向 [J]. 新疆农业科学，2013，50（3）：499-508.

[51] 刘晓琳，吴林海. 基于新疆特色林果产品的质量安全追溯体系研究 [J]. 食品工业科技，2013，34（5）：295-298.

[52] 郭慧敏，乔颖丽. 农户发展退耕还林后续产业意愿的影响因素实证分析 [J]. 农业经济，2012（8）：86-89.

[53] 刘敬强，瓦哈甫·哈力克，王冠生，等. 新疆特色林果业资源时空分异规律研究 [J]. 干旱地区农业研究，2012，30（2）：230-236.

[54] 赵英，张开春，张春山，等. 新疆特色林果业发展面临的机遇与挑战 [J]. 北方园艺，2011（19）：166-168.

[55] 赵丽娟，王立群. 退耕还林后续产业对农户收入和就业的影响分析：以河北省平泉县为例 [J]. 北京林业大学学报（社会科学版），2011，10（2）：76-81.

[56] 王珠娜，张晓磊，黄广春，等. 郑州市退耕还林后续产业发展现状及对策探讨 [J]. 中国农学通报，2009，25（19）：65-68.

[57] 孙兰凤. 新疆特色林果业可持续发展指标体系的构建及评价 [J]. 新疆农业科学，2009，46（3）：678-685.

[58] 吴江红，王登亚. 青海省退耕还林工程实施效果及后续产业发展探讨 [J]. 贵州农业科学，2009，37（5）：159-162.

[59] 江虹，康菊花，高保全. 特色林果产品营销现状与对策分析 [J]. 生产力研究，2008（23）：99-100.

[60] 苗雨贵. 对龙江县退耕还林后续产业建设的建议 [J]. 内蒙古农业科技，

2008（4）：115.

[61] 邵治亮，王生宝. 吴起县退耕还林（草）后续产业发展探讨[J]. 中国农学通报，2008（6）：479-481.

[62] 柴利. 新疆与中亚国家林果业和畜牧业合作潜力分析[J]. 安徽农业科学，2008（13）：5652-5653.

[63] 孙兰凤. 基于发展中的新疆特色林果产业结构优化问题研究[J]. 生态经济，2008（5）：109-114.

[64] 罗强强，魏宏钧. 西吉县退耕还林（草）工程后续产业发展研究[J]. 中国水土保持，2008（2）：28-31.

[65] 张丽君. 河南省退耕还林及后续产业发展研究[J]. 安徽农业科学，2007（29）：9399，9420.

[66] 杨晓玲，胡继平，刘年元. 湖南省退耕还林工程后续产业发展的调查与思考[J]. 林业资源管理，2007（3）：42-46.

[67] 陈珂，王秋兵，杨小军. 退耕还林工程后续产业经济可持续性的实证分析：以辽宁彰武、北票为例[J]. 林业经济问题，2007（3）：238-242.

[68] 孙策，杨改河，冯永忠，杜英，徐丽萍. 关于退耕还林后续产业经济效应的调查分析：以安塞县沿河湾镇为例[J]. 西北林学院学报，2007（3）：167-170.

[69] 宋乃平. 退耕还林草后续产业发展中的问题及建议：以宁夏原州区为例[J]. 干旱地区农业研究，2006（6）：212-216.

[70] 张得宁，王小梅. 乡村振兴视域下青海省林下经济发展对策研究[J]. 林业经济，2019，41（7）：82-87，100.

[71] 杨学儒，韩剑，徐峰. 乡村振兴背景下休闲农业产业升级：一个创业机会视角的实证研究[J]. 学术研究，2019（6）：101-109.

[72] 单福彬，邱业明. 供给侧结构性改革下休闲农业产业化的新模式分析[J]. 北方园艺，2019（7）：166-170.

[73] 徐斌. 休闲农业与旅游业融合发展的模式与动力机制[J]. 农业经济, 2019 (4): 29-30.

[74] 韦俊峰, 何瀚林, 明庆忠. 中国休闲农业和乡村旅游政策的演进特征 (2001—2018): 基于政策文本量化分析[J]. 社会科学家, 2019(3): 84-90.

[75] 曹哲, 邵秀英. 山西省休闲农业和乡村旅游地空间格局及优化路径[J]. 世界地理研究, 2019, 28(1): 208-213.

[76] 陈磊, 熊康宁, 杭红涛, 等. 我国喀斯特石漠化地区林下经济种植模式及问题分析[J]. 世界林业研究, 2019, 32(3): 85-90.

[77] 王明康, 王诚庆. 休闲农业效率特征及演化分析: 以长三角地区为例[J]. 地域研究与开发, 2019, 38(1): 138-143.

[78] 秦俊丽. 乡村振兴战略下休闲农业发展路径研究: 以山西为例[J]. 经济问题, 2019(2): 76-84.

[79] 王艳萍, 冯正强. 供应链视角下林下经济产品质量安全预警模型研究[J]. 中南林业科技大学学报, 2019, 39(5): 138-144.

[80] 陈亚云, 谢冬明, 周国宏, 等. 中部地区休闲农业可持续发展态势比较研究[J]. 中国农业资源与区划, 2018, 39(11): 205-211.

[81] 颜文华. 休闲农业与乡村旅游驱动乡村振兴的海外经验借鉴[J]. 中国农业资源与区划, 2018, 39(11): 200-204, 224.

[82] 胡雪瑛. 陕西省休闲农业发展水平评价及驱动力分析[J]. 中国农业资源与区划, 2018, 39(10): 256-262.

[83] 丁秀玲, 薛彩霞, 高建中. 林业科技服务对农户经营林下经济行为的影响研究[J]. 林业经济问题, 2018, 38(5): 52-58, 106.

[84] 张慎娟. 新时期我国休闲农业发展趋势与策略分析[J]. 农业经济, 2018 (10): 64-66.

[85] 乌兰. 休闲农业与乡村旅游协同发展及其实现路径[J]. 山东社会科学,

2018（10）：145-150.

[86] 冯娟. 休闲农业与乡村旅游融合发展策略研究[J]. 农业经济，2018（9）：55-57.

[87] 王梓，张平，全良. 黑龙江省林下经济产业集群发展影响因素研究[J]. 林业经济，2018，40（8）：61-67.

[88] 吕洁华，刘艳迪，付思琦，等. 黑龙江省林下经济优势产业的选择分析：基于偏离—份额分析法[J]. 林业经济问题，2018，38（4）：72-77，109.

[89] 胡世伟，汪东亮. 基于生态足迹理论的休闲农业发展驱动因子分析[J]. 中国农业资源与区划，2018，39（5）：219-223.

[90] 李微，骆晓雪. 黑龙江森工林区林下经济产业结构关联分析[J]. 林业经济，2018，40（5）：55-59.

[91] 乔轶娟，王颖. 京津冀协同发展框架下的休闲农业潜力分析[J]. 中国农业资源与区划，2018，39（3）：207-211，236.

[92] 林洪平，邹惠冰，黄安胜，等. 南方集体林区林下经济补助资金使用效率评价：以A省为例[J]. 林业经济问题，2017，37（6）：57-61，106.

[93] 张新美. 农业供给侧改革视角下我国休闲农业的整合研究[J]. 农业经济，2017（12）：31-32.

[94] 赖启福，黄秀娟. 休闲农业农户收入水平与结构影响因素分析：基于福建省休闲农业示范点的调查[J]. 福建论坛（人文社会科学版），2017（11）：153-160.

[95] 颜文华. 休闲农业旅游绿色发展路径：以河南省洛阳市为例[J]. 江苏农业科学，2017，45（17）：301-304.

[96] 张辉，方家，杨礼宪. 我国休闲农业和乡村旅游发展现状与趋势展望[J]. 中国农业资源与区划，2017，38（9）：205-208.

[97] 师晓华. 美丽乡村建设背景下西安休闲农业发展研究[J]. 中国农业资源与区划，2017，38（8）：219-223.

[98] 窦亚权，李娅. 云南少数民族地区林下经济发展模式研究[J]. 林业经济问题，2017，37（4）：86-91，111.

[99] 李志民，揭筱纹. 休闲农业的吸引要素构成研究[J]. 人民论坛·学术前沿，2017（15）：150-153.

[100] 徐玮，包庆丰. 国有林区职工家庭参与林下经济产业发展的意愿及其影响因素研究[J]. 干旱区资源与环境，2017，31（7）：38-43.

[101] 张超群，王立群，薛永基. 林下经济发展的驱动机制研究：来自13县448户农户调查的实证检验[J]. 经济问题探索，2017（7）：181-190.

[102] 张霞. 我国休闲农业发展与乡村旅游行业集约化经营模式研究[J]. 商业经济研究，2017（12）：178-179.

[103] 王玉芳，郭娟，周妹，等. 林下经济发展促进了林区经济转型吗？：以黑龙江省国有林区为例[J]. 林业经济问题，2017，37（3）：10-16，98.

[104] 朱万春. 乡村生态旅游与林下经济的融合研究[J]. 农业经济，2017（6）：52-53.

[105] 谢安世. 我国休闲农业发展演进及"互联网+"转型研究[J]. 经济纵横，2017（6）：102-107.

[106] 朱晓柯，赵晴晴，高锡鹏，等. 林区职工从事林下经济的行为选择及风险感知研究：基于黑龙江省林区职工的调查数据[J]. 林业经济，2017，39（5）：33-39.

[107] 魏颖. 重庆市休闲农业发展的SWOT分析[J]. 中国农业资源与区划，2017，38（5）：212-216.

[108] 张芳，仲丹丹. 影响职工加入林下经济种植专业合作社意愿的因素研究[J]. 黑龙江畜牧兽医，2017（8）：250-253.

[109] 马强. 产业融合视角的休闲农业发展障碍与路径选择[J]. 农业经济，2017（4）：24-25.

[110] 王波. 休闲农业效益评价体系构建与发展路径选择[J]. 世界农业，2017

（4）：61-68.

[111] 胡艳英，曹玉昆. 林下经济产品供应链的协同管理探讨[J]. 学术交流，2017（3）：134-139.

[112] 杨雨晴，万志芳. 黑龙江省发展林下经济影响因素分析[J]. 林业资源管理，2016（6）：17-21.

[113] 陈文盛，他淑君，范水生. 我国休闲农业发展水平区域特征及影响因素[J]. 北方园艺，2016（24）：182-185.

[114] 鲁凤娟. 我国休闲农业的开发模式构建与产业化保障研究[J]. 农业经济，2016（12）：60-62.

[115] 朱长宁. 价值链重构、产业链整合与休闲农业发展：基于供给侧改革视角[J]. 经济问题，2016（11）：89-93.

[116] 任开荣，董继刚. 我国休闲农业资源的空间分布及成因研究[J]. 现代经济探讨，2016（11）：55-59.

[117] 王启. 我国休闲农业旅游发展的国际经验借鉴研究[J]. 农业经济，2016（10）：32-33.

[118] 何成军，李晓琴，银元. 休闲农业与美丽乡村耦合度评价指标体系构建及应用[J]. 地域研究与开发，2016，35（5）：158-162.

[119] 马思捷，严世东. 我国休闲农业发展态势、问题与对策研究[J]. 中国农业资源与区划，2016，37（9）：160-164.

[120] 赵仕红. 休闲农业市场供求规模与主要影响因素分析[J]. 江苏农业科学，2016，44（7）：587-591.

[121] 孙英杰. 基于生态链的休闲农业旅游开发策略探析[J]. 农业经济，2016（6）：141-142.

[122] 范秋贵. 生态文明建设视域下的中国休闲农业发展路径研究[J]. 农业经济，2016（5）：66-68.

[123] 陈文盛，范水生，郑金贵. 休闲农业的内在逻辑与政策响应[J]. 理论与

改革，2016（3）：184-188.

[124] 曹玉昆，张瑾瑾，刘向越. 黑龙江国有林区林下经济产业支撑地位研究 [J]. 林业经济，2016，38（4）：3-7.

[125] 任开荣，董继刚. 休闲农业研究述评[J]. 中国农业资源与区划，2016， 37（3）：195-203.

[126] 徐鹏，王金荣，郑宇，等. 林下经济效益影响因素调查分析[J]. 林业资 源管理，2016（1）：19-23，31.

[127] 马国勇，石春生，马蕊. 林下经济效率对收入满足度影响的实证研究[J]. 管理世界，2016（2）：176-177.

[128] 周颖悟. 结合国外经验论中国乡村休闲农业旅游产业的发展策略[J]. 世 界农业，2016（2）：33-36.

[129] 王丽丽，蔡丽红，王锦旺. 我国休闲农业产业化发展研究：述评与启示 [J]. 中国农业资源与区划，2016，37（1）：207-212.

[130] 王波，邹添华，许勤. 集体林区林下经济产销调查：以辽宁省为案例[J]. 林业经济，2015，37（12）：30-35.

[131] 朱斌，刘丹一. 石漠化地区林下经济发展模式研究[J]. 林业经济，2015， 37（12）：86-90.

[132] 黄宇. 西安休闲农业可持续发展能力评价与分析[J]. 中国农业资源与区 划，2015，36（6）：158-163.

[133] 王育平，苏时鹏，王团真，等. 福建农户林下经济发展抉择的影响因素： 基于501户调查数据[J]. 林业经济问题，2015，35（6）：534-538，561.

[134] 林秀治，黄秀娟. 休闲农业经营组织环境行为演化博弈模型的构建[J]. 福建论坛（人文社会科学版），2015（11）：31-34.

[135] 王丽丽，李建民. 休闲农业消费升级的基础与对策研究[J]. 河北学刊， 2015，35（6）：154-158.

[136] 王蒙燕. 林下经济的经营模式研究[J]. 农业经济，2015（9）：30-32.

[137] 陈现军. 万州区林下经济模式及对策研究 [J]. 黑龙江畜牧兽医, 2015 （16）: 6-9.

[138] 赵荣, 陈绍志, 张英, 等. 发展林下经济对产业、民生和生态的影响研究 [J]. 林业经济, 2015, 37（6）: 7-9, 56.

[139] 朱洪革, 胡士磊, 舒曼丹. 国有林区职工家庭发展林下经济金融需求的调查研究 [J]. 林业经济问题, 2015, 35（3）: 217-219, 241.

[140] 袁军, 石斌, 谭晓风. 林下经济与经济林产业的发展 [J]. 经济林研究, 2015, 33（2）: 163-166, 171.

[141] 曹玉昆, 雷礼纲, 张瑾瑾. 我国林下经济集约经营现状及建议 [J]. 世界林业研究, 2014, 27（6）: 60-64.

[142] 臧良震, 张彩虹, 郝佼辰. 中国林下经济发展的空间分布特征研究 [J]. 林业经济问题, 2014, 34（5）: 442-446.

[143] 张毅. 循环经济视角下林下经济的内涵与路径研究 [J]. 林业经济问题, 2014, 34（4）: 380-384.

[144] 占金刚. 发展林下经济的经济学解释 [J]. 生态经济, 2014, 30（8）: 89-91.

[145] 姜钰, 贺雪涛. 基于系统动力学的林下经济可持续发展战略仿真分析 [J]. 中国软科学, 2014（1）: 105-114.

[146] 张连刚, 支玲, 王见. 林下经济研究进展及趋势分析 [J]. 林业经济问题, 2013, 33（6）: 562-567.

[147] 陈柯, 刘俊昌, 陈文汇. 林下经济发展中乡村林业组织作用分析: 基于宁夏林农林业生产服务需求调查研究 [J]. 宁夏社会科学, 2013（6）: 70-74.

[148] 彭斌, 刘俊昌. 民族地区绿色扶贫新的突破口: 广西发展林下经济促农增收脱贫路径初探 [J]. 学术论坛, 2013, 36（11）: 100-104, 134.

[149] 杜德鱼. 陕西省林下经济发展模式研究 [J]. 西北林学院学报, 2013, 28

（5）: 264-268.

[150] 汤志华, 刘晓华. 广西发展林下经济的模式、问题与对策[J]. 广西社会科学, 2012（11）: 27-30.

[151] 翟明普. 关于林下经济若干问题的思考[J]. 林产工业, 2011, 38（3）: 47-49, 52.

[152] 于小飞, 吴文玉, 张东升, 等. 林下经济产业现状及发展重点分析[J]. 林产工业, 2010, 37（4）: 57-59, 62.

[153] 顾晓君, 曹黎明, 叶正文, 等. 林下经济模式研究及其产业发展对策[J]. 上海农业学报, 2008（3）: 21-24.

[154] 张梅. 乡村振兴背景下休闲农业发展路径和实践范式建构[J]. 技术经济与管理研究, 2019（11）: 122-128.

[155] 由玉坤. 乡村民俗文化在休闲农业中的运用探索[J]. 农业经济, 2019（9）: 56-58.